新版

変動社会の教職課程

[編]

金井香里
和井田清司
柄本健太郎

三恵社

まえがき

　現代社会はまぎれもなく、変動社会である。グローバル化（globalization）の進行によって、われわれの日常は、これまで以上に他国の政治や経済活動の影響を受けるようになっている。日々の生活においても、自分とは異なる言語や価値観、生活スタイル、信仰をもつ人々の存在がより身近になっている。あるいは、第四次産業革命によって、われわれは、人工知能（AI）やロボット、IoT（Internet of Things；モノのインターネット）、ビッグデータが基盤となった近未来の社会へと向かっている。一方で、少子高齢化の勢いはとどまるところを知らず、地域社会でのわれわれの暮らし、また地域のあり方そのものも大きく変容を遂げている。

　本書は、こうした変動社会における教員養成のあり方、とりわけ教職課程という開放制教員養成の未来のあり方について探究しようとするものである。

　教職課程は、教職という専門職に携わる人を育成する教育課程でありながら、大学では学部学科という正規の教育課程とは別に付置課程として設置され、それゆえに、課程認定制度をもってその質保証が図られてきた。近年、教職課程コアカリキュラムにもとづく再課程認定（2018年度）、教職課程自己点検・評価の実施義務化（2022年度～）というように、行政による質保証のための統制は強化される傾向にある。その一方で、各大学では、少子化による18歳人口の減少、教員需要の頭打ちといった未来予測のもと、廃止や縮小化も含め今後の教職課程のあり方をめぐって議論が展開されることが予想される。大学の規模によるところもあろうが、少子化という社会の流れをみすえると、教職課程の置かれた状況は芳しいとはいいがたい。一方、行政によって質保証のための統制が強化されるなか教職課程が独自に創造性を発揮し教育を改革しようとすることもなかなか容易ではなさそうである。しかしながら本書は、こうした厳しい状況にありながらも、変動する社会をみすえ教職課程の未来像をどのように描き、どのようなカリキュラムの改革を推し進めることができるのかについて探ることにしたい。未来志向の教職課程の改革の可能性を探究したいの

である。

　本書の目的は大きく分けて以下の2つである。1つは、教職課程の歴史的展開と、その意義、課題について明らかにすることである。先述の通り、とくに少子化という社会状況に鑑みると、教職課程の置かれた状況は安泰とはいいがたい。しかしながら、教職課程の存在は、大学にとっても、また教職課程を履修する学生（卒業後、教職とは別の進路を選択する者も含む）にとっても大きな意義があることが明らかになる。いま1つは、変動の著しい近未来社会のさまざまな像のうちいくつかに焦点をあて、それぞれの社会像から導き出される教職課程のカリキュラムのあり方について明らかにすることである。本書では、近未来の社会を、少子高齢（超高齢）社会化、地域社会の再編（消滅市町村の激増）、多文化社会（実態としての多国籍多民族国家）化、リスク社会（パンデミック、気候変動、災害多発）化といった変動像でとらえ、それぞれから導き出される教職課程のカリキュラムについて明らかにする。なお、ここでは、初等中等教育段階の教師によって実践された授業事例も提示している。こうした実践事例からも、教職課程のカリキュラムを構想するうえでの有益な示唆を得ることができる。

　変動する近未来の社会をみすえて、教職課程ではどのようなカリキュラムの改革を行うことができるのか——こうした議論が、今後、随所で活発になされることを願っている。その願いも込め、教職課程で教育に携わる教師教育者（teacher educators）はもとより、教員養成大学等で教壇に立つ教師教育者、高等教育を専門とする研究者、現職の教師、さらには教職課程を履修する学生、一般市民の皆さんには、ぜひ本書を手にとっていただきたい。そして、変動社会における未来志向の教職課程のありかたについて議論を進めるにあたっての手がかりとしてご活用いただければ、この上ない喜びである。

　2022年1月31日

　　　　　　　　　　　　　　　　　　　　　　　　金井　香里

目　次

第2部　近未来における4つの社会イメージと教職課程の課題

第１０章　防災教育フィールドワーク ——宮城県（体験型学習のデザイン）

柄本　健太郎　231

序章　変動社会における教職課程の未来像

1．はじめに

　歴史には「時代（period）」と「画期（epoch）」とがある。前者は一定の社会構造が安定的につづいている時期であり、後者は従来の社会構造がくずれ新しい社会構造が生まれる時期である[1]。こうした視点にたてば、現在がまぎれもなく「画期」であり、構造的な変動が生起しつつある社会、すなわち「変動社会」であることに異論はないだろう。

　製造業を中心とした産業社会から高度情報社会への転換は、GAFA（Google, Amazon, Facebook, Apple）とよばれる巨大IT企業の躍進が世界を席巻している姿が実証している。AIやロボットの開発は、社会や職業や生活を大きく変えつつある。こうしたテクノロジーの進歩に加え、人口構造の変化も社会変動の要因となる。今後特にアフリカを中心に人口が急増し、世界的に食糧不足が懸念される。その対極で、日本では、今後少子高齢化が進行する。少子化も高齢化も、かつて歴史が経験したことのない速度で進行することから、日本の動向は世界の注目を集めている。そして、地球環境の危機である。特に、地球温暖化の進行は待ったなしの局面をむかえ、温室効果ガスの削減にむけ、脱炭素社会の胎動が急進している。産業構造やエネルギー構造の変革なくして、グリーン社会の実現はむずかしい。

　こうして「画期」の指標は、地球環境レベル（持続可能な社会への転換）、一国の政治・経済・社会レベル（日本の場合、対米関係の見直し・アジアとの関係性の構築、脱成長志向・「定常型経済」への転換、労働環境の改善・格差是正）、日常生活レベル（コロナ禍のニュー・ノーマル）まで重層的に存在する。もちろん、教育レベルでも、後述のように構造的な転換の時期をむかえている。

　変動する社会状況の下で、大学教育をめぐる環境もおおきな変容に直面している。少子化にともなう18歳人口減は、大学の基盤そのものをゆるがす要因となる。同時に教員養成という面からみると、将来的に教員需要の減少が予想

される。大学間の過当競争のもと、経営基盤の弱い中小私立大学においては、教職課程の存置や課程への投資条件を厳しくする要因として作用しかねない。

　教育行政による教員養成政策も、時代の変容をうけて様変わりしている。教職大学院の創設と展開、地方教育委員会と拠点国立大学を核とした教員育成協議会の始動等、目的養成的施策の強まりのなか、私立大学の教職課程の存在は、以前にもまして不安定にみえる。

　だが、教員養成における私学教職課程の努力と貢献は、戦後教育の基底を支える存在として機能してきた。特に中等教員養成において、顕著である。その役割を引き継ぐとともに、社会の変動に対応しつつ教職課程教育の制度と実践を更新していく課題が不可欠である。そこで、私立大学教職課程において、どのような教職課程の未来像が描けるのか。そのうえで、いかなる実践的知恵が参照可能なのか。本書全体を通して発信できればと願っている。

２．基本的視点と重点課題
（１）開放制教員養成という基盤

　教職課程は、開放制教員養成システムである。初等教員養成は、教育学部・教育学科による目的養成が主だが、中等教員養成の多くは、開放制の教職課程が担っている。中等教育では教科別免許制度が基本で、学問世界の深い探究が必須のため、非教育学部・非教育学科での学修が重視されるからである。

　開放制教員養成が重要となった背景には、戦前の師範学校（中等教育レベル）による養成が、視野のせまい「師範タイプ」の教員を排出した反省がある。そのため戦後は、①大学による教員養成、②非教育学部・非教育学科にも開かれた教員養成（開放制）、③免許状主義という３つの原則による教員養成に進化した。大学における養成という点についていえば、いかに教えるかという技術主義より、なにを教えるかという内容を重視し、与件を問い直す学問的力量を教員の基礎的資質として重要視したものである。

　開放制教員養成であるから、教職課程は「潜在的な教員」を育てるものであり、教員免許状を取得しても卒業時に教員を志望しない学生にも開かれている。大学にとっては学修機会の提供であり、学生にとっては選択肢のひとつとして教職課程が存在する。教職課程を保持することが、その大学への入学動機のひ

とつとなることから、多くの４年制大学において設置されるようになった。現状では、４年制大学の80%が教職課程を設置している。

　開放制の教職課程を設置するには、文部科学省による課程認定が必要である。その教職課程の認定評価は、年々きびしくなっている。また、中等学校教員は教科別免許状が基本であるので、教科免許状を担保する学科の関係科目も審査対象となる。学部学科で学ぶそれぞれの学問を基礎にして、教員免許の課程を認定するようになっている。行政によるきびしい課程認定によって、水準の維持が図られているともいえる。近年、教育分野の質保証が世界的に流行しているが、日本の文部科学行政においても、教職課程質保証の制度化が進められている。その一環として、行政主導で2022年度より教職課程の自己点検・評価が義務化される。

　開放制教員養成制度のもとでは、第１に、学科の学びと教職課程の学びをそれぞれが自立しつつ連携する構造が求められる。車の両輪というより、二頭立ての馬車のような構造といえる。学科と教職課程が近すぎても離れすぎても具合がわるい。学科と教職課程が連携し、全学的な協働関係の進化が求められる。開放制のもとでの第２の課題は、教職課程を第一希望とする学生へのキャリア支援の取り組みが求められる。顕在的教師を志向する学生への個別最適な支援の拡充が重要である。

　ところで、教職課程の未来像を構想するにあたり、２つの基本的な問題群が存在する。第１は、変動いちじるしい近未来の社会状況とその中で生起する社会的・教育的課題をどのように認識するかである。第２は、そうした変動社会のなかで、どのような教員養成をめざすのか、その理念と体制の構築である。

（２）社会変動像と学びの羅針盤
　社会変動像については、教育改革の前提としてさまざまに議論されている。その典型として、「OECD 教育とスキルの未来2030」プロジェクト（以下「教育2030」と略記）がある。このプロジェクトは、東日本大震災を契機に企画された OECD 東北スクール・プロジェクトが契機となって、2015年にスタートした。同震災に象徴される予測困難な社会を生き抜くコンピテンシーとその達成方途を探究するものである。

教育 2030 では、未来社会を、VUCA（Volatility；変動性、Uncertainty；不確実性、Complexity；複雑性、Ambiguity；曖昧性）な時代、すなわち予測困難で不確実であると想定する。その複雑で曖昧な未来社会（具体的には 2030年）のウェルビーイング（well-being）にむけ、生徒が育んでいくコンピテンシーの内容と構造を明らかにするものである。計画は 2 段階で構想される。第1 段階のフェーズ 1（2015～19 年）では、2030 年に望まれる社会のビジョンとそのビジョンを実現する主体として求められる生徒像とコンピテンシー（資質・能力）が検討された。その成果物としてコンセプト・ノートが公表され、そのなかで「OECD ラーニング・コンパス（学びの羅針盤）」（2019 年 5 月）が示されている。第 2 段階のフェーズ 2（2019～2022 年）では、教授法・評価法や教員養成・教員研修をテーマに検討がすすめられている。

不確実で予想困難な時代を切り拓く学びは、教師主導の指導・指示の受け容れではなく、自ら課題を発見し、探究の試行錯誤を重ねながらより望ましい方向を目指さざるをえない。端的にいえば、変革の主体となる生徒の育成が課題となる。OECD ではすでに「キー・コンピテンシー」（DeSeCo2003）を制定しているが、学びの羅針盤では、その発展形として「変革をもたらすコンピテンシー」が提唱される。両者の関係は、次のように示される[2]。

キー・コンピテンシー（2003）	変革をもたらすコンピテンシー（2019）
①道具を相互作用的に用いる力	①新たな価値を創造する力
②異質な人々から構成される集団 　で相互にかかわり合う力	②責任ある行動をとる力
③自律的に行動する力	③対立とジレンマに対処する力

以上の教育 2030 の動向は、日本の教育にも大きなインパクトを与えている。

（3）新学習指導要領の要請

　上述した教育 2030 は、日本の学習指導要領改訂と深い関係がある。OECD による審議・作成過程に、日本の文科省が深く関わるとともに、その成果物である学びの羅針盤のフレームが学習指導要領に活かされているからである。周知のように、学習指導要領が改訂（中学校 2017 年、高等学校 2018 年）され、新教育課程が始まりつつある（中学校 2021 年度、高等学校 2022 年度）。その理念と内容は、全人的・汎用的資質・能力の育成であり、個々の教員や学校段階での実践が求められている。

　そこで、学習指導要領改訂の基本を確認しよう。第 1 に、「生きる力」という基本目標の堅持と 3 つの資質・能力－すなわち、①知識・技能、②思考力・判断力・表現力、③学びに向かう力・人間性－の育成が主張される。第 2 に、主体的・対話的で深い学び、アクティブ・ラーニングの視点が重視される。第 3 に、カリキュラム・マネジメントが強調され、教科等横断的な学習が、豊かな人生の実現や災害をのりこえて次代の社会を形成することにむけた現代的課題に対応するために必要とされる。同時に、全体計画（状況分析、時間・空間の配分、人的・物的体制確保、実施状況に基づく改善）を作成し、開かれた教育課程を実現するよう要請している。

　行政を中心に展開される教育改革の理念は、学校や教師の実践を通して具体化される。その意味で、上述した教育課程・方法改革は、教員養成教育のあり方を規定する主要因となる。

（4）社会的・教育的課題

　変動社会に対応した教職課程改革を展望する場合、どのような社会的・教育的課題に注目したらよいのだろうか。ここでは、重視すべき主要な社会的・教育的課題として、次の 4 点に留意してみよう。

　第 1 に、少子高齢（超高齢）社会化の進行である。日本では、2008 年を境に人口減少にむかい、高齢化率のみ上昇する。2050 年には 1 億人強、2100 年には 5000 万人を切る予測もある。世界に例のないスピードで少子高齢化が進行し、やがて来る先進国世界の難題が先鋭的に日本に現出している。

　このピンチは、教育実践からみると新しい可能性の発現でもある。少ない子

どもをていねいに育成することが可能となり、少人数教育(個別最適化)の習熟への転機になり得るからである。その観点からみれば、へき地・小規模校教育実践は、少人数教育拡充にむけた知恵の宝庫といえる。

　第2に、地域社会の再編(消滅町村の激増)である。「2040年、自治体の半数が消滅の危機」といわれるように、地方の衰退は進行している。同時に都心も空洞化し、子どものいない空間が増えている。グローバル化の進行につれローカルの衰退が深刻化する。地域衰退とともに進行する学校の消滅は、さらに地域の危機を増幅する。教育という領域は、次代の育成を担保するものであり、地域における学校の衰退は、次代の担い手の喪失を意味するからである。

　だが逆に、学校教育を拡充し、学校魅力化を推進する実践は、島根県立隠岐島前高校の事例が象徴的に示すように、地域再生のカギとなる。

　第3に、多文化社会化の進行である。今日、日本における外国籍の人口は287万人、全人口の2.3%をしめている(2020年1月現在)。東京都新宿区は、全人口の12.4%が外国人である(コロナ禍でその割合は漸減しているが)。地域により、集中的に外国籍の子どもが在籍する学校が存在する。こうみると、日本は実態として多国籍多民族国家化しているといえる。

　こうした日本の現状を考えれば、多文化共生にむけた教育実践が求められる。比較教育、多文化教師教育の必要性が拡大しているといえる。

　第4に、リスク社会(パンデミック・気候変動・災害多発)化の進行と格差拡大の課題である。グローバル資本主義の展開は、人間の生きる環境の危機を増幅させてきた。人類の使用した化石燃料の半分は冷戦終了後の30年間に消費された。ソ連崩壊後、アメリカ型の新自由主義が世界を席巻した結果である。また現在、世界の富豪26人の資産は、39億人の資産に匹敵する。地球規模の格差社会化の極地である。パンデミック、気候変動、災害多発に表象されるリスク社会では、上述した社会的格差は拡大する。このことは、コロナ禍のなかで日々実感しているところである。

　ここ30年間に急進した生活環境や地球環境の危機をのりこえ、SDGsの展望を開く課題が、教育のテーマでもある。その一環として、防災・減災教育の理論と実践は、持続可能社会への知恵と力を育成するものである。

　以上4点の他に、グローバル化やICT化の急進が、教育にかぎらず、政治・

経済・社会に大きな影響をもたらしている。だがこれらは、それ自体で何かコンテンツをもつものではなく、視点やツールとして配慮すべきものである。そこで、重点課題の考察や実践に際して、グローバル化の視点に留意するとともに、ツールとしてのICT機器・AIの活用を重視する必要がある。

（5）未来の教員養成像

　予測困難な不確実な社会に、次代の変革の主体となる生徒を育成する教員を養成する教職課程教育には、どのような配慮が必要だろうか。先端的な知を拓く大学の使命として、グローバル化の陰で進行する諸問題（グローバル・サウス）へのまなざしと分析・解明・支援がもとめられる。その意味では、グローバル・エリートとともに地域の担い手(ローカル・エリート)育成への視点が重要となる。グローバル・サウスの存在は先進国の内部にも蓄積・拡大しているからである。グローバルかつローカルな視野による思考と実践が重要となるという視点から「グローカル市民教育の探究」を基本コンセプトにすえてみたい。

　ここでグローカルとは、「グローバル化とローカル化が同時に、しかも相互に影響を及ぼしながら進行する現象ないし過程」3)と定義される。

　前述のように、今後の社会では、グローバル化・高度情報化・少子高齢化・リスク社会化等の社会変動が進行し、不透明・不確実・複雑化する社会への対応力が問われることとなる。教職をめざす学生には、不透明な変動社会において足元から実践をおこせる教師となることを期待したい。理念に掲げた「グローカル市民教育の探究」は、市民として、学校教師として、学生・生徒にたいする実践モデルとしてめざすべき方向を提示するものである。

3．本書が描出する課題と展望

　教職課程の未来像を構想するにあたっては、日本社会において大学における開放制教員養成というシステムがどのように位置づき、学生、大学関係者のみならず、広く社会にとって意義をもつのかについて理解しておく必要があるだろう。2部構成をとる本書では、第1部で、教職課程に関する基本的事項として、大学における開放制教員養成（教職課程）の歴史的展開と現状、その意義

と課題について検討している（第1章、第2章）。

　第1章、第2章はいずれも、東京都内に位置する武蔵大学という中規模私立大学で実施された講演会での講演内容がもととなっている（第2章は、講演記録を掲載）。第1章は、経営陣も含む大学教職員を対象に、第2章は教職課程履修の学生を対象に行われた講演である。各章を執筆した佐藤学氏、藤田英典氏（掲載順）はいずれも、ここであらためて述べるまでもなく、日本を代表する教育学者であり、国内外での教育・教員政策に関わる委員や顧問を歴任するなど、日本のみならず海外の事情にも精通している。

　第1章ではまず、戦後の教師教育が、「大学における教員養成」、「免許状主義（課程認定制度）」という2つの原理のもとで実施されてきたことについて述べている。そのうちでもとくに「開放制」教員養成という制度的枠組みは、戦前の師範教育に対する反省から成立し今日へと至る。これによって、多くの大学では教育学部・学科をもたなくとも教職課程を設置することで教員免許状の授与が可能となり、他国とは比較にならない数の潜在的な教員を生み出すことが可能となった。こうした制度的枠組みは、大学にとって受験生の確保という教職課程の現実的な意義を生み出している。

　しかしその一方で、さまざまな問題をも生み出している。なかでも深刻なのは、正規の課程外で「オプション」として専門職養成を行うがゆえの質保証に関わる諸問題である。とりわけ課程認定制度のもと官僚的統制によって質保証が図られることで、各大学では自主性と創造性を発揮した改革に取り組みづらい状況がつくり出されてきた。

　1980年代以降、諸外国では、教師教育を大学から大学院レベルへと移行することによる「高度化」と「専門職化」による教師教育改革を推進してきた。日本でも、教職大学院の創設と拡充によって「高度化」と「専門職化」が試みられているものの、開放制教員養成を行う大学における「高度化」と「専門職化」については、先述の通り、改革の困難な現状にありながら、各大学での創意ある改革の推進に多くが委ねられている現状である。

　第2章では、教職課程の意義について、就職ないし人生設計、教育と能力形成という大別して2つの側面から、また教職課程における課題について、近年の教員養成政策の展開と教職の現在を踏まえて、それぞれ述べている。

　教員免許状を取得した学生は、被採用確率の高さ、安定性・経済性、倫理観・使命感、社会貢献、やりがい・生きがいといったメリットを特徴とする教職という就職・人生設計における選択肢をもつことができる。しかしその一方で、教職は、労働環境の悪化、労働時間の長時間化、バーンアウト傾向といった近年特に顕著となったデメリットをも特徴としてあわせもつ点に留意する必要がある。一方、学生の能力形成という点からは、近年、若者が広く社会において求められる「社会人基礎力」（経済産業省が 2006 年 6 月提唱）が、実は教職課程での学修においても重視され、実践を通じて形成されることを指摘する。このことは、卒業後教員にはならないという選択肢を選んだ学生にとっても、教職課程での 4 年間の学修は有意義なものとなることを示している。しかしその一方で、2000 年代以降の主な教育政策、教員政策からは、さまざまな課題も浮上している。教職をめぐる課題は、学校が直面している問題・課題に関するこの 20 年間でのデータの推移からも推察される。

　各大学教職課程では、大学における「開放制」教員養成という枠組みが維持されることを前提とした上で、教職の「高度化」および「専門職化」のためのカリキュラムの創造が求められているといえよう。教職課程と教職をめぐる今日的課題を踏まえた上で、第 2 部では、変動の著しい近未来の社会を 4 つの像で捉え、それぞれの像から教職課程における未来のカリキュラムのあり方について探究している。近未来は、少子高齢（超高齢）社会化、地域社会の再編（消滅町村の激増）、多文化社会（実態としての多国籍多民族国家）化、リスク社会（パンデミック・気候変動・災害多発）化といった変動像をもって認識することが可能である。そこで第 2 部では、第 3 章、第 4 章で少子高齢社会化、第 5 章で地域社会の再編、第 6 章、第 7 章で多文化社会化、第 8 章、第 9 章、第 10 章でリスク社会化というそれぞれの社会像から導き出される教職課程のカリキュラムを探究することにしよう。

　少子高齢社会では、学級数 11 以下のいわゆる小規模校が一部の地域のみならず、全国に拡大することが予想される。現在でも人口増加がみられる東京隣接県や関西の一部地域でも子どもの数は減少しており、小規模校化はすでに全国的課題である。第 3 章では、へき地・小規模校教育についてとり上げ、その歴史的展開と現状、現代的教育課題への取り組みの可能性について述べている。

北海道教育大学および同大学釧路校における「へき地教育プログラム」の経験からは、学生たちがへき地校での体験実習で子どもたち、教師たち、地域の人々との信頼と協働を基盤とする関わりを通じて、教育観の転換と教職意欲の向上を経験していることが指摘されている。

　第4章では、少子化時代における教育のあり方として行政によって出された個別最適化に着目し、これに類した教育実践の経験豊かなへき地・小規模校教育の実践研究の蓄積から学ぶことを提唱している。へき地・小規模校教育の理論と実践の蓄積は、個別最適化教育のみならず、社会にひらかれた学校のプロトタイプを提供し、その意味で「学問技術の最先端」に位置するといえる。へき地・小規模校教育の可能性について、北海道教育大学釧路校によるへき地・小規模校教育の（実践）研究、「小さな村g7サミット」のいくつかの村の教育改革の実践事例をもとに検討するとともに、武蔵大学教職課程で実施した山梨県丹波山村での体験型合宿の取り組みについて紹介している。

　続く第5章では、今や広く全国で知られるようになった「教育魅力化」の先駆的事例である島根県立隠岐島前高校での数ある実践のうちの1つをとり上げている。同校の教育魅力化は、人口減少と少子高齢化の深刻な地域の行く末に並ならぬ危機意識を抱いた町長と町役場職員によって始められた。高校の存続のいかんは、地域の将来に関わる深刻な問題である。別の見方をすれば、高校の教育魅力化は、地域再生のカギともなり得る。本章では、同校で教育魅力化の黎明期に設置され実践された「地域学」をとり上げ、地域学の目的、プログラム内容、運営方法といった全体像を描出している。地域学というこの独創的な取り組みからは、カリキュラムの開発や授業実践において教師に必要な視点や課題解決のための糸口を学ぶことができる。同時に、教育魅力化という「大人の探究活動」に取り組むことのできる教師をいかに育成するかという教職課程の課題が浮かび上がってくる。

　第6章、第7章では、グローバル化の進行に伴い、日本の学校で学ぶ子どもたちの文化的背景がますます多様化する現状に鑑み、「多文化教師教育」をとり上げている。米国では、1970年代以降、民族人口動態の急速な多様化が起きるなか、多様な文化集団の人々の構造的な平等と集団間の共存・共生の実現をめざす「多文化教育」が展開されるようになった。これが教師教育において

展開されたものが、多文化教師教育である。

　第6章では、米国における多文化教師教育の歴史的展開と課題を明らかにするとともに、米国における多文化教師教育を参照しながら、日本における多文化教師教育の現状と課題について述べている。日本の教師教育において多文化教師教育という言葉は定着していないものの、教員養成大学では、すでにカリキュラムの中に外国人児童生徒等教育関係の科目を設置する「日本版多文化教師教育の1つの試み」は始まっている。昨今、米国の多文化教師教育で社会正義が強調されるようになっていることを踏まえ、日本において社会正義を志向する多文化教師教育を展開していく上での課題を指摘している。

　第7章では、教職課程における多文化教師教育の実践の可能性について探究している。そもそも日本では、（文化の）多様性をめぐる一連のテーマが日常的に意識化されていないという現状に鑑み、教員養成課程で学ぶ学生にとって必要な認識基盤について指摘している。その上で、米国で展開された「多様な文化に対応できる教師」の育成についての議論を参照するとともに、著者の所属する教職課程での実践の一端に触れながら、教職課程での多文化教師教育の可能性と課題について言及している。

　最後に、第8章、第9章、第10章では、「防災教育」または「復興教育」についてとり上げている。第8章では、防災教育の歴史的展開と現状、教職課程における安全教育、防災教育の実践の具体的構想について述べている。1995年の阪神・淡路大震災以前にはほとんどの学校において避難訓練、理科・地学教育を意味した防災教育は、阪神・淡路大震災ならびに2011年の東日本大震災という二度の大震災を契機に大きく展開した。教職課程では、防災管理・防災教育として入門的な学修機会を提供することが提案されている。

　第9章は、東日本大震災を体験した著者が、宮城県石巻市立雄勝小学校で自ら編成し全校で取り組むことになった「震災復興教育」の実践報告を綴っている。自身も被災者となった教師が被災地の小学校で復興教育を生み出そうとするに至るまでのプロセス、また復興教育の実践の詳細からは、大震災という極限状態にありながら目の前の子どもたちに対峙し、子どもたちのために自らのもてるもののすべてを結集して実践を創ろうと取り組む誠実かつ果敢な教師の姿が浮かび上がる。本実践報告からは、復興教育の理論と方法論にとどまら

ず、（行政からの教育施策とは別に）目の前の子どもたちにとって重要な課題を見抜くことの重要性について学ぶことができる。教職課程においてもこうした眼をいかに育てるかが課題となるだろう。

　第10章では、宮城県内での宿泊を伴う防災教育の学修プログラムを提案している。本プログラムは、学校教育機関、震災遺構への訪問、現地の専門家等からのききとりを含む。参加者が、人、場所との対話のなかで具体的なイメージの伴った知識を得られること、身近な文脈をもつ他者と交流することで共感、感情、文脈を伴った学びを得られることを、強みとして指摘する。教職課程で防災教育の学修機会を提供することの重要性を、グローバルな視点、ローカルな視点の両面から強調する。

　以上、本書の内容を概観してきた。本書では、変動の著しい近未来の社会を少子高齢社会化、地域社会の再編、多文化社会化、リスク社会化という4つの像で描出し、教職課程のあり方を展望した。近未来の社会の像は、これ以外にも挙げられるだろう。しかし重要なのは、不透明な変動社会においてどのように教師を育成するかである。われわれは、グローバルかつローカルな視野をもって教職課程の未来のあり方を探究することが求められている。

【注】

1) 神野直彦『地域再生の経済学』中公新書、2002、p.5.
2) 白井俊『OECD Education 2030 プロジェクトが描く教育の未来』ミネルヴァ書房、2020、p.152.
3) 成城大学グローカル研究センター編『グローカル研究の理論と実践』東信堂、2020、p.ⅳ.

第 1 部

開放制教員養成（教職課程）の
歴史的展開と現状・課題

第1章　大学における開放制教員養成の現状と課題

佐藤　学

はじめに：「開放制」の由来─戦後改革における教員養成の制度枠組みー

　戦後の教員養成は、①大学における教員養成と②免許状主義（課程認定制度）の2つの原理に基づいて実施されてきた。この2つの原理は、戦後76年を経過し社会も世界も大きく変貌したにもかかわらず、現在も変わっていない。この2つの原理にもとづいた戦後教員養成のもう1つの特徴は「開放制」である。「開放制」は、戦前の師範教育に対する反省によって成立した制度であり、どの大学でも課程認定の条件を充たせば教員養成を行うことができる制度である。すなわち教員養成は「教員養成課程」で実施され、大学が「課程申請」を行って文部科学省の認可を獲得すれば、どの大学も教員養成を実施することができる。（ただし戦前、教員養成が師範学校に閉じていたのは小学校教員養成のみであり、中学校、高校教員の養成は旧制大学に開かれていた。）

　「大学における教員養成」は、戦後直後設置された教育刷新委員会（南原繁委員長）の英断であった。同委員会は、戦前日本のファシズム教育が師範学校における偏狭な教育の結果であると認識し、教師の教育水準を一挙に大学に格上げする提言を行った。師範学校が旧制中学より下に位置していたことを考えれば、教員養成の大学レベルへの格上げは3段跳びとも言える英断であった。当時、大学で教員養成を行っていた国はアメリカだけであり、ヨーロッパ諸国は短大レベルあるいは専門学校レベル、その他の国はどこも師範学校レベルであった。アメリカでさえ、4年制大学で教員養成を実施していたのは50州中16州のみであった。戦後改革において、日本の教員養成は一挙に世界最高レベルに格上げされたのである。この英断がなければ、日本の社会、政治、経済、文化の奇跡的な復興と発展は実現しなかっただろう。

　しかし、大学における教員養成の実現は難航をきわめた。師範学校は新制大学の「学芸学部」に継続されたものの、初年度と次年度の適格審査において大学教員資格ありと判定された師範学校教員は全国で数名しか存在せず、新制大

学発足時にはすべての師範学校教員を大学の教授・助教授として無理やり承認するかたちで、新制大学「学芸学部」はスタートした。

戦後 18 年間、教員養成大学は「学芸大学」、教員養成学部は「学芸学部」と名付けられたのには理由がある。教育刷新委員会において、教員養成の中心が「教養教育」に求められたからである。教員養成は「専門家教育」（professional education）として構想されたのではなく、「教養教育」（liberal arts education）として実施された。その後、文部科学省は 1965 年、「学芸大学」と「学芸学部」を改編し、教員養成を目的化する大学・学部「教育大学」「教育学部」へと改称するが、大学における教員養成の成立時の混乱は現在まで続いている。

大学における教員養成と免許状主義（課程認定制）によって、ほとんどの大学が教員養成課程を置くこととなった。当初、文部省は「教員養成課程」の設置の前提条件として教育関連の学部あるいは学科を置くことを求めていたが、その前提条件は取り払われ、教育関連の学科と学部を持たない大学でも「教員養成課程」が設置されるようになった。その結果、ほとんどの大学において「教員養成課程」が設置され、今日にいたっている。この章で検討したい事柄は以下の諸点である。

① 「開放制」教員養成の今日的意義と課題
② 教師教育の改革動向と「開放制」の現在
③ 文部科学省の教師教育改革
④ 「開放制」教員養成の改革課題

1．「開放制」教員養成の意義と課題

「開放制」教員養成の意義は、何と言っても、ほとんどの大学において教員免許取得が可能になり、大学教育の一環として教師教育が位置づいたことにある。もう 1 つの意義は、大量の教員免許取得者を生み出し、他国とは比較にならない数の教員採用のプールを形成したことである。

実際、2019 年の教員採用を見ると、国立教員養成大学・学部卒の採用は、採用数全体の 26％、小学校教員の採用において 33％まで低下している。特に、小学校における私立大学からの採用者数の増加は、近年顕著である。関東圏で

言えば、2019 年の小学校教員の採用者数は、東京学芸大学 195 人、千葉大学 171 人、埼玉大学 133 人、茨城大学 104 人、横浜国立大学 92 人に対して、文教大学 254 人、明星大学 179 人、玉川大学 174 人、白鴎大学 140 人、秀明大学 102 人、國學院大學 102 人、国士舘大学 98 人、東京福祉大学 82 人、鎌倉女子大学 82 人、帝京大学 80 人など、私立大学卒の小学校教師が国立大学卒を圧倒している。この傾向は全国的であり、たとえば静岡県では静岡大卒の採用数よりも常葉大学卒、三重県では三重大学卒の採用数よりも皇学館大学卒、岐阜県では岐阜大学卒よりも岐阜聖徳大学卒の採用数が多くなっている。

　他方、教員の年齢構成の不均等から生じた大量採用を見込んで、20 年ほど前から私立大学は教員養成の学部新設、学科新設を行い、早稲田大学、立命館大学、学習院大学などで小学校教員養成を開始した。しかし、そのブームは 10 年前に過ぎ去り、今後は私立大学の小学校教員養成学部・学科（174 大学）は淘汰されることになるだろう。

　「開放制」による学生の免許取得状況の実態を示しておこう。少し統計は古いが 2015 年において短期大学の教員免許取得率は、全学生の 50.7%、大学の教員免許取得率は全学生の 12.8%、大学院の教員免許取得率は全学生の 6.0% である。短大卒の教員免許取得者数は約 2 万 9 千人であるが、現実に教師として採用される人数は毎年数人程度である。他方、大学卒・大学院修了者の教員免許取得者のうち教師になるのは 6 人に 1 人程度である。

　「課程認定」を行っている大学機関は、大学数で 606（80%）、大学院数で 434（80%）、短大 241（69%）であり、小学校教員養成の課程認定を行っている大学は国立 56、私立 183、中高教員養成の課程認定を行っている大学は国公立 138、私立 474 の大学である。総合大学はほぼすべて中高教員養成の課程認定を行っている。

　「開放制」教員養成の存在基盤はどこにあるのだろうか。現実的な存在根拠の第 1 は、大学における受験生の確保だろう。どの大学も課程認定を廃止すると、受験生が激減するというリスクを負っている。このことは、各大学が大学の使命と責任において教員養成を担うというよりも、受験生を確保するために課程認定を存続させるという消極的な理由で、教員養成を行っている実態を生み出している。

第2の存在根拠は教職を志望する学生の要望である。私は三重大学で8年、東京大学で24年、学習院大学で9年、教員養成課程の授業を担ってきたが、東京大学でも学生の約1割の教職志望者が存在し、大学院の人文科学研究科と理学系研究科では教職志望の院生が研究者志望の院生よりも数が多い（実際、東京大学では学部卒よりも大学院卒で教師になる学生が圧倒的に多い）。学習院大学では文学部教育学科および人文科学研究科教育学専攻の創設と運営に携わったが、学科創設時（定員50名）の入試倍率は23倍にもなった。「開放制」の教員養成は、何よりも一般大学において教職を志望する学生たちの要望に存立根拠を置いている。

　しかし、「開放制」教員養成が抱えてきた問題も多い。それらを列挙しておこう。

① 文部省は新制大学発足当初、教員養成課程を教育関連の学部か学科として設けることを企図していたが、その枠がとりはらわれることによって教員養成課程が正規の課程ではなく「オプション」として位置づけられることとなった。大学の正規の課程外で教師教育を行う国は他に例がなく、国内の他の専門職養成においても異例のものと言えよう。

② 「オプション」として正規の課程の外に置かれたほとんどの大学（教育学部・教育学科を持たない大学）の専任教員は2-4名であり、ほとんどの免許科目を非常勤講師に頼らざるをえず、多くの科目が大人数のマスプロ授業で行われている。

③ そのため、教員養成課程の内実は専門家教育としての質を保障しきれず、大学教育としても専門家教育としても学生が満足できるレベルに達していない。実際、教職課程を履修する学生の最大の不満は、戦後一貫して「教師としての専門家教育として不十分である」と「大学らしい授業を受けられない」の2つである。

④ 教員養成は学生一人当たりのコストが文系学生の 1.5 倍かかり、コストパフォーマンスが低い。そのため大学の経営側にとっては維持が困難になる状況がある。

⑤ 他方、教員養成課程の専任教員は、通常の授業に加え、教育実習の指導、

実習校との連絡、教員採用試験対策などの仕事によって激務となり、正規の課程ではないので学内でも弱い立場に置かれている。

⑥　免許取得者の一部しか教師にならない現実は、教師になる学生に対する教育の労力とコストに比して、教育実習の期間や指導内容など、教育の質の低下を引き起こしている。たとえば、他の諸国の教育実習期間は、少なくとも3か月、半年が平均レベル、長いところでは1年間をあてているが、日本の教育実習生の数ではとうてい実現しようがない。

　「開放制」による課程認定制度は、その他にも制度的問題を抱えている。「開放制」の課程認定制度は多数の大学が教員養成を行うことを可能にするが、その一方で教員養成の質の保証が困難になる。そのため文部省（文部科学省）は、課程認定を厳格に管理し、課程申請科目の内容を厳しく細かくチェックし指導することで、教員養成の質保証を行ってきた。しかし、その官僚的統制は大学の自主性や創造性を奪ってしまう結果になりがちである。そのため、各大学の自主性と創造性を発揮した教師教育改革が進展しない現状がつくりだされてきた。

　これらの実態、現実、課題を踏まえて、今後、「開放制」教員養成をどのように改革し発展させればいいのだろうか。

2．教師教育の改革動向と「開放制」の評価

　戦後直後、日本の教師の教育水準は「大学における教員養成」を実現して、世界トップの位置に躍り出たが、現在は世界最下位レベルに転落している。世界各国が「大学における教員養成」を標準化したのは1970年代であり、そこまで日本の教師の教育水準は世界一高かった。しかし、1980年代以降、世界の教師教育は大学学部レベルから大学院レベルへと移行し、この「高度化」と「専門職化」の改革の進展に日本が置き去りにされたのが原因である。現在、小中高校の教師の修士学位取得者もしくは博士学位取得者の比率において日本は、アフリカ諸国よりも低い状態にある。先進諸国はほぼすべて教師教育を大学院段階で行っており、ドイツやスペインなど修士学位を教員免許に要請しない国においても、大学において7年から9年かけて教師教育を行っており、

医師や弁護士と同等の教育水準を求めている。教師教育の「高度化」と「専門職化」である。「開放制」の今後を展望するうえで、日本における教師教育の「高度化」と「専門職化」の展望を検討しておく必要がある。

　1980年代半ば以降、世界各国は教師教育改革を教育改革の中心課題として推進してきた。そのカギとなる概念が「高度化」と「専門職化」である。改革は多岐にわたっているが、以下の諸点は共通している。

① 教師教育を生涯学習として位置づけなおし、大学における教師教育を「教養教育」「教職専門教育」「インダクション（導入教育）」「現職教育」で段階的に組織していることである。このうち大学における教育は「教養教育」と「教職専門教育」である。「インダクション」はインターンによる教育、現職教育は生涯にわたる専門家としての研修であり、教師教育の中心は現職教育に求められている。この段階的枠組みは1972年にイギリスの「ジェームズ・リポート」で最初に提示された。「ジェームズ・リポート」は、2年間の「人間教育＝教養教育」、2年間の「教職専門教育」、1年間の「インダクション（インターン）」、生涯にわたる「現職教育」という教師教育の構造を示していた。この枠組みが1980年代半ば以降、世界各国の教師教育改革で具現化されたのである。

② 「高度化」の推進である。教師教育のレベルは学部段階から大学院段階に引き上げられた。現在では、ほとんどの国において新任教師は修士以上の学位を取得しているか、7年か9年にわたる大学における専門家教育を受けている。

③ 「専門職化」の推進である。教師教育は医師や弁護士の教育と同様、専門家教育（professional education）と見なされ、教職の「使命と責任」「教科教養と教育学教養の知識基礎」「実践的知識」「実践的見識」が教師教育カリキュラムを構成している。また教師の専門家像として、ドナルド・ショーンが提示した「反省的実践家」が採用され、「反省的教師（reflective teacher）」の育成が求められている。

④ 専門家教育は「省察と判断（reflection and judgement）の教育」であり、その核心は理論と実践の統合にある。そのためケースメソッド（事例研究・

臨床研究）が専門家教育カリキュラムの中心に位置づけられる改革が進行
した。

⑤　1970 年代までの教師教育は資質向上を目的とする「資質アプローチ（trait
approach）」であったが、1980 年代以降の教師教育は、市民的教養の知識、
教科教養の知識、教育学教養の知識を重視して専門家としての思考と判断
の能力を高める「知識アプローチ（knowledge approach）」へと移行した。

⑥　教師教育において「臨床的経験（実践研究）」が重視され、臨床経験や教育
実習の期間が半年あるいは 1 年に延長され、大学と学校のパートナーシッ
プによる指導体制がつくられてきた。また多くの国でインターン（試補教
師）制度が導入され、教員志望の学生から現職教師への移行過程に仮免許
による試補期間が設けられてきた。

　これら 6 項目で要約できる 1980 年代半ば以降の世界の教師教育改革と比べ
て、日本の教師教育改革は、上記 6 項目の 1 項目も達成していない。その 30
年の遅れが、日本の教師教育改革の展望を描けない状態をつくりだしている。

3．教師教育の改革動向と「開放制」の評価

　文部科学省が、最近 20 年余り精力を傾けてきたのは、教職大学院の創設で
あった。2015 年の中央教育審議会答申は、修士レベルを標準とする免許制度
改革を提言し、文部科学省においても 2008 年以降、教職大学院の創設と拡充
が推進されてきた。しかし、教職大学院は「実務家教員 4 割以上」に象徴され
るように「専門家教育」というよりも「実務家教員」として設置され、しかも
54 の教職大学院（国立 47 大学院、私立 7 大学院）の入学者数は 2019 年段階
で 1,649 人で全教師のわずか 0.2％でしかない。もう一方で文部科学省は、教
師が無給の休職によって大学院で学修できる「大学院修学休業制度」を 2000
年に開始したが、この制度を活用している教師はわずか 69 名（2019 年）であ
る。これでは、何十年かけても「高度化」と「専門職化」を達成することはで
きない。

　世界のほとんどの国において教師教育は国立（もしくは州立）大学によって
遂行されており、教師教育改革の「高度化」と「専門職化」は一挙に全国規模

で達成されるのに対して、日本の教師教育は8割以上が私立大学によって担われているため、根本的な制度改革が行われない限り、教師教育の改革は国立大学の枠内でとどまってしまう。そのため、戦後直後に発足した「開放制」の教師教育は、ほとんど改革が進行しないまま、放置されてきたのが現実である。

　文部科学省の教師教育改革が教職大学院に特化されてきた背景には、国立大学の教員養成系大学・学部が存続の危機に直面してきた事情がある。2002年の独立行政法人化によって国立の11教員養成大学・33教育学部は、運営費交付金の削減と傾斜配分、大学の再編と統合および各大学の再編計画により厳しい状況に立たされてきた。さらに2017年の文部科学省有識者会議が教員養成大学・学部の大胆な統合再編を提言したことで、存続の危機はさらに高まっている。2022年からの奈良教育大学と奈良女子大学の法人統合は、その象徴的出来事である。

　現在文部科学省の教員養成改革で中心的な議論になっているのが、「学科・大学間連携」とSociety 5.0時代への対応とされる「指定教員養成大学（フラッグシップ大学）」構想（2020年1月最終報告）である。

　「学科・大学間連携」について、中央教育審議会・教員養成部会「教職課程の基準に関するワーキンググループ」は、2019年2月「最終報告」を提出した。報告書は、単位互換制度と共同開設制度によって「教職課程の学科・大学間連携」を推進する方針を打ち出している。「学科間」の連携は、大学内の複数学科で「教職課程」の科目を共有する方式であり、「大学間」の連携は、学位課程そのものを複数の大学で共同化する方式と、「教職課程」を複数の大学で共同設置する方式の2つが提示されている。

　国立大学の教員養成大学・学部は、独立行政法人化以降、学部再編、学生定員と教員ポストの削減、運営費削減により、どこも存続の危機に直面し、単独の学科・大学ではすべての領域にわたる教員の養成と研修の機能を維持することができなくなっている。その危機への対応として「学科・大学間連携」は提案されている。

　この解決策は、教員養成大学・学部の危機を救う打開策になるのだろうか。むしろ、それぞれの教員養成大学・学部にとって深刻なジレンマを抱え込ませる結果になるのではないだろうか。各大学・学科は教員養成課程を維持するた

めに「学科・大学間連携」を部分的に導入せざるをえない状況に追い込まれているが、「学科・大学間連携」を導入すれば、大学・学部の再編と統合の条件が拡大することにより、大学と学科の存続自体がいっそう危機に瀕することにもなる。「学科・大学間連携」は、教員養成大学・学部にとっては、急場をしのぐ解決策にはなりえても、行く先が閉ざされた袋小路のような施策なのである。

4.「開放制」の教員養成の評価と今後の課題

　上記のように「開放制」の教員養成の行方を探ることは容易なことではない。特に教師教育の「高度化」と「専門職化」において30年以上の遅れをとっている現実を直視すると、戦後直後からの教師教育の「大学における教員養成」「免許状主義」の2つの原理の根本的見直しが必要であり、「開放制」教員養成という枠組みも根本的な再検討が必要とされるだろう。そのことを前提として、「開放制」教員養成の今後の課題と展望を現状に即して示しておこう。

　第1の課題は、「教職課程」の機能を高めることである。一般大学において「教職課程」は正規の課程ではなく「オプション」として存在することから、大学教育の周辺で受験生確保の機能あるいは学生へのサービスとしてしか見なされず、大学の中心的な教育目的の1つとは見なされていない。この実態を改善するためには、教職課程を「全学教職教育センター」としてセンター化することが求められる。大学における位置を高め全学の教員組織で教師教育を推進し、それぞれの大学の自主性と創造性を発揮して教師教育を推進するセンターの設立である。

　第2の課題は、「高度化」と「専門職化」を推進する1つの段階として「5年次課程」（学部卒業生・社会人対象）を設置することである。「5年次課程」（post graduate course of teacher education; PGCTE）は多くの国々で実施されてきた教員養成課程であり、「開放制」の教職課程において現実的に採用しうる「高度化」と「専門職化」の方途と言えるだろう。

　第3の課題は、教職課程のスタッフと実績を基盤として、大学院教育学専攻を創設して教師教育の「高度化」と「専門職化」を推進する道である。教員養成の課程認定を行ってきた一般大学において、その組織と実績を基礎として教育学専攻を創設することは決して不可能ではない。単独の大学で困難であれば、

29

いくつかの一般大学で連携して創設することも可能である。この教育学専攻は、卒業生と現職教師と社会人を対象とし「高度な専門家」を教育する大学院である。現職教師が進学し履修することを可能にするよう、昼夜間開講であることがのぞましい。

　実際、私が創設に参加し勤務した学習院大学人文科学研究科教育学専攻は、昼夜間開講によって、現職教師が多数履修し、学部卒業生、他大学卒業生にも開かれた教師教育の「高度化」と「専門職化」を実現した。

　現状のままでは、「開放制」教員養成は、戦後直後の枠組みと水準から脱却することは不可能である。今日の政治状況や文部科学省の財源と政策能力を考慮すると、教師教育の根本的な改革が政府や文部科学省のイニシャティブによって遂行されることを期待することはできない。「開放制」教員養成を担っている各大学の自主的な改革を創出することなしには、日本の教師教育が世界標準の「高度化」と「専門職化」を達成することは不可能である。

　もう一度、「開放制」教員養成の存立基盤にもどろう。教職の魅力が薄れ教員採用倍率が著しく低下した現在も、高校生の将来の職業志望の第1位は教師である。少子化により教員採用数は減少傾向であるが、中高の新規教員の採用倍率はそれほど減っていない。少子化によって私立大学の多くは存亡の危機に立たされているが、受験生の確保の必要から教職課程の廃止はどの大学も行うことはないだろう。さらに今後ずっと日本の教師教育の教育水準が大学学部レベルにとどまることは考えにくい。「高度化」と「専門職化」を教師教育が推進しない限り、日本の経済と社会と文化の国際的地位は、今以上に凋落してしまうからである。

　少し長いスパンで考えるならば、「開放制」教員養成を実施している一般大学は、「5年次課程」さらには「教育学専攻」（単独もしくは連携）の設置を準備する必要がある。小中高の現職教師は70万人以上であり、その需要に応える必要がある。

　「開放制」教員養成において重要なことは、課程認定を行っている各大学が自主的で創造的な教師教育カリキュラムの改革を推進しているかどうかにある。残念ながら、「大学における教員養成」が始まり「開放制」教員養成が始まって以降、各大学における教師教育改革の創意的取り組みが十分に展開され

たとは言えないし、現在も「高度化」と「専門職化」の挑戦が活発に行われているとも言い難い。今後の各大学の創意ある改革に期待したい。

【注】

本稿は 2020 年に武蔵大学で行った講演内容を文章化している。

【参考文献】

佐藤　学『専門家として教師を育てる—教師教育改革のグランドデザイン—』（岩波書店、2015 年）

第２章　教職課程の意義と課題

藤田　英典

[付記]

　本章「教職課程の意義と課題」は、著名な教育社会学者である藤田英典氏の講演記録である。武蔵大学教職課程では、3年次生(教育実習１・後期科目)と4年次生(教職実践演習・後期科目)の実践系科目を、かなりの部分、合同で実施している。合同授業の内容は、第１に、３年次生の模擬授業を教育実習を終えたばかりの４年生が支援・講評するというものである。第２に、学外の著名な研究者や実践者の講演にふれ、教育(学)研究や実践の見識を知り、視野を拡張するものである。第３に、学年をこえて、経験を交流し、タテの関係を深める機会とすることである。

　藤田講演は、2021年1月8日に実施された。合同授業の最後の機会、「教職実践研究会」における記念講演会であった。同研究会は、通常、①４年生による教職実践報告会(４年次生の免許教科別代表が４年間の経験を総括して発表)、②記念講演会、③フェアウエル・パーティ(３年次生が企画・運営する４年次生を送る会)、という三部構成で企画される。当初通常の予定で準備されていたが、コロナ蔓延の影響で、年明けに急遽オンライン併用に変更された。そのため、講演会も教職課程スタッフと若干の学部教員、発表予定の４年生数人が対面で参加し、他の学生や学部教員・法人職員はZoomによる参加となった。

　記念講演会は、冒頭、山嵜哲哉武蔵大学長のあいさつと司会者による講師の紹介につづいて、藤田英典氏の講演「教職課程の意義と課題」が実施された。藤田講演は、パワーポイントのスライド(18枚)をもとに、①教職課程の意義、②教員養成政策の展開と課題、③教職の現在と課題、④教職課程の学びの特徴と意義、という４部構成で進められた。講演後、質疑応答の時間に、会場で参加した４年生が質問をし、ていねいに回答いただいた。講演はスライドを参照しながら進められたので、講演記録の後に、講演時のスライドも掲載した。適宜、参照しながら講演記録をお読み下さるようお願いしたい。

　なお、本章の原稿は、テープ起こしされた講演記録を、講演当日に配布した箇条書きの概要と関連図表からなるレジュメ(PPTで18スライド)に基づき、藤田氏により大幅に補筆・修正されたものである。　　　　　　　　　　(付記の文責・和井田清司)

皆さん、こんにちは。ご紹介いただきました藤田英典です。きょうは「教職課程の意義と課題」と題して、4部構成でお話をさせていただきます。最初に教職課程の意義について、2番目に教員養成政策の展開と課題を簡単に確認します。3番目は、教職の現在と課題。4番目は、教職課程の学びの特徴と意義についてです。

1．教職課程の意義

　まず教職課程の意義ですが、その意義は①就職面・人生設計面と②教育面・能力形成面に大別することができます。ここでは①の就職面・人生設計面での意義について確認します。教職課程は、全国の大半の大学で開設されていますが、データで確認しておきます。教職課程の認定を受けている大学の数は、平成31年4月1日現在で、全大学756のうち608大学、80.2パーセントが開設しています。大学にとって教職課程は、卒業後の進路の主要な選択肢の1つになりますし、学生集めのためにも重要だとみなされているからです。この点は、大学院についても言えます。大学院のある大学623のうち413大学、66.3パーセントが、大学院でも教職課程を開設しています。この背景には、教員の資質能力の向上と高度専門職業人としての教員の地位向上を図るために、修士課程で学び専修免許の取得を推奨するという国の政策があります。もう一方で、特に理工系では、研究者や高度科学技術人材の育成という観点からも大学院の拡充が進み、博士課程進学者も増えてきましたが、誰もが大学・研究機関や民間企業の研究・技術開発部門に就職できるわけではない状況にあって、中学・高校の理数系や情報系の教員という選択肢の重要性が高まってきたこともあります。

　次に、実際に教員になれるのか、その可能性について見ておきます。スライド3のグラフは、公立学校教員の採用数の推移を示したものです。なお、先ほどのグラフも含めて、配布資料中の図表の大半は、【出所】として注記した文部科学省の「大学の教員養成に関する基礎資料集」（URL付）からコピーしたものです。ご覧の通り、この数十年、かなり大きく変動しています。現在は約3万人ですが、4万5000人前後の時期もありました。これは戦後の第1次ベビーブーム世代が学齢期に達した時期に採用された大量の教員が定年退職し

たことに伴い新規採用教が増えたからです。そのピークが過ぎると採用者数も減少し始め、平成 12 年にかけて、1 万 1 千人にまで減少しました。その後、平成 14 年頃から再び増加し始めましたが、この背景要因は、40 人学級や 35 人学級の実施といった学級定数の改善と学級編成の弾力化、栄養教諭（平成 17 年度～）の配置、少人数指導・習熟度別指導・ティームティーチングや児童生徒支援のための加配、さらには学級編成の弾力化などに伴う臨時的任用教員の増加などがあると考えられます。

　次に教職のメリットとデメリットについて簡単に確認しておきます。メリットについては、第 1 に、現状では新規採用者数が多く、加えて、教員免許の取得が必須条件になっていますから、企業等に比べると、競争する母集団が限定されているため、被採用確率は格段に高いことになります。

　第 2 に、専任教員の場合、安定性・経済性が高いという点です。大多数は公立学校の教員ですから身分は保障されています。経済性については、大企業やIT 関連など、教職より収入の多い職種は多々ありますが、教職以外の全職業の平均より高いことも確かです。また、非常勤講師等になる場合も、被採用確率は高く、加えて、ワーク・ライフバランスの点でも魅力的と言えます。

　第 3 に、教職は、専門性・同僚性・協働性が重視され期待されるという点です。このうち、同僚性と協働性は連帯の基盤にもなります。加えて、倫理観・使命感や社会貢献も重視され期待されています。以上のうち、倫理感・使命感と連帯は、日本における職業社会学・産業社会学の先駆者と目されている尾高邦雄先生が職業の三要素として重要だとしたものです。その三要素すべてが重視され、活かし充たされる職業です。

　第 4 は、自己実現の可能性が高いという点です。「人間性心理学」を切り拓いた A. H. マズローの「欲求段階説」で最高位の欲求とされた「自己実現の欲求」の充足可能性が高く、やりがいや生きがいを感じることができるということです。

　次にデメリットについて簡単に見ておきます。第 1 は、先ほども述べた給与面で、地方公務員プラスアルファですが、好条件の民間企業ほど高くはないという点です。第 2 は、労働環境が必ずしも良いとは限らないという点です。これは特に 1980 年代以降、〈学校の荒れ〉が重大な教育問題として浮上してきた

ことによります。1970 年代半ばから校内暴力が深刻化し、80 年代半ば以降、いじめも深刻化し、いじめ自殺も起こるなかで、学校や教育委員会の対応が糾弾されるようになりました。第 3 は、業務量が多く、労働時間が総じて長いことです。第 4 は、2000 年代に入ってバーンアウトする教師が増えてきたことです。バーンアウトは 1970 年代半ばにアメリカの精神心理学者 H・フロイデンバーガーが使った用語で、燃え尽き症候群と邦訳されていますが、職種別では、教師だけでなく、医師・看護師・介護士・社会福祉士などの対人支援職でも多いことが明らかになっています。いずれも、先ほど述べた倫理観・使命感と専門性が要求される職業です。その増加の背景要因としては、業務内容の多様化・複雑化と業務量の増加に加えて、①近年の成果主義的な経営方針と職場環境の変化、②関連機関の不祥事と特に公立学校・教員に対する信頼の低下、③担い手のモラルや資質・能力への関心の高まりと関連政策の変化も重要だと考えられます。

2．教員養成政策の展開と課題

　ここでは、2000 年代以降の主な教育政策と教員政策について簡単に確認しておきます。2000 年に内閣総理大臣の諮問機関「教育改革国民会議」が「教育を変える 17 の提案」という報告書をまとめ公表しました。私も同会議の委員を務めたのですが、あるマスコミ関係者が、一部の関係者の間で「反対ばかりしている委員」と言われていると教えてくれました。同報告書の副題は「17 の提案」となっていますが、その最後の 2 つは「教育基本法の見直し」と「教育振興基本計画」の策定で、他の 15 の提案には 3 項目から 5 項目の具体的提案が含まれていて、その合計は 54 項目でした。そのうち私が一貫して反対ないしネガティブな意見を述べたのは、教育基本法の見直し、学校選択制、コミュニティ・スクール（日本版チャーター・スクール）、高校での学習達成度試験の導入、道徳の教科化、成果主義的教員評価、教員免許更新制の 7 項目だけで、それ以外の 47 項目については、修正提案をして採用された項目も一部ありましたが、基本的には賛成・容認しました。ともあれ、この国民会議の提案に基づいて、その後、教育基本法の「改正」、成果主義的な教員処遇、指導力不足教員の研修義務化と排除、教員免許更新制、道徳の教科化が実施されることにな

りました。

　次いで 2002 年から〈完全学校 5 日制と学力重視政策への転換〉が問題化します。「ゆとりと充実」を掲げて導入・拡大されてきた学校 5 日制が 2002 年から完全実施されたのですが、皮肉にも、この年から学力重視政策への転換が始まったのです。2002 年 1 月に、文部科学大臣が「確かな学力向上のための 2002 アピール「学びのすすめ」」を発出します。具体的には、〈習熟度別指導や発展的学習により基礎学力の定着と個性等に応じた学力の向上を図る、朝読書や放課後の補充的学習により学びの機会の充実を図る、宿題・課題を出すことにより家庭学習の習慣化を図る〉としています。さらに 2003 年には、実施されたばかりの学習指導要領を部分改訂し、授業時数を増やし、発展的学習・補充的学習を奨励することになります。実施されたばかりの学習指導要領が 1 年後に改訂されるといったことは前例のないことですが、それは、学力低下を危惧する批判が強まったからです。

　次いで 2005 年には、義務教育国庫負担金を 2 分の 1 から 3 分の 1 に減額し、その減額分の約 7 千億円を各自治体（都道府県）が教員給費以外にも使える一般財源にするという決定がなされました。これは小泉首相のとき、地方分権改革の一環として、国庫補助負担金の改革（減額）と地方交付税の改革（総額抑制と算定の簡素化）と税源移譲（所得税から個人住民税への税源移譲）を一体的に行う「三位一体改革」として実施されたもので、そのために各省庁に国庫補助負担金の削減案を出させてきたのですが、最終的に 7000 億円不足だというので、義務教育国庫負担金を 3 分の 1 にすれば 7000 億になるという案が地方六団体（全国の知事会・市長会・町村長会とそれに対応する 3 つの議会議長会）から出されました。それに文部科学省は強く反発し、2005 年に「中央教育審議会義務教育特別部会」を設置して、同負担金の意義と削減の是非について検討することになり、小泉首相も、その審議結果を受けてから決定するとしていました。私もその委員を務めたのですが、地方六団体が政府代表（内閣官房長官、財務大臣、総務大臣等）と結託して 3 分の 1 にする方針を決めてしまったようで、「2 分の 1 を堅持すべきだ」とした中教審特別部会の答申が出た 1 週間後に、閣議決定により 3 分の 1 への減額が決定されたのです。小泉首相は首相就任時に長岡藩の「米百俵」の故事に言及して教育の充実を図ると

言ったにもかかわらずです。

　次いで 2006 年と 07 年には、教育基本法と教育三法が改正されました。教育基本法では第 2 条が「教育の方針」から「教育の目標」に変更され、その目標項目として道徳心（2 項）や愛国心（5 項）等の形成が規定されました。教育三法のうちの 1 つは教員免許法ですが、その改定によって教員免許更新制が導入されることになりました。また、2007 年には「全国学力・学習状況調査」が実施され、それ以来、東日本大震災の年を除いて、毎年実施されていることもご存知のとおりです。新指導要領では「新しい学力」「自ら学び考える力」の形成が掲げられましたが、問題をどのように工夫しても、テストで測られる学力であることに違いはありません。そこには学力観の混乱と学力政策の迷走があると言えます。

　2013 年には教科書検定基準等が改定されますが、この改定は改定教育基本法の第 2 条（教育の目標）が適切に反映されていないという理由によるものでした。さらに 2015 年の学習指導要領の一部改訂により道徳が教科化され、小学校は 18 年から、中学は 19 年から全面実施されました。

　もう一方で、学校体系の複線化も進められました。2015 年には学校教育法が改正され、義務教育学校が創設されました。スライドには書きませんでしたが、1997 年から中高一貫教育が公立学校でも始まり、翌 98 年には学校教育法が改正され中等教育学校が創設されております。高校は基本的に選択制ですから、中等教育学校をつくると中学入学時点で選抜をする公立学校が出現しますし、義務教育学校を創設すると、小学校入学段階から選択制が始まることにもなりかねません。2000 年から学校選択制を導入した品川区では 16 年から選択制の研究開発学校として小中一貫教育課程を実施することになり、現在、同区では 6 校が義務教育学校になっています。こうした傾向が広まると、小中学校段階から教育格差が制度的に進むことにもなります。

　2020 年から小学校で英語が必修化されました。3、4 年生は外国語活動として、5、6 年生は教科「英語」として。英語教育については、例えば金沢市は、1990 年代後半から「世界都市構想」を掲げ、増加する外国人観光客へのより豊かな対応という観点からも、小学校全学年で実施してきました。

　以上のように、さまざまな改革が進められるなかで、教師の仕事の内容も業

務量も多様化し増大し、多忙化と厳しさが増しています。そうした状況を踏まえて、スライドの2−2に書いてあるように、教員の資質・力量の形成・向上が重要な課題だと言われ、①教員研修のあり方の再検討と、②教員の多忙化の解消が政策課題となり、もう一方で、③教員の使命感・誇りの基盤の充実が重要な課題となっております。

3．教職の現在と課題

　次に第3部「教職の現在と課題」に入ります。まず学校と教師が直面している問題・課題と難しさについて確認しておきます。スライド6の一連のグラフも文科省作成の「教員養成に関する基礎資料」からコピーしたものです。1番目の不登校児童生徒の割合は小学校で平成5年（1993年）の0.17%から平成29年（2017年）の0.54%へと3.2倍になっています。中学校も1.24%から3.25%へと2.6倍になっています。以下、比較年度は若干異なりますが、学校管理下での暴力行為の件数も小学校で20.6倍、中学校で1.5倍、日本語指導が必要な外国人児童生徒数も小1.8倍、中1.7倍、通級指導を受けている児童生徒数も小8.1倍、中35.1倍、特別支援学級・学校の児童生徒数も小3倍、中2.3倍、要保護・準要保護の児童生徒数も小1.6倍、中2倍というように、この四半世紀ほどの間に増え続けてきました。いずれも子ども自身に責任があると言って済ますわけにはいかない問題ですから、学校・教師にとって、状況は難しくなっていると言えます。

　次に、学校における教育資源や教師の仕事時間などについての国際比較の結果を見ておきます。スライド7から11は『OECD 国際教員指導環境調査（TALIS）2018』からの引用で、日本については小学校の結果と2013年調査の結果も示してありますが、中学校の結果を中心に見ていきます。一連の表の出所は国立教育政策研究所のサイトです。「表1　学級の規律と学習の雰囲気」では、「児童生徒が授業を妨害するため多くの時間が失われてしまう」が日本8.1%、参加国平均27.1%ですから、日本の授業環境は相対的によいと言えます。「授業を始める際、児童生徒が静かになるまでかなり長い時間待たなければならない」も同様で、日本11.4%、参加国平均26.1%ですから、日本の状況はかなりよいと言えます。「教室内はとても騒々しい」も日本は12.4%、参加

国平均 24.5％ですから、日本の学校は総じて好ましい状況にあります。「学級の児童生徒は良好な学習の雰囲気を作り出そうとしている」も日本 85.2％、参加国平均 73.0％ですから、他国もかなりよいとはいえ、日本はそれ以上に好ましいと言えます。

　次に「表 2　学校における教育資源の不足（校長の回答に基づく）」を見ますと、6 項目中 5 項目で日本の状況は参加国平均より問題があるという結果になっています。「支援職員の不足」は日本 46.3％、参加国平均 30.8％ですから、日本の方が劣悪だと言えます。この支援職員の充実については、中教審答申等でも言われてきたことですが、いまだに不足している学校が半数近くあるという事実は重大です。「特別な支援を要する児童生徒への指導能力を持つ教員の不足」も日本 43.6％、参加国平均 31.2％ですから、日本は政策面で課題があると言えます。「児童生徒と過ごす時間が不足している」も日本 49.1％、参加国平均 23.6％ですから、日本の状況は好ましくないと言えます。この点は仕事時間の問題としても、教育・指導上の問題としても重大です。「物理的な施設設備が不足している、あるいは適切でない（学校家具や校舎、空調等）」も日本 37.0％、参加国平均 27.1％ですから、日本の状況は好ましくないと言えます。これは、特に空調のない学校がいまだに多数あることや、老朽化した校舎の建て替えといったが問題があるからだと考えられます。「インターネットの接続環境が不十分である」については日本 27.0％、参加国平均 22.9％ですから、日本だけでなく、他の国でも必ずしも進んではいないようです。最後の「教材が不足している、あるいは不適切である」は参加国平均 15.6％に対して日本 3.0％と少ないのは無償制・検定制・学習指導要領準拠・民間発行の教科書・参考書・ワークブック、種々の視聴覚教具や、実験・工作等の作業教具が充実しているからだと考えられます。

　次に「表 3 教師の仕事時間」では日本 56 時間、参加国平 38.3 時間ですから、日本の教師は世界中でもっとも長時間労働で忙しいということです。どういう点で違うのか。「授業」は日本 18 時間、参加国平均 20.3 時間ですから、日本の方が 2 時間ほど少ない。「学校内外で個人で行う授業の計画や準備」は日本 8.5 時間、参加国平均 6.8 時間ですから、日本の先生の方が授業の準備・充実に時間をかけている。「学校内での同僚との共同作業や話し合い」も同様

で日本3.6時間、参加国平均2.8時間ですから、日本の方が1時間ほど多い。「児童生徒の課題の採点や添削」は日本4.4時間、参加国平均4.5時間ですから、ほぼ同じ。この点はどこの国でも似たようなことをやっているということです。「児童生徒に対する教育相談、進路指導、非行防止指導」も同様で日本2.3時間、参加国平均2.4時間ですから、ほとんど同じ。

　違いが目立つのはスライド10の諸項目です。「学校運営業務への参画」は日本2.9時間、参加国平均1.6時間で、日本が1.3時間多い。日本の学校では、教育目標と学校経営計画や年間行事予定を設定し協働して取り組んでいるからだろうと考えられます。この項目と前のスライドの「同僚との共同作業」は好ましい傾向だと言えますが、以下の項目は日本の方が好ましくない、あるいは気になる項目です。「一般的な事務業務」は日本5.6時間、参加国平均2.7時間で、日本が3時間ほど多い。他方、「職能開発活動」は日本0.6時間、参加国平均2時間ですから、日本は1.4時間も少ない。日本では、教育基本法9条や教育公務員特例法21条で「研究と修養」に励むことが規定されており、「初任者研修」や「中堅教諭等資質向上研修」、「5年経験者研修」や「20年経験者研修」、「生活指導主任研修」や「新任教務主任研修」など、該当教員全員に対する研修が教育委員会等で実施されていますが、週当たりではとても2時間にはならないということでしょう。それに対して、諸外国では学校内外での自主的な職能開発・自己啓発活動が多いのかもしれません。「保護者との連絡や連携」については、日本1.2時間、参加国平均1.6時間ですから、日本の方がやや少ない。これは、アメリカなど諸外国では、我が子の扱いについての不満や要求を言う保護者が従前から珍しいことではなかったことや、進路指導や監督指導・非行防止指導などでも、教師が家庭に連絡し、学校で面談・指導・助言することもよくあるからだろうと考えられます。

　もっとも差が大きいのは課外活動の指導です。日本7.5時間、参加国平均は1.9時間ですから、日本の方が5.6時間も多い。特に中学校では総じて部活動が盛んで、参加率や活動時間も多いからだと考えられます。以上のように、日本の教師の仕事時間は参加国平均に比べて非常に多いという点は改善の必要があるようです。

　以上、種々の仕事時間の項目についてみてきましたが、そこに見られる傾向

は大きく 3 つに大別することができます。第 1 は、基本的には教育の質向上にプラスになり、日本の教師の方が多い項目で、①「授業の計画や準備」（1.7 時間多い）、②「同僚との共同作業や話し合い」（0.8 時間多い）、③「学校運営業務への参画」（1.3 時間多い）、④「課外活動の指導」（5.6 時間多い）が含まれます。第 2 は、教師の資質・力量や教育の質にプラスになるが、日本の教師の方が少ない項目で、⑤「職能開発活動」（1.4 時間少ない）が含まれます。第 3 は、教師が授業をはじめ教育の質向上や生徒に向き合う時間の確保の妨げになる時間で、⑥「一般的な事務業務」（2.9 時間多い）が含まれます。第 1 のカテゴリーは、同僚性・協働性や使命感や生きがい・やりがいの基盤となる活動と言えますが、④「課外活動の指導」については、教師の多忙さの重要な要因になっている面もあるだけに、工夫改善が必要だと考えられます。第 2 カテゴリーの⑤「職能開発活動」については、かつて全国各地で教科別やテーマ別の任意的な研究サークル（団体を含む）があり、定期的に研究・交流活動が行われていたように、そういう自発的なサークル活動の活性化を図ることがあってもいいのではないかと考えられます。第 3 の⑥「一般的な事務業務」については、中教審等も提言してきたように、業務の精選と効率化を図り、もう一方でサポーティング・スタッフの増加を図ることも必要だと考えられます。

　第 3 部の最後に、先ほどの TALIS 調査の結果の一連の表には含めなかった重要な調査項目について説明します。それは、TALIS2013 の結果が公表された際に最も注目された点で、それは、日本の教師は世界で最も多忙である一方で、自己効力感と仕事成果満足度や教職再希望度も低いという結果です。TALIS の自己効力感は、①「学級内の秩序を乱す行動を抑える」、②「生徒にどのような態度・行動を期待しているか明確に示す」、③「生徒を教室のきまりに従わせる」、④秩序を乱す又は騒々しい生徒を落ち着かせる」の 4 項目、仕事成果満足度は⑤「現在の学校での自分の仕事の成果に満足している」、⑥教職再希望度は「もう一度仕事を選べるとしたら、また教員になりたい」という質問文で、いずれも 4 件法で聞いたものです。その結果を四件法の肯定的回答の割合で、参加国平均と日本の順に対比して示しますと、①は 87％対 52.7％、②は 91.3％対 53.0％、③は 91.3％対 49.8％、④は 84.8％対 49.9％、⑤は 92.6％対 50.5％、⑥は 77.6％対 58.1％です。自己効力感 4 項目と仕事成果満足度では

約35〜40ポイントもの大きな差があります。⑥の教職再希望度も、差はやや小さいものの約20％もの差があります。こうした結果は非常に重大ですが、同時に、何故これほど大きな差があるのか、その原因や背景を探る必要があります。その原因・背景については、少なくとも以下の三点が重要だと考えられます。第1は、先ほど見た「表1 学級の規律と学習の雰囲気」の結果との落差です。〈授業妨害のため時間が失われる〉と〈静かになるまでに時間がかかる〉と〈教室内が騒々しい〉の三項目で参加国平均の方がはるかに問題を抱えていたのに、それらの項目とほぼ同内容の自己効力感では参加国平均の方がはるかに高いからです。第2に、仕事成果満足度と教職再希望度については、次に検討する仕事内容の多様さと仕事時間の多さ・多忙さに原因があると考えられるからです。第3に、日本の教師の教職再希望度の低さは先に述べた公立学校と公立学校教員に対するバッシングや、そうしたバッシングに通底する政策論議と実際の政策が重要な背景要因になっていると考えられるからです。

4．教職課程の学びの特徴と意義

　次に第4部の「教職課程の学びの特徴と意義」に入ります。まず、この20年ほどの政策文書や企業が若者に求める能力について検討します。2006年6月に経済産業省が「社会人基礎力」という概念を提唱し、その育成事業を開始しました。社会人基礎力とは、スライド12に示したように、「3つの力」として分類される12の能力要素により構成されるものです。第1は「前に踏み出す力（アクション）」で、具体的には主体性・働きかけ力・実行力により構成されるものです。第2は「考え抜く力（シンキング）」で、課題発見力・計画力・創造力により構成されるもの、第3は「チームで働く力（チームワーク）」で、発信力・傾聴力・柔軟性・状況把握力・規律性・ストレスコントロール力により構成されるものです。

　その下のカラフルなグラフは経済産業省のサイトに掲載されていたA4判一枚のチラシ風の「社会人基礎力　育成の手引き」からコピーしたもので、ベネッセに委託して行った調査の結果をまとめたものです。左上に藍色・太字で〈社会が求めるのは「社会人基礎力」。しかし若者は身につけていない！〉と書いてあり、上部・中央に赤字で〈不足しているのは、まさに「社会人基礎力」〉と

スライド12　**４．教職課程の学びの特徴と意義**

4-1) 政策文書・企業が若者に求める能力（1）

◆経済産業省「社会人基礎力」2006年2月（下図：「育成の手引き」より）
　○前に踏み出す力（アクション）：主体性・働きかけ力・実行力
　○考え抜く力（シンキング）：課題発見力・計画力・創造力
　○チームで働く力（チームワーク）：発信力・傾聴力・柔軟性・
　　　　　　　　　　　　　　状況把握力・規律性・ストレスコントロール力

社会が求めるのは「社会人基礎力」。しかし、若者は身に付けていない！

不足しているのは、まさに「社会人基礎力」

- 企業が考える「社会に出て活躍するために必要な能力」
- 企業が考える「学生に既に身に付いている能力」

ビジネスマナーや知識・技能は足りている！

出典　経済産業省就職支援体制調査より
大学生1598人、企業1179社

➡「社会人基礎力」は教職課程では重視されており、実践的にも形成されている
➡「ビジネスマナーや知識・技能は足りているか！」と言えるか？
・不足しているのは、社会人基礎力だけではない
・「既に身についている」と回答した企業の割合は、ビジネスマナーでも25％、
　知識・技能は8％で、一般常識、語学力、課題発見力などは3％以下でしかない

書いてあり、左・下方に赤字で〈ビジネスマナーや知識・技能は足りている！〉と書いてあります。後で説明しますが、これらのキャッチフレーズは非常にミスリーディングなものです。

　赤色の折れ線グラフと黄色の棒グラフが示されていますが、左端に注記されているように、折れ線グラフは①〈企業が考える「社会に出て活躍するために必要な能力」〉、棒グラフは②〈企業が考える「学生に既に身に付いている能力」〉です。このキャッチフレーズ付きのグラフで示そうとしたのは、①「必要な能力」の割合に比べて②「身に付いている能力」の割合が小さい項目が重要だというのです。特に重要なのは薄緑の楕円で囲った４項目、「前に踏み出す力」としての主体性と粘り強さ、「チームで働く力」としてのコミュニケーション力とチームワーク力だというのです。

　それに対して、ブルーの楕円で囲った業界に関する専門知識・語学力・簿記とビジネスマナーは重要ではないということのようです。

　以上のようなグラフの見方が妥当であるなら、「社会人基礎力」なるものは、教職課程で重視されているものと重なっていますから、その点で、教職課程の

意義・メリットは、教師以外の職業に就く場合にも大きいと言うことができます。

　とはいえ、それは、大学教育の目的や教育課程とどういう関係にあるのかという点で疑問があります。先ほど、そういうグラフの読み方、とりわけ3つのキャッチフレーズは、ミスリーディングだと述べました。何故そう言えるのか。それは、2つのグラフの差に注目する前に、両方のグラフ、特に「身に付いている能力」に注目する必要があるからです。「身に付いている能力」は、ビジネスマナーと人柄を除いて、どの項目も10％以下、とりわけ一般教養、一般常識、課題発見力、論理的思考力、独創性といった大学教育を通じて培い高めるべき能力は5％程度以下でしかないからです。そういう状況にあるのに、「社会人基礎力」の育成が大学教育においても重要だと言えるのか。2010年に経済産業省編『社会人基礎力育成の手引き』（製作・調査：河合塾；発売：朝日新聞出版）が刊行されているのですが、それで、同書の副題に掲げられている「日本の将来を託する若者を育てるために」という目的が達成されるのか、はなはだ疑問だと言わざるをえません。

　そうはいっても、この調査結果も社会人基礎力も、意味や意義がないということではありません。では、どういう点で意味や意義があるのか。ここでは二点、確認しておきます。1つは、社会人基礎力なるものの意義・価値とその形成についてです。その形成については、部活動・サークル活動や学園祭などの課外活動や、アルバイトや友人関係を通じても育まれるということです。だからこそ、調査結果にも示されているように、割合は必ずしも大きくはないにしても、相対的に見れば、特にコミュニケーション力で約23％、主体性で約13％、チームワーク力で約8％が「必要な能力」だと回答したのでしょう。また、多くの企業が採用の際に学生時代の課外活動などについて聞くのも、そういう能力を重視しているからでしょう。

　第2に、スライド13に示したように、2008年の中教審答申「学士課程教育の構築に向けて」が「学士力」という概念を提唱したのですが、その内容は多くの点で社会人基礎力と重なっています。

　「学士力」は四要素に大別されており、1番目が①「知識・理解（文化、社会、自然 等）」、2番目が②「汎用的技能（コミュニケーションスキル、数量的

スキル、問題解決能力 等）」、3 番目が③「態度・志向性（自己管理力、チーム
ワーク、倫理観、社会的責任 等）」、4 番目が④「総合的な学習経験と創造的な
思考力」となっています。このうち、特に②③が社会人基礎力と重なっていま
す。文部科学省は、この学士力の形成を補強するために、2010 年に大学設置
基準を改正し、「社会的・職業的自立に向けた指導等（キャリアガイダンス）」
を制度化することになります。大学設置基準というのは、各大学が教育課程を
編成し教育をしていく際に準拠しなければならない要件を規定したものです。
この改定を受けて、現在では各大学がキャリアガイダンス系の科目を開講して
いるわけです。また、これを促進するために文科省は、就業力育成支援事業を
2010 年から開始したのですが、翌 12 年 1 月には「事業仕分け」により廃止が
決定され、12 年度から後継事業として「産業界のニーズに対応した教育改善・
充実体制整備事業」が実施され、同年度と 14 年度に公募・採択したものの、
その後は公募されていないようです。

　諸外国でも 1990 年代以降、学士力の②「汎用的技能」と③「態度・志向性」
とほぼ重なる能力の形成を「ジェネリック・スキル（GS）」という概念により
重視しカリキュラムに組み込むようになります。また、OECD も 2002 年に
GS を大学生が身に付けるべきものとして掲げますが、そこでは、学士力の「2.
汎用的技能」と「3. 態度・志向性」に加えて、「自律的・反省的行動力」や「異
質な他者・集団との協働力」も含まれております。いずれにしても、社会人基
礎力や学士力もジェネリック・スキルも重要であることは言うまでもないので
すが、問題はそうした能力はどうすれば身に付くかということです。

　この点については、説明は省略しますが、日本を含め世界的に、初年次教育
の導入・充実と教養教育（アメリカや 1991 年の大学設置基準の大綱化以前の
日本での一般教育）の改編・充実により対応してきたと言えます。

　以上、縷々述べてきましたが、こういう話ばかりでは面白味がないでしょう
から、最後に 2 人の人物のエピソードを紹介したいと思います。IT 時代の寵
児と言えるスティーブ・ジョブズとビル・ゲイツです。ここからの 4 つのスラ
イド（14～17）は十数年前からあちこちの講演で使ってきたものです。学生時
代や若い時期に、どういう経験を積むことが望ましいか、どういうふうに過ご
すかという点で参考になればと思います。加えて、ビル・ゲイツの経験談は、

特に教職に就く場合にも参考になると思います。

　スライド15にまとめてあるように、ジョブズとビル・ゲイツは同い年です。二人とも1955年生まれです。残念ながら、ジョブズは既に他界しましたが、それぞれ、AppleとMicrosoftを創業しました。ジョブズは、労働者階級の夫婦の養子として育ちます。大学院生だった未婚の母の子として生まれ、すぐに養子に出されたのですが、最終的に養子先が決まった際に母親が出した条件はカレッジ（大学）に行かせるということでした。他方、ビル・ゲイツの父親は法律家、母親は教師、結婚後は非営利団体の理事等をしていた人です。

　二人とも、高校生の時に企業を立ちあげ、ジョブズは長距離電話装置ブルーボックスを製作しています。これは電話回線をハッキングして長距離電話を無料でかけることのできるデバイスです。ビル・ゲイツは、地元企業の給与計算システムを製作したり、トラフォード社を設立して、州政府に交通量計測システムを納入したりしています。つまり、この時期から既に、ジョブズは主にハードウェア、ビル・ゲイツは主にソフトウェアと、専門領域にやや違いがあったということです。

　次に学生時代ですが、スティーブ・ジョブズは、リード・カレッジ（全米トップテンの私立リベラルアーツ・カレッジの1つ）に入学します。私が調査した2010年度で学生数1400人、学費は4万2800ドルでしたから、非常に高いと言えます。奨学金をもらっていたようですが、労働者階級の養子として育ててくれた親に、高い授業料を出してもらうのは申し訳ないし、それにバカらしいということで、半年で退学します。しかし、アメリカの大学は鷹揚な面もあり、退学してからも、いろんな授業を潜りで聴講していました。好きな授業だけを受講していたので楽しかったと言っています。特にカリグラフィーの授業は興味深く面白かったが、当時、それがいつか役に立つとは思いもしなかったと言っています。1974年、アタリ社に就職してゲームソフトの改良などに従事しますが、ゲームのトラブル解決という社用でドイツに行くことになり、そのトラブルを短期間で解決し、会社に無断で数か月インドを放浪し、75年に復職します（この箇所、スライドに誤りがあります：インド放浪の時期）。復職して一仕事して退職し、76年にウォズニアックとAppleを創業します。

　それに対してビル・ゲイツは、1973年にハーバード大学に入学しますが、

75年にP・アレンとBASICインタプリタを開発しMITS社に提供して成功し、翌76年にアレンとマイクロソフトを創業し、同年の3年次に休学して、そのまま中退することになります。その後、2007年には名誉博士号をハーバード大学から授与されましたが、名誉博士は学位（degree）ではなく、称号（title）ですから、ビル・ゲイツの学歴は高卒・大学中退ということになります。なお、2005年にエリザベス2世から授与された名誉騎士はhonorary title（名誉ある称号）です。立教大学と早稲田大学でも名誉博士号を授与されていますが、後ほど紹介するエピソードは立教大学で名誉博士号を授与されたときの記念講演からのものです。

　先ずジョブズの経験談について紹介します。この経験談は、スタンフォード大学の2005年6月の卒業式にジョブズが招かれて行った記念講演の内容で、スライドに示した3点を「3つのストーリー」と呼んでいます。「第1のストーリーは点と点のつながりについてです」。その要点は〈将来につながると信じることこそ、自信と将来に違いをもたらす〉ということです。具体的には、以下のように述べていますが、鉤括弧（「　」）部分は講演原稿からの私訳、山括弧（〈　〉）は要約です。「将来を見通して点と点をつなぎ合わせることなどできない。それは振り返ってこそできることです。だからとにかく、点と点が将来つながっていくと信じることが重要です。…（中略）…点と点がつながり、道が通じていくと信じることこそ、思うままに生きる自信を与え、そして大きな違いをもたらすのです」。先ほど紹介したカリグラフィーの講義もその点の1つと言えますが、「どの経験も、いずれ何かの役に立つとは思いもしなかった。ところが10年後、最初のMacintoshを設計していたとき、すべての記憶がよみがえり、そのすべてをMacに注ぎ込んだ」と言っています。

　「第2のストーリーは大好きなことと喪失についてです」。〈大好きなことに専念し、最善を尽くし続けることが重要だ〉ということです。「私は人生の早い段階で大好きなことを見つけました。20歳のときウォズと私は、私の両親のガレージでAppleを創業しました。私たちは懸命に働き、10年後にAppleは年商20億ドル、従業員4000人の会社に成長しました」。

　「第3のストーリーは死についてです」。「私は17歳のとき、ある引用句に出会いました。"もしあなたが毎日を人生最後の日であるかのように過ごすな

ら、いつの日か、その通りになったと受け入れることができるだろう。”その引用句が印象に残り、それから33年間、私は毎朝、鏡に向かい、“もし今日が私の人生最後の日であるなら、今日しようとしていることは本当にしたいと思うことなのか”と自問自答してきました」。さらに続けて、「あらゆる外的期待、誇りや困惑・失敗といったものはほとんどすべて、死に直面するとき無意味なものとなってしまう」と。この記念講演を行った一年ほど前に、ジョブズは膵臓癌だと告知されていたのです。他界したのは2011年10月5日ですから、それから7年ほど、いま紹介したような死生観を抱き、確実に訪れる死と向き合い、日々、それまでと同じように仕事に専念してきたことになります。ジョブズはさらに続けて、「誰も死から逃れることはできません。…中略…あなた方の時間には限りがあります」。〈その時間を大切にしてください〉。「他人の意見の雑音…中略…ドグマに囚われず、…中略…自分の心と直観に従う勇気を持ってください。…中略…それ以外のことはすべて二義的なことです。」

　そして、講演の締めくくりに学生たちへのエールとして「Stay hungry, stay foolish.」（藤田訳：「ハングリーであれ、愚直であれ」）というフレーズを送ります。このフレーズは、ジョブズが若いころに若者たちのバイブルの1つだった The Whole Earth Catalog という出版物の最終号の背表紙に掲載されていた「早朝の田舎道の写真」に記されていたものです。「それは、製作者たちの最終号発刊に当たってのメッセージです。私自身、いつもそうありたいと思ってきました。そして今、卒業して新たな人生を踏み出す皆さんにもそうあってほしい。”Stay hungry, stay foolish”」。

　次はビル・ゲイツの経験談です。ここで紹介するのは、先ほども述べたビル・ゲイツが立教大学で名誉博士の称号を授与された2000年の6月16日に講演したもので、NHKのBS特集で7月2日に放映されました。講演先のホテルで途中から見たので主要部分は見損ねたのですが、ここで紹介するのは質疑応答セッションでの立教大学の学生さんの質問への回答です。〈学校時代までの経験で現在に至る成功の役に立ったことは何ですか〉という質問に対して、通訳が終わると同時に「3つある」と言って、以下の3点を挙げました。第1は、幼少期から本をたくさん読んだこと。それは〈特に、読解力・理解力・洞察力・想像力や思考力・判断力やコミュニケーション力などの形成に役立ったと思

う〉。第 2 は、算数・数学の勉強を熱心にしたこと。〈算数の成績は特に目立つ
ほど良くはなかった。だけど小学校 5 年生になったとき、担任の先生が児童 2
人ずつをペアにして学習をさせた。ところが、他のペアは成績が同じくらいの
子だった。しかるに自分とペアになった子は算数ができない子だった。そこで、
どうして自分のペアだけが他のペアと違うのか、先生は自分の力をペアになっ
た子と同じくらいでしかないと見ているに違いない。その認識を変えるために
予習・復習をするようになった。あっという間に 100 点を取るようになった。
答案を返すときに 100 点だったと言って渡すので誇らしく思い、熱心に勉強
するようになり、算数・数学が得意になった。その勉強を通じて、特に論理的・
合理的な思考力・説明力や決断力の形成につながったと思うし、コンピュー
ターの世界に入ってからも大いに役立った〉と。第 3 は、〈コンピューターの
世界に入ってからは、優れていると評判になっているコンピューター・プログ
ラムを徹底的に勉強したこと。どういう構成・構造になっているのか、徹底的
に勉強した。最初は苦労したが、そのうち、さっと見るだけで理解でき、改善
や新しいソフトの開発にどう役立つかなど、いろいろ思いつくようになった〉
と。つまり、最先端のソフトを徹底的に勉強することが、プログラミング能力・
設計力の形成や新しい製品の開発に役立ったというのです。

　最後のスライドに〈ビル・ゲイツとスティーブ・ジョブズの経験が示唆する
こと〉をまとめておきましたので、その概要を説明して、本日の講演の結びと
します。

　冒頭に〈「名誉の等価性」と「好きなこと・出会い・勉励」が重要〉と書いて
ありますが、特に「名誉の等価性」を追加したのは、1 つには、ジョブズとビ
ル・ゲイツの経験談のメッセージのまとめという点で適切であろうと考えられ
るからであり、もう 1 つには、私からのメッセージとしても意義のあることだ
ろうと考えたからです。「名誉の等価性」というのは、私なりに理念化したも
ので、30 年ほど前から、あちこちでの教育や青少年問題に関する講演で提唱
してきた概念・実践理念ですが、スライドに（藤田 2005）と注記してあるの
は、遅くとも 2005 年刊の拙著『義務教育を問い直す』（ちくま新書）に書いて
あるからで、1990 年代までの業績目録のファイルは手元にない古いパソコン
かワープロのフロッピー・ディスクに入っていて確認できないからです。

「名誉の等価性」とは、スライドにも書きましたように、「どういう領域での努力も、その成果も、名誉・称賛に値する点で等しい価値がある」という概念・実践理念で、英語では parity of esteem と言います。この 20 年ほど、中教審答申や文科省の政策でも、個性の尊重・育成が重要だと言われてきましたが、そういったことの基盤になるはずのものです。成果はもちろんですが、どういう努力であろうと、頑張りであろうと、認め褒めること、称賛することが重要であり、そして、どういう頑張り、どういう努力であろうと、称賛に値する点では等しい価値があるということです。スライドに「自分なりの生き方（個性の尊重・育成）の成立基盤」と書いたのは、そういう意味です。日本の学校はこの点で、非常に優れた慣行と仕組みを持っています。例えば甲子園であろうと、地方大会であろうと、勝ったらもちろん称賛されますが、負けてもその頑張りをたたえるわけです。

　2 番目は〈「好きなことを見付け打ち込むこと」の重要性〉です。これは、先ほども述べたように、特にジョブズが強調したことですが、ジョブズは、それに加えて、精進：努力することも重要だと言っています。スライドには〈精進・努力・自信の源泉、かつ、自己実現・成功の要件〉と書きましたが、「好きなことを見つけ打ち込むこと」、そして、精進・努力することは、自信の源泉となるものであり、また、成功の要件でもあるというのが私の考えです。例えばスポーツ選手はしばしば「やることはやった」と言いますが、それは、闇雲に練習したということではなく、コーチなどの指導・助言を受け、あるいは自分なりに考え工夫して、適切な方法でトレーニングを重ね、やることをやったから、あとは本番で頑張るだけだということでしょう。そしてそのことが自信の源泉にもなっていくのです。

　ビル・ゲイツの経験談も同様のことを示唆していますが、ジョブズの経験談には出てこない重要な点が 1 つあります。それは、興味関心を持ち、精進・努力するようになる〈きっかけ〉についてです。スライドには、〈「きっかけ・出会い」の重要性（＋遅すぎることはない）と書いておきました。それが 3 番目の重要な点です。例えば勉強嫌いの子どもに、勉強させるにはどうすればよいかは、教師や親であれば、しばしば直面する問題です。興味関心を持っているなら、そういうことは問題にならないのでしょうから、興味関心を持たせるに

はどうすればよいかという問題とも言えます。ビル・ゲイツの場合、そのきっかけは、担任の先生がペア学習を実施したことにありました。その経験には2つの要素が含まれています。1つは〈きっかけ〉それ自体ですが、もう1つは、努力を積み重ねることにより自分の力についての先生の認識を変えることができたということです。つまり、努力の成果が認められ、褒められるようになったことです。ここで重要なことは、①〈努力することの意義・目的や興味関心や動機〉と②〈努力し始めること・努力し続けること〉との間には、因果関係や時間的な前後関係の点で、教育学・心理学や犯罪の捜査・処理における一般的な因果関係論とは違いがあります。①の意義・目的を掲げ説いて②の努力を引き出すのではなく、②の努力とは直接的な関係のない①のきっかけが動機となって、②の努力の開始・持続が起こり、③その努力の積み重ねが興味関心や目的・意義を見つけ高めることになったという因果の連鎖があります。言い換えれば、先ず①の興味関心を持たせようとして、例えば子どもたちが興味関心を持ちそうな要素（ゲーム的要素や面白そうな要素など）を組み込んだ教材や教具を用いて②の努力の開始・持続をもたらすのでもなく、また、例えば、できた子から校庭に行って遊んでいいとか掃除当番を免除するとか内申点に反映させるといった①外在的な動機付けによって②努力を引き出すのでもないということです。何か本来的と考えられがちな（努力）の意義・目的・動機や興味関心が先ず重要だというのではなく、どういう〈きっかけ〉であろうと努力するようになることが重要であり、そして、その努力の持続・積み重ねが興味関心をつくりだし、努力と興味関心を高め・拡大していくという発展的な循環がありうるし、実際、それは日常的にもいたるところで起こっていることです。例えば、小学校入学前、3歳、4歳ぐらいになると子どもたちは、特に男の子なら父親と遊びたがります。そのとき、例えば休みの日に父親とサッカー・ボールで遊んでいるうちに周りの子どもたちよりも、サッカーの基本動作とも言えるキックはもちろん、ドリブルや、受け止めとトラップなども少しずつできるようになり、周りからも認められるようになると、サッカーがますます好きになり、地元の少年サッカーチームに入るかもしれません。もしそのとき、サッカーではなく野球をやっていたら、その子は野球のほうに行っちゃうでしょう。ですから、きっかけはなんだっていいのですが、そういうきっかけが

あること、そして努力していくことが、結果的に興味関心をかき立て、さらには自信の源泉にもなっていく。そういう意味で、きっかけと努力が重要だということです。

　3番目については、以上に加えて、〈きっかけ〉と重なる面もありますが、〈出会い〉と〈遅すぎることはない〉ということも重要です。ビル・ゲイツは、算数の勉強へのきっかけだけでなく、スライドにも書いたように、〈本との出会い、人との出会い、事物や出来事との出会い〉も同様に重要だと言っています。それは、ジョブズの場合も同様です。たとえば、退学後の〈カリグラフィーの講義との出会い〉も、スタンフォード大学の卒業式での記念講演の最後に言及した『The Whole Earth Catalog』という出版物との出会いもそうです。また、ジョブズもビル・ゲイツも、ハイスクール時代に、それぞれ、S・ウォズニアック、P・アレンと出会い、その友人と事業を立ち上げ、共に歩むことができたことの有難さを折に触れて述べています。またビル・ゲイツは、ジョブズへの追悼文に、〈スティーブと私は30年ほど前に初めて出会い、同業者・競争者として、そして友人として過ごしてきた。…中略…スティーブと共に仕事ができたことは非常に名誉なことであった〉と言っています。

　4番目は、先ほども紹介した"Stay hungry, stay foolish."についてです。私は「ハングリーであれ、愚直であれ」と訳していますが、その意味するところを私なりに解釈して、私からのメッセージとさせていただきます。常識や偏見・先入観に囚われることなく（To liberate the Mind）、自由に考え・発想し、チャレンジし、勉励し続けることが重要だ〉ということです。アメリカでは教養教育について、1980年代以降も、ほぼ10年ごとに改革が行われてきたのですが、"To liberate the Mind"は、2005年のハーバード大学の教養課程改革の第1次案の中に出ていたフレーズです。直訳すると「精神を解放する」という表現になると思いますが、意味するところは〈常識や偏見・先入観に囚われることなく自由に考え発想し、チャレンジし、勉励し続ける〉ということです。そういうことを、ビル・ゲイツもスティーブ・ジョブズも実践してきたのだと思います。ご清聴ありがとうございました。

質疑応答

‖**司会**‖　藤田先生、どうもありがとうございました。この講演については、会場に参加いただいている皆さんの他に、3年生と4年生の多くの方がZoomで聞いてくれていると思います。会場の方でも結構ですので、あるいは、武蔵学園の教職員のかたも参加されていると思いますので、どなたかご質問等ありましたら、発言をしていただけますとありがたいです。

‖**学生A**‖　スライドのほうで、企業が若者に求めてるのは社会人基礎力だと先生おっしゃっています。グラフを見たときに数値として 25％が最大値なんですよ。グラフのほうに企業が考える社会に出て活躍するために必要な能力がある。つまりは求める若者に何を期待しているかということを、多分このグラフは示していると思うんです。とはいえ、このグラフでは基礎力を求めているよといってはいますが 25 パーセント。つまり私の印象としては、あまり企業が若者に期待していないのかなっていう印象を受けました。先生は今の若者たちに何を期待しますか。このグラフでは、あまり期待をされていないので、あえてその視点から先生は、何を期待されているのかなっていうのを質問させてください。

‖**藤田**‖　まず、アンケート調査を読む際に注意する必要があるのは、どういう質問形式だったかということです。①制限多肢選択法か ②無制限多肢選択法か、③2 件法か ④4 件法かにより異なる結果になる可能性があります。②と③は実質的にほぼ同じになると思いますが、①と④はかなり違った回答になる可能性があります。

　当該のグラフは経済産業省のサイトに掲載された A4 判一枚のチラシ風の「社会人基礎力 育成の手引き」からコピーしたもので、その「手引き」には質問形式の説明はないので確かなことは言えませんが、例えば語学力や課題発見力、論理的思考力でも、「必要」「身に付いている」とも 5％程度以下でしかないことや、回答割合の高い項目でも 25％でしかないことを踏まえると、①の制限多肢選択法で聞いたのだろうと考えられます。実際、いろいろな企業家の座談会などを聞いていると、この調査結果のようなことを言う企業家は多いように見受けられます。また、特に近年は、産業構造・職業構造が大きく変容し、顧客と対面で行う仕事や、広い意味でのサービス業種・職種が産業別でも職業

別でも5割を優に超えていますから、コミュニケーション力とか対人関係力が重視されるようになってきているのだと思います。なお、このグラフを講演で最初に用いたのは2006年8月ですが、その後、2010年に経済産業省編『社会人基礎力 育成の手引き―日本の将来を託する若者を育てるために』（朝日新聞出版）が刊行され、購入したのですが、16トン車分の荷物を前任大学に置いたままで手元になく、確認できていません。

　次に私自身は何が重要だと考えているかですが、日本の大学に限らず、アメリカをはじめ、課外活動やボランティア活動の盛んなところでは、社会人基礎力的なものは、そういう活動や交友関係を通じても身に付けていると考えてよいと思います。ですから、そういう活動経験のある人を積極的に採用する企業も多いのだと思います。

　とはいえ、強調しておきたいのは、教室外での学習も含めて授業を通じて学ぶこと、教養や語学も含めて学校教育法や大学設置基準にも規定されている「専門の学芸」を学び身に付けることこそ重要だということです。大学設置基準は第19条（教育課程の編成方針）の2項で次のように規定しています。「教育課程の編成に当たっては、大学は、学部等の専攻に係る専門の学芸を教授するとともに、幅広く深い教養及び総合的な判断力を培い、豊かな人間性を涵養するよう適切に配慮しなければならない」。この規定も踏まえて、日本学術会議の「日本の展望委員会・知の創造分科会」（藤田：分科会委員長）が2010年に公表した提言『21世紀の教養と教養教育』は、「大学教育を通じて育むことが期待されている教養」の構成要素について「学問知・技法知・実践知と市民的教養」と書いています。このうちの学問知と技法知は「専門知」と呼ぶこともできるので、その構成要素は〈専門知・教養知・実践知〉と言い換えてもよいと思います。そして、この〈専門知・教養知・実践知〉こそ、大学時代の学びと生活を通じて身に付けるべきものであり、また、卒業後の人生と生活を豊かにする基盤、「社会に出て活躍する」基盤になるものだと思います。

　また、特に専門知について、「知の創造分科会」の提言は、もう1つ重要なことを指摘しています。専門知は高め深めていけばいくほど、その専門分野に閉じこもるのでなく、その専門分野を突き破り、越え広がっていく可能性があり、また、そうなることが期待されていると言えますが、その期待は特に複雑化す

る現代社会では強まっており、また、実際の活動場面でも個々の専門分野を超えて協力・協働する機会が多くなっています。そうした状況に対応していけるためにも、専門教育の目標と要件について、次のように述べています。「専門教育、とりわけ学士課程における専門教育は、その教育目標として、次の３つの要件を備えていることが重要である。①自分が学習している専門分野の内容を専門外の人にも分かるように説明できること、②その専門分野の社会的意義について考え理解すること、③その専門分野を相対化することができること（当該専門分野の限界について理解すること）、の３つである。」（30 頁）。①は、その分野の基本をきちっと習得していることが前提になるからです。②は、現代社会のさまざまな問題・課題との接点やその解決・改善に向けてどういう貢献ができるかを考えることに通じるからです。そして、③は、多様な専門分野の人たちと協力・協働する基盤になるからです。そういうわけで、一般常識や語学力や課題発見力なども含めて、〈専門知・教養知・実践知〉こそ、本来大学教育で学ぶべきことであり、そこをおろそかにするようでは困ると考えています。

‖学生Ｂ‖　教職の現在の課題が増えつづけているのはなぜか。先生はどうお考えなのか。

　また、不登校に関して、不登校の原因として、いじめとか暴力だけには限らなくて、むしろ最近の不登校のお子さんは、すごく無気力による、何となく行きたくない、そういうことで行かなくなってしまうお子さんがいるっていうことを授業で聞いたことがあります。いじめとかだったら、難しいけれどもそこを解決するっていう目標があると思うんですけれども。無気力っていうところに対して、どうアプローチしていけば、その生徒にとって何かよりいい方向になるのか。２つお聞きしたいです。

‖藤田‖　いじめについても不登校についても、いろんな議論があり、難しい問題だと思いますが、先ず事実確認のためにも、この 20 数年の教育政策との関連で私見を述べます。不登校もいじめも、高校でもありますが、主に小・中学校で多く、いじめは特に中学校で深刻だと思います。しかし、この 20 年ほどの教育政策は適切性を欠いています。例えば小中一貫校・義務教育学校や公立中高一貫校・中等教育学校の新設・増設はその典型例です。施設一体型の小

中一貫校や義務教育学校をつくった理由の１つに、中１ギャップ論というのがあります。これは、〈いじめも不登校も小学校６年生から中学１年生になるときに１万人以上増加している。だから中１ギャップだ〉と言うのですが、そう言われるようになった当時2014年の学年別のいじめ認知件数は、小６から中１にかけて約１万件増加していますが、その一方で、小５・小６は小４より少なく、小６は小４より約３千件少なくなっています。他方、不登校児童生徒数は、小６から中１にかけて約１万４千人増加していますが、中１から中２にかけても約１万２千人増加し、中３まで増加し続けます。こうした学年別の推移パターンは、この20年ほど変化していません。こうした学年別の推移パターンを踏まえると、「中一ギャップ論」はミスリーディングだと言えます。何故か。私は、どちらも思春期・青年期前期の難しさに加えて、いじめについては、上級学年小５・小６の「自覚化効果・成長効果」と「自己発揮・表出効果」が重要であり、施設一体型の小中一貫校や義務教育学校は小５・小６の委縮・疎外やストレス増により問題の深刻化を招きかねないと主張しています。不登校についてもほぼ同様で、承認欲求や自己実現欲求が強まる思春期・青年期前期の難しさに加えて、小学校上級学年の「自覚化効果・成長効果・表出効果」と中学校では上級学年ほど高校受験のプレッシャーや仲間関係の質的変化や規律重視などの負の「中学校文化効果」が重要であり、中高一貫校や中等教育学校の新・増設は問題の深刻化を招きかねないと主張しています。なお、小中一貫校・義務教育学校も中高一貫校・中等教育学校も、小学校入学段階や中学校入学段階からの教育機会の制度的差別化と早期選別をもたらす点でも批判しています。

　次に、不登校について、無気力との関係も含めて、私見を述べます。原因論的にいえば、いじめは１つの重要な原因になりますが、家庭における養育放棄や生活のリズムや親の子どもに対するケア・関心・期待や夫婦関係なども重要な原因や背景要因になっていると思います。児童虐待やネグレクトや食事の世話もしないといったことも含めて広い意味での養育放棄は無気力や意欲喪失の温床になりますから、ご指摘の通り、不登校の背景要因として重大だと思います。また、家庭における刺激と生活のリズムも重要だと思います。例えば、親の仕事などの都合で食事の時間が日毎に変化するとか夜更かしが多いとか、

生活のリズムが乱れている場合も、不登校の背景要因になる可能性があります。さらには、母親に対する父親の暴力や夫婦関係が悪く家庭が崩壊状態にあるような場合も、無気力や不登校の背景要因になると思います。さらには、子どもへの過剰期待や過保護なども、無気力や萎縮や自主性低下をもたらし、不登校の背景要因になると思います。不登校になったケースではないのですが40年ほど前に所属していた国立大学で学生相談も担当していた先生から聞いた事例ですが、ある学生が、大学生になったけど喫茶店に1人で入れないと言って相談に来たそうです。いろいろ事情を聞いたら、高校時代まで自分で何も買ったことがない。必要なものはすべて母親が買って、子ども部屋のタンスや机の引き出しなどに入れておいてくれたそうです。過保護による弊害の典型例だと思います。

　もう一点。80年代に書いた雑誌論文で、「個性の重視」が教育政策や学校教育の現場で言われ始めた頃から、〈むき出しの個性のぶつかり合い〉という傾向が表面化するようになり、思春期以降の自己形成や仲間関係に新たな難しさをもたらすことになったと書きました。「個性の重視」がよくないというわけではないが、思春期以降は、自意識や人間関係が強まり気になる時期です。そういう時期に「個性が重要だ」というメッセージがいたるところで氾濫し強調されると、〈自分づくり・関係づくり〉がかえって難しくなり、個性を追求しなければいけないというプレッシャーに押しつぶされることにもなりかねません。また、その一方で、個性が均一化されるという逆説的な傾向も出てきたように思います。いじめも不登校も無気力も、そういういろいろな要因が複合的に重なり合って起こっていると考えられますから、ケースバイケースで柔軟かつ適切に対応し解決していくことが重要なのだろうと思います。なお、いじめについては、私は〈いじめのない学級づくり・学校づくりは可能だけれども、いじめをなくすことはできない〉と言ってきました。学校では早期発見・早期対応を適切に進めることと、〈いじめのない学級づくり・学校づくり〉を進めることが重要なのだと思います。

‖**司会**‖　予定された時間になりましたので、ご質問とか、他にもまたあるかとは思いますけども、これで、この記念講演会を終了したいと思います。藤田先生、どうも本当にありがとうございました。

教職課程の意義と課題

1．教職課程の意義
2．教員養成政策の展開と課題
3．教職の現在と課題
4．教職課程の学びの特徴と意義

藤田英典
都留文科大学学長

1．教職課程の意義

1-1　教職課程認定大学数

課程認定大学等数

○課程認定大学等数（平成31年4月1日現在）

区　分	大学等数 (H29.5.1)	課程認定大学等数 (H31.4.1)		免許状の種類別の課程認定大学数等(H31.4.1)						
				幼稚園	小学校	中学校	高等学校	養護教諭	栄養教諭	特別支援学校教諭
大学	756	606	80.2%	265	245	515	547	131	138	159
短期大学	332	228	68.7%	206	21	40		10	47	2
大学院	623	413	66.3%	111	129	347	386	61	45	60
専攻科	79	32	40.5%	3	7	12	14	1	0	13
短期大学専攻科	105	17	16.2%	13	2	0		5	0	0

【出所】文科省「大学の教員養成に関する 基礎資料集」
https://www.mext.go.jp/kaigisiryo/2019/05/__icsFiles/afieldfile/2019/05/21/1416597_10.pdf

3

１．教職課程の意義
1-2　何故８０％もの4年制大学が教職課程を開設しているか

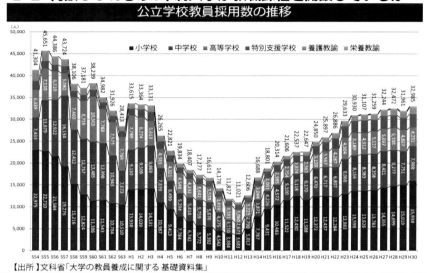

公立学校教員採用数の推移

【出所】文科省「大学の教員養成に関する 基礎資料集」

4

１．教職課程の意義

1-3　教職のメリット

①新規採用数が多く、教員免許取得が要件（<u>被採用確率が高い</u>）

②専任教員の場合、安定性・経済性が高い

　非常勤講師の機会も多い（<u>ワーク・ライフ・バランス</u>）

③専門性・同僚性・協働性（<u>倫理観・使命感</u>と<u>連帯</u>；<u>社会貢献</u>）

④<u>自己実現</u>の可能性が高い（<u>やりがい・生きがい</u>；<u>教え子との交流</u>）

1-3　教職のデメリット（詳細は後述）

①給与は公務員並みだが、好条件の民間企業ほど高くはない

②労働環境が必ずしも良いとは限らない（特に80年代以降）

③業務量が多く、労働時間が総じて長い（特に90年代以降）

④バーンアウト傾向が強まっている（特に2000年代以降）

5

2．教員養成政策の展開と課題

2-1　2000年以降の主な教育政策・教員養成政策（改革）

2000年「教育改革国民会議報告 – 教育を変える17の提案」
- ①学校選択制・能力主義・家庭責任
- ②<u>成果主義的な教員処遇と指導力不足教員への対応策</u>

2002年　完全学校5日制と学力重視政策への転換
- ①確かな学力の向上のための2002アピール「学びのすすめ」
- ②2003年「学習指導要領」部分改訂→授業時数増と発展的・補充的学習の奨励

2005年　義務教育費国庫負担金を２分の一から<u>3分の一</u>に減額する決定

2006年・07年　教育基本法と教育三法の改正（愛国心等;教員免許更新制）

2007年〜　全国学力・学習状況調査（全国学力テスト）の実施

2013年　教科書検定基準等の改定

2015年・16年　道徳の教科化（「特別の教科 道徳」；小15年〜、中16年〜）

2016年〜　「義務教育学校」の創設

2020年〜　英語の必修化：小3・4年「外国語活動」、小5・6年「英語」

2-2　教員の資質・力量の形成・向上の課題

- ①教員研修の在り方
- ②教員の多忙化の解消
- ③教員の使命感・誇りの基盤の充実

6

3．教職の現在と課題

3.1　学校が直面している問題・課題（文科省「大学の教員養成に関する 基礎資料」）

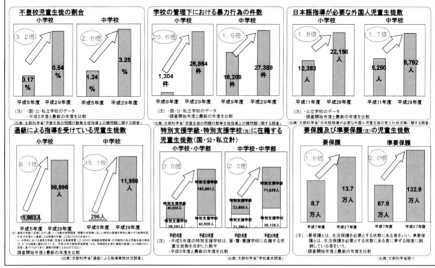

7

3．教職の現在と課題

3.2　日本の教師の現状と課題(1)　(OECD国際教員指導環境調査（TALIS）2018報告書)

表1　学級の規律と学習の雰囲気

		児童生徒が授業を妨害するため、多くの時間が失われてしまう (a)	授業を始める際、児童生徒が静かになるまでかなり長い時間待たなければならない (a)	教室内はとても騒々しい (a)	この学級の児童生徒は良好な学習の雰囲気を創り出そうとしている (a)
中学校	日本	8.1%	11.4%*	12.4%	85.2%*
	日本（前回調査）	(9.3%)	(14.7%)	(13.3%)	(80.6%)
	参加48か国平均	27.1%	26.1%	24.5%	73.0%
小学校	日本	10.9%	16.4%	16.5%	86.8%

※ 対象学級（回答日の前の週の火曜日の午前11時以降最初に教えた学級）について、以上のことが、「非常に良く当てはまる」、「当てはまる」、「当てはまらない」、「全く当てはまらない」のうち、「非常に良く当てはまる」又は「当てはまる」との回答について整理している。

8

3．教職の現在と課題

3.2　日本の教師の現状と課題(2)　(OECD国際教員指導環境調査（TALIS）2018報告書)

表2　学校における教育資源の不足（校長の回答に基づく）

		（教職員）		（時間）	（施設設備・教材・インターネット）		
		支援職員の不足	特別な支援を要する児童生徒への指導能力を持つ教員の不足	児童生徒と過ごす時間が不足している、あるいは適切でない	物理的な施設設備が不足している、あるいは適切でない(例:学校家具、校舎、空調機、照明器具)	インターネット接続環境が不十分である	教材(教科書など)が不足している、あるいは適切でない
中学校	日本	46.3%	43.6%	49.1%	37.0%	27.0%	3.0%
	参加47か国平均	30.8%	31.2%	23.6%	27.1%	22.9%	15.6%
小学校	日本	55.8%	40.3%	38.3%	32.8%	24.7%	4.2%

※ 今回2018年調査では、質の高い指導を行う上で、各項目について、「非常に妨げになっている」「かなり妨げになっている」「いくらか妨げになっている」「全く妨げになっていない」の4つの選択肢のうち、「非常に妨げになっている」又は「かなり妨げになっている」との回答について整理している。

3．教職の現在と課題

3.2 日本の教師の現状と課題(3) (OECD国際教員指導環境調査（TALIS）2018報告書)

表3 教員の仕事時間

		【仕事時間の合計】	指導（授業）(a)	学校内外で個人で行う授業の計画や準備(a)	学校内での同僚との共同作業や話し合い	児童生徒の課題の採点や添削	児童生徒に対する教育相談(例:児童の監督指導、インターネットによるカウンセリング、進路指導、非行防止指導)
中学校	日本	56.0時間	18.0時間	8.5時間	3.6時間	4.4時間	2.3時間
	日本（前回調査）	(53.9時間)	(17.7時間)	(8.7時間)	(3.9時間)	(4.6時間)	(2.7時間)
	参加48か国平均	38.3時間	20.3時間	6.8時間	2.8時間	4.5時間	2.4時間
小学校	日本	54.4時間	23.0時間	8.6時間	4.1時間	4.9時間	1.3時間

3．教職の現在と課題

3.2 日本の教師の現状と課題(4) (OECD国際教員指導環境調査（TALIS）2018報告書)

表3 教員の仕事時間

		学校運営業務への参画	一般的な事務業務(教員として行う連絡事務、書類作成その他の事務業務を含む)(a)	職能開発活動	保護者との連絡や連携	課外活動の指導(例:放課後のスポーツ活動や文化活動)	その他の業務
中学校	日本	2.9時間	5.6時間	0.6時間	1.2時間	7.5時間	2.8時間
	日本（前回調査）	(3.0時間)	(5.5時間)	－	(1.3時間)	(7.7時間)	(2.9時間)
	参加48か国平均	1.6時間	2.7時間	2.0時間	1.6時間	1.9時間	2.1時間
小学校	日本	3.2時間	5.2時間	0.7時間	1.2時間	0.6時間	2.0時間

11

３．教職の現在と課題

3.2　日本の教師の現状と課題(5)　(OECD国際教員指導環境調査（TALIS）2018報告書)

表6　教員が過去12か月の間に受けた職能開発

		専門的な文書や書物を読むこと	他校の見学	教員や研究者による研究発表、教育問題に関する議論をする会議	学校の公式な取組である同僚の観察・助言又は自己観察、コーチング活動	オンライン上の講座やセミナー	企業、公的機関または非政府組織（NGO）の見学	公式な資格取得プログラム（例:学位課程）
中学校	日本	67.5%	65.1%	60.6%	55.2%	9.4%	9.1%	6.2%
	日本(前回調査)	–	(51.4%)	(56.5%)	(29.8%)	–	(6.5%)	(6.2%)
	参加48か国平均	71.4%	29.5%	50.5%	49.3%	37.9%	18.6%	17.9%
小学校	日本	77.3%	78.9%	66.7%	61.3%	8.1%	8.5%	7.5%

※　OECDは前回2013年調査との比較について示しておらず、2013年調査と比べた統計的有意差については不明。
※　日本（前回調査）における「－」は、今回2018年調査で初めて設けられた項目。

12

４．教職課程の学びの特徴と意義

4-1）政策文書・企業が若者に求める能力(1)
◆経済産業省「社会人基礎力」**2006年2月**（下図：「育成の手引き」より）
　○前に踏み出す力（アクション）：**主体性・働きかけ力・実行力**
　○考え抜く力（シンキング）：**課題発見力・計画力・創造力**
　○チームで働く力（チームワーク）：**発信力・傾聴力・柔軟性・**
　　　　　　　　　　　　　　　　状況把握力・規律性・ストレスコントロール力

社会が求めるのは「社会人基礎力」。しかし、若者は身に付けていない！

➡　「社会人基礎力」は教職課程では重視されており、実践的にも形成されている
➡　「ビジネスマナーや知識・技能は足りているか！」と言えるか？
・**不足しているのは、社会人基礎力だけではない**
・**「既に身についている」と回答した企業の割合は、ビジネスマナーでも25%、知識・技能は8%で、一般常識、語学力、課題発見力などは3%以下でしかない**

13

４．教職課程の学びの特徴と意義

4-2）政策文書・企業が若者に求める能力（2）

◆中央教育審議会「学士力」（2008年12月「学士課程教育の構築に向けて」）

〔学士力に関する主な内容〕

```
1．知識・理解（文化，社会，自然　等）
2．汎用的技能（コミュニケーションスキ
　ル，数量的スキル，問題解決能力　等）
3．態度・志向性（自己管理力，チーム
　ワーク，倫理観，社会的責任　等）
4．総合的な学習経験と創造的思考力
```

→2010年「大学設置基準」改正：
「社会的・職業的自立に向けた指導等（キャリアガイダンス）」の制度化
→「就業力育成支援事業」

◆ジェネリック・スキル(GS)：諸外国（1990年代～）・OECD（2002）
　上記「学士力」の諸要素とほぼ重なるが、それに加えて、
　「自律的・反省的行動力」や「異質な他者・集団との協働力」も挙げられている。

➡「社会人基礎力」「就業力」や「学士力」やGSはむろん重要だが、
問題は、どうすれば身につくかであろう

14

４．教職課程の学びの特徴と意義

4-3）学校教育の意義と青春時代の過ごし方

4-3-1）ICT時代の旗手：スティーブ・ジョブズとビル・ゲイツ

◆ビル・ゲイツとスティーブ・ジョブズの経歴・経験は、能力形成・進路選択や大学時代の過ごし方という点で何を示唆するか？

写真出所：wallpaperbetter
（https://www.wallpaperbetter.com/ja/hd-wallpaper-tgjql）

15

４．教職課程の学びの特徴と意義
４-３）学校教育の意義と青春時代の過ごし方
４-３-２）スティーブ・ジョブズとビル・ゲイツの経歴・経験

	スティーブ・ジョブズ（アップル）	ビル・ゲイツ（マイクロソフト）
生年など	1955年　労働者階級の夫婦の養子	1955年　父：法律家、母：秘書
少年時代	1968年ビル・ヒューレットに電話し周波数カウンタの部品をもらい、1971年の夏HP社でアルバイト。S・ウォズニアック（ウォズ）と長距離電話装置ブルーボックス製作	1967年Lakeside School入学。68年にプログラミングを始め、友人P・アレンと、地元企業の給与計算システムを開発。トラフォード社を設立し、州政府に交通量計測システム納入。
大学時代	Read College（トップ10私大1400人；学費10年度＄42800）半年で中退（後もカリグラフィ等の授業聴講。インド放浪→身だしなみ無頓着も実力で容認される）	1973年ハーバード大学入学。75年MITS社製パソコンにアレンとBASICを開発・提供。76年に休学して（結果的に中退）、マイクロソフト創業
初期職歴（ジョブズ）学位・称号(ゲイツ)	1974年アタリ社に技術者として就職し、ゲームソフトの改良など。76年ウォズとアップルⅠを製作・販売し、アップル創業	2005年エリザベス2世より名誉騎士の称号を授与され、2007年にはハーバード大学より名誉学位を授与される。立教・早大より名誉博士授与。

16

４．教職課程の学びの特徴と意義
４-３）学校教育の意義と青春時代の過ごし方
４-３-３）スティーブ・ジョブズの経験談（各見出しは要点の意訳）

◆スタンフォード大学卒業式（2005年6月14日）での講演より
①将来につながると信じることこそ自信と将来の違いをもたらす
「将来を見通して点と点をつなぎ合わせることなどできない。それは振り返ってこそできることです。だから、とにかく点と点が将来つながっていくと信じることが重要です。・・・点と点がつながり、道が通じていくと信じることこそ、思うままに生きる自信を与え、そして、大きな違いをもたらすのです。」
・カリグラフィの講義など、「どの経験もいずれ何かの役に立つとは思いもしなかった。ところが10年後、最初の…マッキントッシュを設計していたとき、すべての記憶がよみがえり、そのすべてをマックに注ぎ込んだ」
②好きなこと（仕事）に専念し、最善を尽くし続けることが重要
「20歳のときウォズと私は私の両親のガレージでアップルを創業した。私たちは懸命に働き、10年後にアップルは、…年商20億ドル、従業員4000人の会社に成長した。」
③「卒業して新たに歩みだすみなさんに、その言葉を贈りたい。
Stay Hungry. Stay Foolish.　（ハングリーであれ、愚直であれ）

17

４．教職課程の学びの特徴と意義
４−３）学校教育の意義と青春時代の過ごし方

4-3-4）ビル・ゲイツの経験談（各見出しは要点の意訳）

◆立教大学での講演（2000年6月16日）NHK・BS特集（7月2日）
「ビル・ゲイツ　日本の若者たちへのメッセージ」の質疑応答より

▶フロアからの質問：「学校時代の経験で、現在に至る成功の
　　　　　　　　　役に立ったことはなんですか」

▶（通訳が終わると同時に）「3つある」と回答（一部藤田の補足）：
①「幼少期から本をたくさん読んだこと」（読書コンテスト）
　➡「読解力・理解力、洞察力・想像力、思考力・判断力、
　　　コミュニケーション能力・説得力などの形成に役立った」
②「算数・数学の勉強を熱心にしたこと」（小学校でのペア学習）
　➡「数学それ自体の効用、＋論理的・合理的思考力、
　　　構想力・決断力、説得力などの形成に役立った」
③「優れたコンピューター・プログラムを徹底的に勉強したこと」
　➡「プログラミング能力・設計力の形成、アイディアの宝庫、
　　　新しいプログラムやシステムの開発に役立った」

18

４．教職課程の学びの特徴と意義
４−３）学校教育の意義と青春時代の過ごし方

4-3-5）B・ゲイツとS・ジョブズの経験が示唆すること（まとめ）

◆「名誉の等価性」と「好きなこと・出会い・勉励」が重要
①「名誉の等価性」（藤田2005）：どういう領域での努力も
　その成果も名誉・称賛に値する点で等しい価値がある
　➡自分なりの生き方（個性の尊重・育成）の成立基盤
②「好きなことを見つけ打ち込むこと」の重要性
　➡精進・努力・自信の源泉、かつ、自己実現・成功の要件
③「きっかけ・出会い」の重要性（＋遅すぎることはない）
　　・「きっかけ」は多様：B・ゲイツ（算数の勉強へのきっかけ）
　　・本との出会い、人との出会い、事物・出来事との出会い
④「Stay Hungry. Stay Foolish」（S・ジョブズ）
　　・常識や偏見・先入観に囚われることなく（To liberate the Mind）
　　自由に考え・発想し、チャレンジし、勉励し続けることが重要

ご清聴ありがとうございました

第２部

近未来における４つの社会イメージと

教職課程の課題

第3章　現代の教育課題を展望したへき地・小規模校教育と教師の教育観の転換の可能性

玉井　康之　・　川前　あゆみ

1．総人口減少社会における全国の学校規模の実態と教員養成教育の課題

（1）全国的な少子化の進行による学校規模の縮小化と学校統廃合問題

　日本の少子化は急速に進行し、厚生労働省の統計によると、2000年の出生数は119万人であったが、2010年に107万人、2020年に84万人となり、20年間で約 30%出生数が減少している。このような少子化の中で学校も小規模校化してきたが、これまで学校規模適正政策では基本的には学校統廃合で規模を維持してきた。文部科学省による日本の標準学校規模は、小学校で12学級から18学級と定めており、11学級以下を小規模校としている。統廃合を進めてきた結果、小学校数は2011年で21,431校であったが、2021年には19,340校となり、2,091校減少している。

　しかし一方で、統廃合の結果1市町村に1小学校・1中学校しかない自治体は、全体の13%ある。市町村の中に小・中1校しかない学校では、少子化の中でますます学校規模は小規模化せざるを得ない。日本の過疎地域自治体として総務省の指定を受けている自治体は、1,718市町村のうち820市町村あり、47.7%が過疎地域指定市町村である。中核市の市街地区は今後も学校統廃合が一定進むことが予想されるが、過疎地域の自治体によっては、今後交通条件の限界や学校区の地域衰退問題を考えると、地方によっては統廃合を進められる条件は徐々に厳しくなる。

　2020年の学級数別学校数では、19,525校の小学校のうち、5学級以下の複式学級を有する学校は1,950校あり、約10%が複式校である（「文部科学省学校基本調査」）。また11学級以下の小規模校は8,492校で、43.5%が小規模校である。標準規模を12学級以上とすることの評価が妥当かどうかは別にしても、現行規定においても小規模校が 40%を超えている現実を我々は踏まえなければならない。

通学距離の標準は、小学校で4キロ以内、中学校で6キロ以内で、通学時間は1時間以内を適正としている。学校統廃合は通学距離の限界を超えると、スクールバス通学となるが、小学生でもスクールバスで30分から1時間かかる学校も増えてきており、下校時刻もバス発車時刻によって15時過ぎに設定されるため、学校での教育活動や教師と子供の触れ合いも制限される。そのため、学校統廃合によって規模拡大することが、子供の学校活動・集団活動時間を減少させるため、子供の多面的な発達段階からすると、必ずしも教育効果が高くなるとは言えない。財政的な観点を抜きにすれば、むしろバス通学時間をかけるよりも、その時間に体験的・協働的な活動などを組み込んだ方が有意義である。すなわち少子化時代の中では、豊かな心を育てるトータルな教育活動をいかに創造するかが重要な課題となる[1]。

（2）都市部を含めた全国的な少子化社会に対応した教員養成の課題
　かつて全国的に人口増加の時代には、学校規模も拡大することが一般的な姿であり、へき地・小規模校は交通網の発達によって、徐々に統廃合されていくものであると考えられていた。このような人口増加時代には、人口増加と学級規模拡大を見越した教育活動が目指すべき将来像となるため、当然教員養成においても、小規模校の教育活動方法やその担い手教師の育成を考える必要性はなかった。また人口増加時代の人口減少地域は、過疎地域の限界地域問題であると考えられ、やがて過疎地域の小規模校は消滅するとみなされていた。
　このような人口増加時代を終え、2008年以降の総人口減少社会に入ると、人口増加地域は、東京隣接県や関西の一部に限られるようになった。数少ない全国の中の人口増加地域でも、子供数だけは減少し、少子化・小規模校化は、すでに全国的な課題となっている[2]。この少子化傾向は2030年に向けて加速化しており、現在の学生が子供時代に経験した学校規模から比較しても、教師として就職するときには、小規模校や少人数の学級で教鞭を執る可能性も増えてくる。
　このような中では、教師教育の課題も、全国的な少子化・小規模校化に対応した資質能力を持つ教師を輩出することが課題となっている。東京都内の各大学においても、学生は東京以外の地方出身の学生も一定の割合が在席しており、

出身地域に戻れば、小規模校教育を担う可能性も高い。このような観点からすれば、全国のどこの大学においても、都道府県内各地にある小規模校を念頭においた教師教育は、必ずしも無関係であるとは言えない。

　元々日本の学校教員は、大学進学率の高い都市部・市街地出身者が多く、過疎地域出身者は相対的に少ない。したがって、教師自身の経験からしても、へき地・小規模校での教育活動はほとんどイメージできないのが現実であろう。へき地・小規模校を経験していない学生に対しても、2030 年を見越した大学教育において、小規模校の教育活動があることを視野に入れて、少人数教育をイメージさせる大学の教育活動や教師教育及び、その教育プログラムが求められるようになっている。

（3）学校統廃合ができない学校への政策的な位置づけの変化

　2015 年 1 月 27 日に文部科学省は、「公立小学校・中学校の適正規模・適正配置等に関する手引の策定について（通知）」を教育長・知事・大学長に発出した。この通知文書では、児童生徒が「切磋琢磨することを通じて一人一人の資質や能力を伸ばしていく」ために「学校規模の適正化や学校の適正配置」を推進してきたが、「地域の実情に応じて、教育的な視点から少子化に対応した活力ある学校づくりのための方策」を検討することを求めている。その際に、「学校統合により魅力ある学校づくりを行う場合や, 小規模校のデメリットの克服を図りつつ学校の存続を選択する場合等の複数の選択がある」とした。すなわち従来は学校統廃合のみを推進してきたが、学校統廃合だけではない学校の活性化の方向性も示唆したということである。

　答申「公立小学校・中学校の適正規模・適正配置等に関する手引－少子化に対応した活力ある学校づくりに向けて」（2015 年）では、「山間へき地、離島といった地理的な要因や、過疎地など学校が地域コミュニティの存続に決定的な役割を果たしている等の様々な地域事情により、学校統合によって適正規模化を進めることが困難であると考える地域や、小規模校を存続させることが必要であると考える地域、〜中略〜なども存在するところであり、こうした市町村の判断も尊重される必要」があるとした [3]。

　また本答申では、「4 章　小規模校を存続させる場合の教育の充実」の章を設

け、「小規模校のメリット最大化策」を述べている。この答申では、小規模校の
メリットとそれを活かした取組として以下のような点を指摘している（表1）。

表1　小規模校のメリットと取り組み

1　一人一人の学習状況や学習内容の定着状況を的確に把握でき、補充指
　　導や個別指導を含めたきめ細かな指導が行いやすい

2　意見や感想を発表できる機会が多くなる

3　様々な活動において、一人一人がリーダーを務める機会が多くなる

4　複式学級においては、教師が複数の学年間を行き来する間、児童生徒
　　が相互に学び合う活動を充実させることができる

5　運動場や体育館、特別教室などが余裕をもって使える

6　教材・教具などを一人一人に行き渡らせやすい。例えば、ICT機器や
　　高価な機材でも比較的少ない支出で全員分の整備が可能である

7　異年齢の学習活動を組みやすい、体験的な学習や校外学習を機動的に
　　行うことができる

8　地域の協力が得られやすいため、郷土の教育資源を最大限に生かした
　　教育活動が展開しやすい

9　児童生徒の家庭の状況、地域の教育環境などが把握しやすいため、保
　　護者や地域と連携した効果的な生徒指導ができる

○こうしたメリットを最大限に生かし、例えば下記のような取組を行うこ
　とも考えられます。

1　ICT(例:電子黒板、実物投影機、児童生徒用PC、デジタル教材等)を効
　　果的に活用し、一定レベルの基礎学力を全ての児童生徒に保障する

2　個別指導や補習の継続的な実施、学習内容の定着のための十分な時間
　　の確保、修業年限全体を通じた繰り返し指導の徹底などを総合的に
　　実施する

3　少人数であることを生かすことでより効果を高めることが期待でき
　　る教育活動(例:外国語の発音や発表の指導、プレゼンテーション指
　　導、音楽・美術・図画工作・体育等の実技指導)において、きめ細か

な指導や繰り返し指導を徹底する

4　技能の向上の観点から、ICT を活用して運動のフォームや実習の作業
　　等を動画撮影し、効果的な振り返りに活用する

5　総合的な学習の時間において個に応じた学習課題を設定し、複数年に
　　わたり徹底的に追究させる

6　少人数であることを生かして、各教科や総合的な学習の時間、特別活
　　動等において、踏み込んだ意見交換をさせる

7　児童・生徒会活動や各種の班活動等を通じて、意図的に全ての児童生
　　徒に全ての役職を経験させる

8　隣接学年のみならず、学校全体での異年齢活動や協働学習を年間を通
　　じて計画的に実施する

9　教育活動全体を通じて、校外学習も含めた様々な体験の機会を積極的
　　に取り入れる

文部科学省『公立小学校・中学校の適正規模・適正配置等に関する手引』34 頁

　また、子供が少ない小規模校では特色あるカリキュラムを組みやすいため、地域の団体と連携しながら、豊かな自然・文化・伝統などの地域資源を活かした体験的・問題解決的な活動を積極的に取り入れたカリキュラムを編成することを奨励している。

　一方、小規模校のデメリットを緩和し、社会性を涵養するために、小中一貫教育・上級生リーダー役の異学年集団・山村留学・ICT オンラインシステムによる遠隔合同授業・学校間ネットワーク・異年齢交流・地域人材の効果的な参画・地域を含めたパネルディスカッション・社会教育プログラムの導入・職場体験学習・通学合宿・キャンプ、などの活動を導入しながら、子供達が切磋琢磨する態度を養うことを奨励している。

　このような答申の示唆は、2030 年を見越した全国的な小規模校化に対する新しい政策であり、これまでの小規模校解消政策の大きな転換となっている。

2．教育の機会均等政策の歴史的展開と ICT 活用下のへき地教育の現代的位置づけ

（1）へき地教育の歴史的展開と教育の機会均等理念

　歴史的にへき地地域も発展し、へき地教育の位置づけも大きく変わってきた背景としては、長い年月をかけて戦後のへき地教育のマイナス面を変えようとした日本の教育の機会均等理念と政策がある。日本は戦後の荒廃した状況の中でも憲法と教育基本法で教育の機会均等の理念を打ち出した。そして 1954 年に「へき地教育振興法」を制定し、「教育の機会均等」の理念に基づきへき地教育水準の向上を推し進めた。このような「へき地教育振興法」の制定は世界的にも珍しく、日本の戦後の行政の理念としては、極めて先進的な理念である[4]。

　この法律では、「交通条件及び自然的、経済的、文化的諸条件に恵まれない山間地、離島その他の地域に所在する公立の小学校及び中学校」を「へき地学校」とし、市町村に対しては、教材・教具・教員研修等の必要な措置を講ずることなど、へき地教育の振興を図ることとしている。へき地校は、元々自然的悪条件・僻遠性・経済的貧困性・文化的停滞性・教育的低調性があると言われていたが、へき地教育振興法は、戦後以降一貫してその解消を目指してきた。

　このように教育の機会均等理念に基づき、様々なへき地教育支援を推進してきたが、さらに 1970 年代以降の高度経済成長期には経済が発展して、へき地の交通網や情報網等のインフラ整備や生活環境整備が進み、へき地のマイナス特性も大きく変化してきた。一方、高度経済成長期には都市の過密化・住居費高騰・移動時間ロスなどによって、必ずしも都市の生活環境が良い側面だけではないことも指摘され始めていた。

　1990 年代にへき地の生活環境が一定整備されてくると、都市と農村の格差も相対的に解消され始めた。へき地校を取り巻く環境は、自然が多いことの良さも認識され、また教職員にとってはへき地環境も慣れてくると悪くはなくなってきている。その様な地域環境の中で、徐々にへき地教育も単に遅れた教育を引き上げるという意味ではなく、少人数指導や自然・地域を活かした教育活動の積極面も認識され始めた。

（2）高度情報化社会の進展と GIGA スクール構想下のへき地・小規模校の環境変化

　1995 年はインターネット元年と言われるように、市民生活の中にインターネットが急速に普及し始め、高度情報化社会が到来した。このインターネットは、東京から広がったが、へき地地域も含めて急速に全国に広まっていった。高速回線とインターネットが学校に敷設されると、へき地校では情報が入らないということはなくなり、空間・距離・時間を超えて、いつでもどこでも検索できるようになってきた。携帯電話も 2010 年代には、へき地校を含めて全国のすべての地域で携帯電波が届くようになるとともに、高校生以上のほとんどの生徒・大人が所有するようになった。学校ではパソコン環境も整備され、子供数が少ないへき地校では相対的に全員が使える台数が設置されたため、個々の子供が学校から全国の情報を収集することができるようになった。

　さらに 2021 年には GIGA スクール構想によって、全小中学生がタブレット端末を持ち、学校においても、情報検索や調べ学習も日常的に推進できるようになった。オンラインシステムも全国的に整備されたために、へき地校でも空間・距離・時間を超えて遠隔地域と結んだり、合同授業・交流授業を行ったりできるようになった。すなわち最もへき地校のマイナス面として受けとめられていた遠隔性・小規模性のマイナス面は、遠隔双方向システムによって急速に解消しつつある[5]。

　今後バーチャルリアリティ（VR）教室の技術開発によって、遠隔地域の学校間でも隣で一緒に在籍しているような一体感を持って遠隔双方向授業を進めることができる。少人数での遠隔双方向システムは、画面を通しての交流であっても、顔が相互に見えるので、大人数の中での遠隔双方向システムよりは希薄な関係性や疎外感は少ない。そのため日常的な関係が強く顔が見えるへき地校ほど ICT の活用がしやすくなることから、ICT の活用による疎外感や人間関係の希薄化の影響は少なく、遠隔双方向システムのメリットの方が大きくなる。このように僻遠性・小規模性のマイナス面を克服した上で、少人数の特性をプラスに活かした新たなへき地・小規模校の教育活動を発展させることが重要になる。

3. 現代的教育課題に対応したへき地・小規模校教育の可能性と教職員の資質・能力の向上

（1）「社会に開かれた教育課程」とカリキュラム・マネジメントを活かすへき地・小規模校教育の可能性

　現行学習指導要領では、「社会に開かれた教育課程」が大きな課題となっている。「社会に開かれた教育課程」は、「より良い学校教育を通じてより良い社会を創るという目標を学校と社会が共有」して、その実現のために「社会との連携・協働」を図ることを目指している。教育課程の実施に当たっては、「地域の人的・物的資源を活用」したり、「社会教育との連携」を図りながら、学校教育を学校内に閉じずにその目指すところを社会と共有・連携しながら実現」させることとしている。そのためには、固定された知識・技能だけではなく、「未知の状況にも対応できる思考力・判断力・表現力」や「学びに向かう力・人間性」等の総合的な資質・能力を育てるためのカリキュラム・マネジメントが不可欠であるとしている。これらを推進するためには特定の知識・技能だけではなく、社会との連携による教科横断的な教育活動が不可欠となる。

　具体的に「社会との連携」をするためには、地域社会と密接な関係を持つことが不可欠である。へき地・小規模校では、元々地域社会と密接な関係を持っており、役場職員や農協・漁協・商店街等の産業団体、町内会も学校に協力的で、子供達が地域住民にアンケートや聞き取り活動、体験学習指導などを依頼しても協力的である。このようなへき地・小規模校では、地域社会も「オラが学校」の学校意識も強く、学校行事・地域行事も地域と協力的に運営されている場合が多い。へき地校では、学校祭と地域祭が一体的に実施されていたり、運動会・学芸会も地域と合同主催となっている学校が多い。

　地域の体験活動の教育効果では、自然体験（キャンプ、登山、川遊び、ウインタースポーツなど）、社会体験（農業体験、職業体験、ボランティア）が多いと、自尊感情や外向性、学校帰属意識も高まることが指摘されている（令和2年度体験活動等を通じた青少年自立支援プロジェクト「青少年の体験活動の推進に関する調査研究報告書」）6)。自然が多く地域が協力的なへき地・小規模校では、自然体験も社会体験も積極的に体験活動を推進することができる。へき地校では実際に校庭でキャンプファイヤーをやっていたり、川下り・登山遠足・

植樹遠足・稚魚放流などの体験活動を年間行事の中に組み入れて実施している
学校が多い。

　このようにあらゆる社会のリソースを活かした教育活動を進めることは、教
科横断的な視点でカリキュラムを創っていくことであり、地域の実態に応じた
カリキュラム・マネジメントを推進することである。とりわけ新しい時代に必
要となる資質・能力は、地域から学ぶだけでなく、学びを地域・社会に生かし
貢献する力も求められている。そのためには地域を調べつつ、その地域づくり
の担い手として意識することが重要になる。

　また学習指導要領では、アクティブ・ラーニングを視野に入れた「主体的・
対話的で深い学び」を推進している。特に班学習で探究的学習や集団思考を進
める場合には、班に活動を任せるだけでなく、個々の子供と班に沿ったアドバ
イス指導が求められる。個々の思考過程や試行錯誤も見えやすいへき地校での
少人数の指導は、思考過程に合わせたアドバイスや動機づけを行いやすい。体
験的な活動を日常的に行っている場合には、それらを探究的な学習活動と結び
つけてカリキュラムを創ることもできる。

　さらに班構成員の信頼関係や協働的な関係が無ければ、高め合う集団思考は
行いにくく、日常的な人間関係が強いへき地・小規模校ではそれを生かした協
働学習を進めることができる。このように探究的な学習や総合的な学習活動の
指導方法も、少人数であれば、自立的な探究活動を促す指導方法に転換できる。

　少人数で地域社会も協力的なへき地・小規模校では、地域資源を活かした探
究的な学習活動、地域体験学習・自然体験学習や、教科・総合・特活・体験活
動等を含めたカリキュラム・マネジメントを推進しやすい。地域の様々な体験
的な活動や行事から、教科単元に結びつけて位置づけていくことも容易である。
すなわち「主体的・対話的で深い学び」に向けた新たな資質・能力を育成する
学習活動を創りやすい。

　このようなへき地・小規模校で、地域を生かした特徴的な実践を経験できる
教師は、カリキュラム・マネジメントの理念を具現化する発想を広げることが
できる。同様にへき地校で実習する大学生も、未来の教師として教育観や視野
を広げることができる。

（2）「コミュニティスクール」の努力義務化と地域と連携したへき地・小規模校教育の可能性

　学校が教員だけではできない様々な社会的な活動を学校内に施し、子供達に多面的な資質・能力を身につけさせるためには、学校が様々な地域住民や地域団体と連携することが重要である。そして、多様なリソースを生かした「社会に開かれた教育課程」を実現していくことは不可欠である。

　このような学校と地域の連携の延長として、2015 年に中央教育審議会答申「新しい時代の教育と地方創生の実現に向けた学校と地域の連携・協働の在り方と今後の推進方策について」[7]が答申された。それを踏まえて、「地方教育行政の組織及び運営に関する法律」の改正が行われ、2017 年 4 月 1 日より施行された。この法律改正により、学校運営協議会を導入したコミュニティスクールを目指すことがすべての公立学校の努力義務となった。

　へき地・小規模校では実は、学校運営協議会を設置してコミュニティスクールとして認定されていなくても、日常的に保護者・地域住民や団体・行政機関と密接な関係を有している学校が多く、"学校と地域の連携"をすでに実践している。学校と地域の連携は、単に管理職が学校経営の方法として、地域住民の意見を取り入れるだけでなく、教員もその地域のリソースを教育活動の内容として子供達の教育活動にどのように生かしていくかを考えていかなければならない。

　このようなへき地・小規模校に勤務する教員は、コミュニティスクールの発想と学校経営を日常的に実践することになり、地域協働型教員の資質・能力を身につけることができる。同様にへき地校で実習を行う大学生も、教育観と視野を広げることができる。

（3）インクルーシブな共生社会と異年齢・異能力集団によるへき地・小規模校教育の可能性

　現代社会において日常生活の中での子供達のネット上のバーチャルな交流が激しくなればなるほど、いつでも断ち切れる希薄な人間関係を前提にしたり、近くの人間よりも遠くの同質性の高いネットコミュニティだけで交流する傾向が強くなってくる。人間関係はバーチャルな関係になればなるほど、異質性

を含む直接的な人間関係を敬遠し、同質性を求めるとともに異質な者に対して、排他性・攻撃性の傾向が出て来る。

　このような中で、へき地・小規模校ではそもそも子供数が少ないために、異学年・異世代と交流する機会が多く、学校の中でも縦割り班を基軸にして行動している。また異学年が同じクラスメンバーとなる複式授業では、常に異学年と一緒に授業をして、学年が上がる度に上級生と下級生の立場が毎年交互に入れ替わる。

　この異年齢集団はそもそも発達段階が異なるために、異能力が当たり前となる。このような異年齢の中では上級生は全体を見渡しながら、調和を図ったり、下級生を引っぱるリーダーシップを発揮する。下級生は、上級生や集団の調和を支えるフォロアーシップを発揮していく。

　このようなへき地・小規模校の異年齢・異能力集団は、それぞれが他者と調和するインクルーシブな共生集団であり、共生社会の理念を身近な関係の中で実践していく教育活動となる[8]。またへき地・小規模校では、しばしばへき地・小規模校のマイナス面として指摘される社会性の欠如を補うために、様々な組織活動のリーダーとして活躍できる公共の場や役割を設定し、多様で異能力の集団をまとめていく経験を子供達にさせている。このような経験をした子供達は、どのような大きな集団の中に入っても、比較的自ら集団の中に入って行き、集団を引っぱっていく役割を果たすようになる。

　へき地・小規模校において、この異年齢・異能力の共生社会の理念と実践を意識的に追求しつつ、馴れ合いにもならないようにすることは、社会の中で協働性を育む重要な教育活動となる。へき地・小規模校で勤務する教員は、インクルーシブな共生社会の１つのあり方を地域社会の中でとらえることができる。同様にへき地校で実習する学生も、共生社会に向けた新たな教育観や視野を広げることができる。

（４）教職員の協働性をはじめとした「チームとしての学校」とへき地・小規模校教育の可能性

　これからの多様で指導困難な子供達に対応するためには、多様な資質・能力を有する教職員が協働性を発揮していくことが最も重要になる。個々の教員が

孤立分断化した状態であれば、指導困難な子供に対応できず個々の教師の精神的負担も大きくなる。またバラバラな関係では学校全体としても新しい教育活動を展開していくこともできない。教職員は働き方改革を進める上でも、教師の協働性が不可欠となる。

　そのため中央教育審議会は、2015年12月に「チームとしての学校の在り方と今後の改善方策について」を答申した[9]。この答申では教師のチーム制に基づく学習指導や生徒指導の必要性と共に、学校外の心理・福祉等の地域の専門家との連携の必要性も提起している。

　へき地・小規模校では、教職員も少人数であるためまとまりやすく、さらに自分の学級担任の子どもだけでなく、全教職員で全児童生徒の指導を行うのが一般的である。また市町村内のカウンセラー・ALT・教育委員会指導室・役所とも連携しやすいので、多様な地域の関係者と共に教育指導を行いやすい。すなわちへき地・小規模校では日常的に「チームとしての学校」を実践している。

　このようなへき地・小規模校の教員は、「チームとしての学校」の観点と協働性の資質・能力を学校運営の実践の中で広げている。同様に、へき地校で実習する学生も、「チームとしての学校」の協働性の教育観を広げることができる。

（5）個別最適な学び・協働的な学びを目指す「令和の日本型学校教育」とへき地・小規模校教育の可能性

　2020年に中央教育審議会「『令和の日本型学校教育』の構築を目指して」が答申された[10]。この答申の中では「個別最適な学び」と「協働的な学び」を一体的に推進することが重要な課題とされている。またICTを活用することで、学びを可視化したり協働的な学びを促進することを提案している。情報化が進展すればするほど学びの個別化も進行する傾向にあるが、「令和の日本型学校教育」では個別最適性と協働性の両方を追求している。

　「個別最適な学び」では、「指導の個別化」と「学習の個別化」を行う。その際にICTも効果的に活用することを目指すが、ICTを与えるだけでは、単に個別化するだけで「個別最適な学び」にならないために、個々の子供の発想やつまずきを把握しながら最適な学びを指導していかなければならない。そのた

めには、やはり少人数の子供に丁寧に指導していくことが求められるため、少人数学級・小規模校の方が「個別最適な学び」を指導しやすい。

　「協働的な学び」では、信頼関係を基盤にしながら、考えたことや異論・反論も相互に率直に出し合う事が重要であるが、その場合もまずは少人数集団で話しあったり役割分担を進めていく方が「協働的な学び」を推進しやすい。希薄な人間関係の中では、形式的に協働したとしても、深い「協働的な学び」はできないために、まず協働的な関係を創るところから始めなければならない。

　へき地・小規模校では、日常的な信頼関係を基盤にして、話し合いや活動を進めやすく、少人数なので全員に対して公平・平等に個別的な指導もしやすい。また極小規模校では、ICT を活用した遠隔双方向授業や交流活動を実施すれば、小規模校の課題をプラスに発展させることができる。このように考えれば、へき地・小規模校では「令和の日本型学校教育」を推進できる条件が揃っており、2030 年を見越した少子化社会の中での学校教育のあり方を考えると、へき地・小規模校は新しい学校教育像を創る先進モデルとなる可能性がある。このようなへき地・小規模校で実習する学生も、個別性と協働性を統合した新しい学校教育像の可能性を考えることができる。

4．子供達との密接な交流による学生対象「へき地教育プログラム」と教職意欲の動機づけ

（1）北海道教育大学および釧路校の「へき地教育プログラム」の概要

　北海道教育大学では、少子化社会の到来に向けた新しい時代の教育活動を創造的に認識してもらう教育プログラムの 1 つとして、「へき地教育プログラム」を推進している [11)]。「へき地教育プログラム」とは、へき地教育論の講義体系とへき地校体験実習体系とを段階的に組み合わせて、へき地教育の理論と実践の往還型教育を体系化したカリキュラムの総称である。

　北海道教育大学では、教員養成課程のキャンパスである札幌校・旭川校・釧路校の 3 キャンパスで「へき地校体験実習 I・II」を実施しており、「へき地校体験実習 I」（2 年生対象）に参加するためには、1 年生から開講している一般教養科目「へき地教育論」講義も履修しなければならない。「へき地校体験実習 I」は、3 キャンパスを合わせると、毎年北海道内の 60 校のへき地校で、

130 人がへき地校体験実習を行っている。

　3 年生が夏休みに主免許教育実習を行うために、「へき地校体験実習Ⅰ」は 2 年生の夏休みに 1 週間へき地校に滞在する形で実施している。「へき地校体験実習」期間中は、近くの空いている校区宿舎・地区集会所・合宿研修所・旅館・ホームステイなどの形態で現地に滞在し、交通費・滞在費は個人差はあるが、基本的には 3〜4 万円程度の自己負担で実施している。費用はかかるが、少人数指導や地域教育活動などが特徴的なへき地・小規模校教育を経験してみたいと希望する学生は少なくない。

　「へき地校体験実習Ⅰ」は 3 キャンパス共通で実施しているが、さらに北海道にへき地校が多いことを考慮して、釧路校は「へき地校体験実習Ⅱ」を 3 年生後期に 2 週間で実施している。この「へき地校体験実習Ⅱ」に参加するためには、講義「へき地教育実践論」を履修することが参加条件となっている。2 週間の長期実習を行うことで、より実践的なへき地・複式の指導法を学び、へき地校でも活躍できる人材を輩出することを目的としている。主免許教育実習は、市街地の学校で行うために、市街地校とへき地校の経験を比較することで、へき地校の良さをとらえることもできる。例えば、個々の子供と向き合うことができるへき地校の特性をとらえたり、子供の目線や状況に応じたきめ細かな指導のあり方を比較的にとらえることができる。釧路校では毎年約 20〜30 人の学生が「へき地校体験実習Ⅱ」に参加している。

（2）学生の教職動機づけとしての少人数の子供との触れ合い

　「へき地校体験実習」に参加する目的は、へき地教育の担い手を育てる目的や少人数指導を中心とした一般的な授業展開・学級運営方法を捉える目的など、多様な教育実践のあり方を学び、少人数指導にも強い人材を育成することである。とりわけ少人数の授業や学級経営では、子供の個々の到達度が分かった上で、授業をすることができるので、教師も「分かりましたか」と問う必要もないことを実感できる。すなわち児童生徒理解を深めた上で、学習指導や学級経営ができれば、形だけで展開していく一斉指導の課題も見えてくるため、これまでの一斉指導方法を反省しながら教育活動を工夫するようになる。

　このような少人数を指導する中で、近年この「へき地校体験実習」の効果と

して注目しているのは、子供と密接な触れ合いができることによる教職意欲の向上である。「へき地校体験実習」に参加した大学生の大部分が教職意欲を高め、「先生になりたい」という気持ちを強めている。自分が教員に向いているかどうか不安であるという学生も、「へき地校体験実習」に参加すると教職意欲を高めていく。学生は元々教職を志望した最初の段階では、強い志望動機を持っているが、教育実習等での実践過程では、教職意欲は下がることが一般的である。学校現場では必ずしも指示通りに従う子供ばかりではなく、反抗する子供や指示内容を理解できないで動けない子供も少なくない。このような子供の指導に直面したときに、学生は教職意欲を低下させていく。

　一方へき地校の子供は、元々異年齢・異能力の子供同士の関係の中で協調性や調和力を高めているので、学生が実習生として学校に入っても、子供達は実習生に対して排他的にはならず、受けとめてくれやすい。特に指導力が高くない学生にとっては最初の段階で子供達の中に入り、受けとめてもらえるかどうかが教師としての喜びを左右する。

　このような「へき地校体験実習」に参加して教職意欲を高める動機づけの理由としては、1)少人数の子供と親しい関係が作れること、この他に、2)教職員の協働性も高く教職員からも受けとめてもらいやすいこと、3)学校に協力的な地域と学校との連携が強く地域を生かした教育活動ができること、4)少人数なので小回りが利くため、新しい教育活動を自分なりにアレンジして取り組みやすいこと、5)ICT遠隔双方向教育などによるへき地校間のネットワークなどの新しい学校教育活動に触れられること、などの新鮮さが学生のやりがい感を高め、教職意識を高めている。

　学生の「へき地校体験実習」参加者の教職就職率は、札幌校・旭川校・釧路校においてもすべて高い傾向がある。少し前のデータであるが、2016年度卒業生の正規教員採用試験合格者でみると、「へき地校体験実習」に参加した北海道教育大学全体の学生の教員採用試験合格率は49.4%であるが、「へき地校体験実習」不参加の学生の教員採用試験合格率は29.3%で、実習参加・不参加の合格率差は20.1ポイントの差がある。数字だけで因果関係を直結できるわけではないが、基本的には「へき地校体験実習」参加者は、教職意欲を高めており、そのことが結果として教員採用試験の合格率の向上につながっていると

言える。

　この結果は元々意欲的な学生が「へき地校体験実習」に参加したから合格率が高いのは一件当然のように見える。しかし、個々の学生に聞き取り調査を行うと、「教師になりたいが迷っていた」という学生が実習後に「いっそうなりたいと思った」と変化する学生が多い。すなわち潜在的に教職意欲が高い者が、「へき地校体験実習」に参加して一層意欲が高まったというのが因果の実態である。この教職を決意する最後の後押しをしているのが、へき地校体験実習であると言える。

（3）学生の「へき地校体験実習」参加による教育観の転換の可能性

　北海道教育大学の「へき地校体験実習」を終えた学生に対して行ったアンケート（114名）では、「へき地校体験実習に参加して良かったか」では、「とても良かった」94.7%、「良かった」5.3%で、全員が良かったと回答した。満足度では、「とても満足した」86.0%、「満足した」9.6%、「普通」2.6%、「不満」1.8%となっており、95.6%が満足している[12]。

　「へき地校体験実習」に参加して最も学んだことや感じたことについては（図1）の通りである。最も多いのは、①「子供との触れ合い・関わり方を体感したこと」47名である。以下続いて、②「少人数・複式授業の良さや難しさを体験したこと」40人、③「一人一人の子供を知ること・理解することの大切さ」34人、④「地域の環境・実態を生かした教育活動に触れたこと」24人、⑤「授業づくりの大変さを実感したこと」23人、⑥「教職と自分の性格や生き方を見つめる機会になったこと」17人、⑦「へき地・小規模校の概要を知ることができたこと」9人、⑧「教職員の仕事の概要を見聞きしたこと」7人、⑨「地域・家庭と学校の結びつきの強さ」5人、⑩「へき地での生活を体験したこと」5人、⑪「学級づくりのこと」、⑫「共同生活体験をしたこと」2人となっている。

　やはり最も多いのは子供との触れ合いや関わり方であり、その上で複式授業のあり方を学んでいる。また一人一人の子供を知ることは、言葉にすると当たり前のことのようであるが、へき地校の少人数の中では一人一人を理解するとらえ方が極めて深い。これは主免許実習において市街地校で実習した後にへき

地校に行くので、改めて密接な関係の中でのへき地校の取組を認識することができる。さらに地域を活かした教育活動に触れたことも学びの1つの特徴となっている。このようにへき地校体験実習では、市街地の実習では経験できない観点等を学んでおり、それらを生かすことで、教職意欲や教育実践力量を高めている。

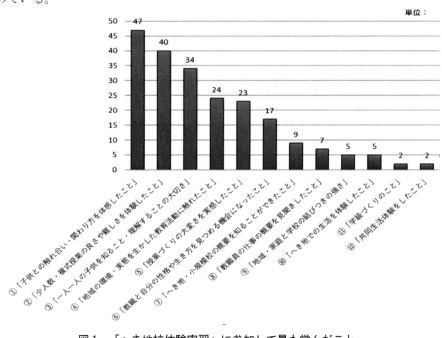

図1　「へき地校体験実習」に参加して最も学んだこと

5．へき地・小規模校の特性とパラダイムの転換を踏まえたへき地教師教育の可能性

（1）へき地・小規模校のマイナスイメージとパラダイム転換

　漢字[僻地教育]の「僻」は、ひがみ・よこしま・かたより・隠れる、の意味を持ちマイナスイメージを持つ言葉である。そのためへき地教育の意味は、「へき地教育振興法」の制定以来、遅れた教育を引き上げるという意味で長い間使われてきた。むろんへき地の地域生活環境・教育環境の整備は今後も進めていかなければならないが、2000年代に入りある程度生活インフラや情報環境が

整備されてくると、へき地教育が教育面において遅れた側面ばかりではなくなってきている。

　また 2008 年までの総人口が拡大した時代には、学校規模が拡大している大規模校が先進的な教育を行っているように見られていたが、少子化と人口減少は、大規模校においても予想を超える速さで進行している。全国的な少子化と小規模校化の時代の流れの中では、規模拡大だけを目指すことはすでにできない地域が増えてきている。このような中では、2030 年に向けて、規模拡大を目指すことよりも、少人数指導を目指すことが時代の大きな流れとなる。すでに政策的には、2021 年度から小学校は 35 人学級に順次移行していくこととなった。また文部科学大臣は、2021 年 1 月の就任会見で、将来的に 30 人学級に移行していくことを表明している。すなわち政策的にも学級規模拡大だけを目指す方向ではなくなった。

　2021 年度から ICT・タブレット端末がすべての小中学校に標準装備され、すべての学校に高速回線による遠隔双方向教育ができるようになると、小規模性や遠隔性のマイナス面を克服した教育活動の新しいあり方も標準化される可能性が高くなった。少人数であれば個々の子供の ICT 活用の仕方にも目が届くし、子供間の直接的な協働活動が大きく減るわけではないので、ICT による個別最適な学習活動や地域探究学習活動を進めることができる。少人数の中での信頼関係を基盤にした社会性や協働性を発展させていけば、個別最適な学習と協働的な学習を取り入れた新しい教育活動を創造することができる。

　このように考えると、過去の時代の中でこれまで暗黙のうちに前提にしていた価値観も、時代の変化の中では価値基準を転換させるパラダイムの転換が必要になる [13]。すなわちへき地校が遅れているという価値観の転換が必要になる。日本の学校教育の中では、少人数の学習指導・学級経営活動のあり方は、あまり研究されてこなかったが、少人数の子供を対象にした実践が長かったへき地・小規模校の実践から学ぶことも、新しい教育活動を創造する上で重要になる。

（2）2030 年に向けた大学の教師教育とへき地・小規模校教育の可能性
　2030 年に向けた教師教育においても、東京の大学に通う大学生が、出身県

に戻れば小規模校やへき地校に勤務する可能性も高くなってくる。大学生が大規模校で実習をするだけでなく、へき地校で実習することは、少人数指導の実践力を高めるだけでなく、教師と子供の関係、子供と子供の関係、学校と地域の関係、遠隔地域の学校と学校の関係など、様々な協働性を捉えることができる。また本来的な「教育の原点」とも言われているへき地校は、信頼関係や協働関係を基盤にしながら、個に応じた教育活動を進めることができるため、へき地教育の経験は、原点的な教育のあり方を考えることができる。このへき地の学校の子供との触れ合いや少人数指導経験によって、大学生の教職意欲が高まるのであれば、大学の教職課程全体として教職に意欲的な教師の卵を育成することができる。

　「へき地校体験実習」は、全員でなくても、希望者だけでも、それらの大学生の教職意欲や教育観を高める可能性を持っている。出身校と実習校しか見たことがない大学生は、自分の経験の中でしか教育活動をイメージできないが、へき地校の経験は、教育観や指導方法観の発想を一気に広げる可能性を持っている。そしてその一部の大学生がまた周囲にそれを伝えていくことで、認識は広がっていく。今後は全国的な少子化・小規模校化や地域創生に対応することを鑑みると、都市部の大学においても、大なり小なりのへき地・小規模校を体験・訪問する機会を設けていくことは、大学の幅広い地域人材育成の観点からしても、教師教育の観点からしても1つの課題となってくるであろう。

【注】

1) 川前あゆみ・玉井康之・二宮信一編（2019年）『豊かな心を育む　へき地・小規模校教育―少子化時代の学校の可能性』学事出版
2) 葉養正明（2011年）『人口減少社会の公立小中学校の設計』協同出版
3) 文部科学省（2015年）「公立小学校・中学校の適正規模・適正配置等に関する手引」
4) 教職研修編集部編（1987年）『へき地小規模学校読本』教育開発研究所
5) 遠隔教育システム導入実証事業推進委員会編（2021年）『遠隔教育システム活用ガイドブック（第3版）―令和2年文部科学省委託』内田洋行教育総合研究所
6) 令和2年度体験活動等を通じた青少年自立支援プロジェクト（2021年）「青少年の体験活動の推進に関する調査研究報告書（令和2年度文部科学省委託調査）」株式

　　会社浜銀総合研究所

7）　中央教育審議会答申（2015 年）「新しい時代の教育と地方創生の実現に向けた学校
　　と地域の連携・協働の在り方と今後の推進方策について」

8）　赤木和重・安藤友里・山本真帆・小渕隆司・戸田竜也（2017 年）「複式学級におけ
　　る教育可能性の再発見―授業づくり・インクルーシブ教育・自尊感情の視点から」、
　　北海道教育大学へき地・小規模校教育研究センター紀要『へき地教育研究 72 号』

9）　中央教育審議会答申（2015 年）「チームとしての学校の在り方と今後の改善方策に
　　ついて」

10）中央教育審議会答申（2020 年）「『令和の日本型学校教育』の構築を目指して」

11）川前あゆみ著（2015 年）『教員養成におけるへき地教育プログラムの研究』学事出
　　版

12）北海道教育大学へき地・小規模校教育研究センター紀要（2020 年）『へき地教育研
　　究第 75 号』164 頁

13）前掲川前あゆみ・玉井康之・二宮信一編（2019 年）『豊かな心を育む　へき地・小
　　規模校教育―少子化時代の学校の可能性』学事出版

【参考文献】

和井田清司著（2005 年）『内発的学校改革―教師たちの挑戦』学文社

北海道教育大学釧路校編（2022年）『地域探求力・地域連携力を高める教師の育成 ―地
　　域協働型教員養成教育の挑戦』東洋館出版社

第4章　へき地・小規模校教育の可能性と課題

和井田　清司

1．少子化時代の教育課題

　日本の人口は、少子化・高齢化という特徴を示しつつ、減少傾向にむかっている。官庁統計を基にたどると、図1¹⁾のようになる。登山にたとえれば、長くゆるいアプローチがつづき、明治から敗戦、敗戦から戦後と急登するごとき様相を呈している。明治からの変化は、黒船ショックにうながされ、「坂の上の雲」(司馬遼太郎)をめざして富国強兵の道をひた走った足跡を示している。敗戦から戦後は、戦後改革を経て高度経済成長の達成(日本の労働力供給の有利さがその一大要因であった)とその余韻の時期である。そして、2008年をピークに総人口は下がりはじめ、その中で高齢化率だけは確実に増大する。推計では、2050年には1億200万人、2100年には5000万人を切る予測もある。このような急激な人口減少かつ高齢化の進行は世界に例がなく、人類初の経験ともいえる。やがて来る先進国世界の難問が、先鋭的に日本において現出しており、いかに対応するかが世界注視の的となっている。

　少子化時代の教育的対応として、行政からは「個別最適化」教育の課題が喧伝される。たとえば、「子どもたち一人ひとりに個別最適化され、創造性を育むICT環境の実現に向けて」と題する文科大臣メッセージ(2019年12月)がある。一人一台端末環境の導入をもとに、「この新たな教育の技術革新は、多様な子どもたちをただ一人とり残すことのない公正に個別最適化された学びや創造性を育む学びにも寄与する」「子どもたちが変化を前向きに受け止め、豊かな創造性を備え、持続可能な社会の創り手として、予測不可能な未来社会を自立的に生き、社会の形成に参画する資質・能力を一層確実に育成していくことが必要」と指摘する。たしかに少子化時代の教育では、少ない子どもをていねいに育てる環境が可能になる。まさに「個別最適化」が求められる。またそれを可能にする条件もGIGAスクール構想の前倒し実施をうけ、現実化しつつある。

だが、少子化時代の教育課題は、ICT 環境の整備にとどまらない(ICT 環境整備は、関連産業に多大の特需を生むことにも留意したい)。既存の教育実践哲学の見直しが必要になるだろう。

　少子化時代における個別最適化教育を実りのあるものにするには、同種の実践を蓄積してきたへき地・小規模校教育の知的遺産に学ぶことが有効である。

　以下、2．で北海道教育大学釧路校「へき地・小規模校教育研究センター」、3．で「小さな村 g7 サミット」の取組を参照しよう。さらに、4．でへき地・小規模校教育に学ぶ試みを紹介したい。

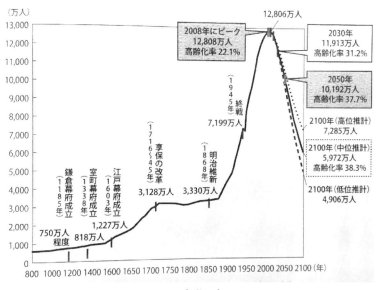

図1　人口変動予想

2．フロンティアとしての「へき地・小規模校教育」研究

（1）へき地教育研究の蓄積

　1949 年、新制大学発足とともに北海道教育大学のへき地教育研究ははじまった。今日、へき地・小規模校教育研究センターは、同大学釧路校の正面入口近くに広いスペースで設置され、研究と教育の拠点として機能している。同

時に、へき地教育の蓄積が、紀要や文献として公開されている。2020年12月、コロナ禍のなか同センターを訪問し、講義の参観やインタビューを通して、多くを教えていただいた。

　武蔵大学の教職課程では、2019年度から、関東＋山梨の範囲で一番人口の少ない丹波山村(山梨県)にて、希望者の教職課程合宿を実施した。丹波山村は過疎地に該当し、人口減と少子化の中で、学校経営の危機をむかえている。大学生との交流を図りたいという村の要望もあり、へき地教育との交流を進めてきた。丹波山村では、山村留学制度の活用で児童生徒を確保し、村負担の教員も雇用しつつ各学年を維持している。へき地教育の蓄積を参照しながら、今後も丹波山村との交流を通して、教育の本質的な価値や経験を学生たちに学んでほしいと願っている。そうした関心からの訪問調査であった。

　北海道教育大学「へき地・小規模校教育研究センター」は、現在は釧路校に設置されているが、同大学5つのキャンパスにまたがって活動している。へき地の多い北海道における学校現場の課題だけでなく、全国唯一のへき地教育専門研究機関として、国内外のニーズに対応して研究開発を進めている。

　当初、同センターは「へき地教育研究センター」と銘打っていたが、時代の変化に対応して現在では、「へき地・小規模校教育研究センター」となっている。今日では都心部においても子どもの数が減少し、廃校や統合の動きが現れており、全体として学校の小規模化が進んでいる。へき地教育のかかえる課題や可能性は、小規模校にも共通するものがあり、看板を拡充したのである。

　ちなみに現在、全国の公立小中学校のうち、半数が12学級に満たない「小規模校」である。しかも小学校の13%、中学校の3%が、二個学年以上の生徒がともに学ぶ複式学級となっている。

　こうした趨勢のもとで、同センターの位置づけも次第に普遍的な役割を持ちつつある。同センターの資料によれば、主な役割として次の7つがあげられている。

　①へき地・小規模校で活躍する若手教員の養成
　②少人数教育の先端研究・指導法の開発
　③少人数教育に対応する教員の資質向上

③教育委員会・学校への貢献
④地域協働型教員養成プログラムの提供
⑤FD を通じた全国の大学教育への波及
⑥へき地教育の国際社会貢献

　へき地といえば、交通不便で自然環境が厳しく生活難の地域。そして、へき地教育は問題山積のおくれた教育であり、都市部の教育に一歩でも近づく努力がもとめられる。そうした印象が強いかもしれない。
　だが一方で、へき地教育は「教育の原点」ともいわれてきた。少ない子どもをていねいに育み、地域のたくましい担い手に育成するという点からみれば、教育の本質的な価値が問われる現場であるともいえる。さらに少子化時代にあって、へき地・小規模校教育は、時代を先取りする新しい可能性を付与されている。
　同センターによれば、へき地・小規模校教育は、5つの先取りした姿を提示している。以下の5点である。

①少人数の環境をプラス面として生かし、次世代に求められる個別最適化教育を先取りする。
②間接指導をプラス面として生かし、自己学習方法を発展させ、自己教育モデルを先取りする。
③他者との密接な関わりをプラス面として生かし、多様性を認め互恵するインクルーシブの実質的なモデルを先取りする。
④地域との密接な関係をプラス面として生かし、コミュニティスクールの実質的なモデルを先取りする。
⑤日本のへき地教育の国際水準の高さをプラス面として生かし、開発途上国への国際社会貢献モデルを先取りする。

　ここでは、従来へき地教育のマイナスととらえられてきた面をプラスにうけとめる「パラダイム転換」の発想が生きている。
　以下、同センターの訪問調査を通して、印象に残った点を指摘しよう。

　第1は、「往還的へき地教育カリキュラム」の構築と実践である。へき地教育には、6つの特性－①自然的悪条件、②僻遠性、③文化的停滞性、④教育的低調性、⑤社会的閉鎖性、⑥経済的貧困性－が指摘されてきた。一般にもへき地には、おくれた地域という印象がぬぐえないだろう。だが、今日では、上述した特性は再定義が必要である。①自然の豊かな活用、②都会的俗悪からの回避、③伝統的生活様式の再発見、④個に応じた指導の実現、⑤地域の教育力の発現、⑥食育・農育・農業体験活動の展開、という具合に[2]。学生にとって、そうした価値観の展開（「パラダイム転換」）は、へき地教育カリキュラムの履修によって可能になる。

　同大学釧路校の往還的へき地教育カリキュラムは、下表のように展開される[3]。

学年	実習系科目	講義・演習系科目
1年	へき地校訪問（前期・1日）	へき地教育論
2年	へき地校体験実習Ⅰ（夏休み・1週間）	へき地教育指導法
3年	へき地校体験実習Ⅱ（後期・2週間）	へき地小規模校研究
4年	へき地校体験実習Ⅲ（後期・2週間）	

　「往還的」の含意は、講義演習科目の理論学習と実習科目の実践を相互連関的に展開するというものである。まず一年次、入学者全員が一日へき地校を訪問し、児童や教師との感動的な出会い体験をする。2年次以降は希望者であるが、実習Ⅰでは夏休みに1週間訪問し、地域の祭りや文化を知り、学校と地域の連携する様子を実感する。実習Ⅱ・Ⅲでは、2週間その地域に住み、教壇実習を実施する。個に応じ、地域に応じた教育実践を経験するものである。2年次以降の実習は、講義演習科目の履修と並行しておこなわれるだけでなく、実習のための事前事後学習が周到に配置されている。全体を通して、理論と実践の往還に配慮され、学年進行につれて量質両面で深化するかたちをとり、系統的発展的に構成されている。

　こうしたカリキュラムは、2006〜2010年にかけて開発された。教職員にとっても

へき地校にとっても負担の多いこうした企画は、履修した学生の成長・変容の姿に後押しされて定着していった。なお、ベテランの教員経験者(退職校長)が、2008年度より「へき地教育アドバイザー」というかたちで配置され、学生の実習指導の中核を担うようになった。

　第2に、へき地教育実践の学生への影響である。訪問調査時、へき地教育指導法の集中授業実施中であり、参観の機会をいただいた。教師の説明をうけ、ワークショップのようなかたちで授業が展開されていた。授業参観後、へき地教育実習を経験した学生との懇談の時間をいただいたが、学生たちは異口同音にへき地実習(特に複式授業)の大変さを語ってくれた。同時にその体験の貴重さや感動についても。へき地実習のふり返りの文集にも、次のような声がよせられている[4]。

○小規模校だからこそ、教師、児童、保護者、地域のつながりにおいて距離が近く、密であると感じた。担任の先生が学級の児童をみるだけでなく、全校児童を全員の先生で教育するという意識があった。
○今日学んだことは複式学級だけでなく、単式の学級でも生かせるものであると感じる。教員になったときのヒントとなることをたくさん得ることができた。

　こうした声には、不安のなかでの経験を通して充実感を感じ成長する様子が見られる。同時に、学生の中に確かなかたちで「パラダイム転換」が進行していることが推察される。

　第3に印象に残ったことは、国際交流の取り組みである。アラスカの大学(姉妹校)と連携をし、ともにへき地教育の教育・研究の交流を続けている。また、日本のへき地教育の達成を、途上国のラオスに普及するための活動に取り組んでいる。地域の課題を深く掘ることが、国際的な貢献につながるよい例となっている。

（2）フロンティアとしてのへき地・小規模校教育
　訪問調査を通して実感したことを一言で表現すれば、「フロンティアとしてのへき地・小規模校教育」ということになる。辞書を参照するまでもなく、フロンティアには、おおよそ2つの意味がある。「辺境」という意味と「学問・技

術の最先端」という含意である。フロンティア精神といえば、アメリカの西部劇にえがかれた開拓者魂を思い浮かべる。北海道の社会や教育の形成過程も、日本における開拓者精神の足跡に満ちている。実際、1953 年の同大学紀要には、「開拓地教員の養成」「開拓地における教師の任務」というタイトルの論文が散見される。「開拓地においては、文化的社会機関は学校だけ」という指摘もある。辺境の地で、「地の塩」となって未来の担い手を育成し、地域を支えてきた教師たちの歩みを想像させる。

　そうした苦難の歴史を忘れることはできないが、同時にその中で蓄積してきた実践理論の普遍的な価値に注目することも重要である。複式学級指導における「わたり」「ずらし」という概念もその一例である。「わたり」とは、複式学級の授業展開に際し、教師が一方の学年から他方の学年に交互に移動して直接指導にあたる動きのことを指す。また、「ずらし」とは、複数学年の学習を同時展開する際、学習活動を無理なく効果的におこなうために複数学年の学習過程をずらして組み合わせることを指す。複式学級の学習指導案は、複数学年の指導過程が二本のレールのように組み合わされている。

　一般には、教師が教えるから子どもが学ぶと思い込みがちだが、教えなくても子どもは学びに没頭することがある。デューイのいう「間接的教育作用」である [5]。また、へき地は、子どもの育ちが地域の持続に直結する。そのため、家庭教育・地域（社会）教育・学校教育が密接な連携のもとで構成される。

　へき地・小規模校教育の理論と実践の蓄積は、個別最適化教育および社会に開かれた学校のプロトタイプを提供している。その意味で、「学問・技術の最先端」に位置している。端的に言えば、自律的学習者であり協働的実践者である有為な人間形成をめざすこれからの教育にむけ、知的貢献を用意しているように思われるのである。

　次節では、へき地・小規模校教育の可能性を具体的に示唆している事例として、小さな村(g7)の実践を参照しよう。

３．小さな村（「ｇ７サミット」）の教育改革

（１）小さな村 g7 サミットの発足と展開

　2016 年 5 月、日本で G7 伊勢志摩サミットが開催された。この G7 に触発

され、G7 に先んじて、山梨県丹波山村で「小さな村 g7 サミット」が開催された。離島を除く全国各地域の最も人口の少ない村に呼びかけ、村おこしの協議会がスタートした。

　小さな村 g7 の仕掛け人は小村幸司氏。熊本県出身で、国立大学経済学部を卒業して都市銀行に入社した。学生時代、世界を旅して、ニュージーランドの牧場でのんびりと過ごした経験がある。入職した銀行では、うってかわって、仕事におわれた。海外では「休むことで経済が活性化している」と気づかされただけに、日本での働き方に違和感をおぼえ、別の道へ進むことを考え、退社した。その後、専門学校で映像技術を学び、映像ディレクターに転職した。企画書を書いて、NHK の番組で、チョムスキーのインタビュー番組を制作したこともある。映像の仕事はやりがいもあったが、労働環境はきびしく、時間的にゆとりある生活はむずかしかった。

　自然とともにくらす人間的な生き方ができないか。そう思っていたときに、山梨県の丹波山村で、村の自然やくらしを映像として記録する仕事を担当する地域おこし協力隊を募集していることを知った。「これだ！」と直観して応募し、〈関東＋山梨〉で最も人口の少ない丹波山村に入村した。日の出とともに起き、夕日とともに自宅に帰り、ゆったりとした自分の時間をもつ。そうした生活をとり戻した。地域おこし協力隊として 3 年の任期がおわった後も、NPO 法人「小さな村総合研究所」をたちあげ、地域にねざした実践を蓄積してきた。

　過疎の村の直面する現実はきびしい。少子高齢化の進行と人口減。産業の衰退と税収減。青年の流出と後継者不足。困難な課題だが、全国各地の最小村でそれぞれの知恵をあつめて協力しあえば、村おこしのエネルギーとなり、たがいに元気になるのではないか。まずは、休暇をとって熊本県と北海道の 2 つの村役場を自費でおとずれ、夢をかたった。各自治体での感触は悪くなかった。この段階で、丹波山村の行政にも相談し、残りの 4 村を訪ねた。準備会を経て、2016 年に正式発足。小さな村 g7 は、そうした問題意識で企画された。その時々で最も重要なテーマをとりあげて持ち回りでサミットを実施してきた。発足以来の開催地とテーマは以下のようである。

　2016 年度は「移住」をテーマに丹波山村（山梨県）

2017 年度は「都市との交流」をテーマに檜枝岐村（福島県）

2018 年度は「小さな村でできる教育」をテーマに、北海道の音威子府村(北海道)

2019 年度は「小さな村のシティプロモーション」をテーマに北山村（和歌山県）

2020 年度は新庄村(岡山県)の予定であったが、コロナ禍で 2021 年に延期 (2021
年もコロナ禍のため、2022 年に再延期)

[以下順に、高知県大川村、熊本県五木村、でサミット開催の予定]

　筆者も北海道で開催された第 3 回サミットに参加した。第 3 回小さな村 g7 サミットは、2018 年 5 月 25 日〜27 日、北海道音威子府村公民館を主会場に、3 日間にわたり開催された。マスコミも注目し、複数の新聞にその概要が紹介された。例えば、朝日新聞の北海道版には、7 人の村長が共同宣言を発する際の写真付きで、次のように報じられた [6]。

　村の知恵で未来を切り開こう

　人口数百人から約千人の全国七つの村が集まり、交流する「小さな村 g7 サミット」が、音威子府村で開かれ、26 日、「相互に知恵を出しあいながら、未来を切りひらこう」との共同宣言を発表した。

　主要 7 カ国首脳会議の G7 にあやかり、小文字の g7 とした取組は、今年が 3 回目。「小さな村でできる教育」をテーマに、音威子府村の外、福島県檜枝岐村・山梨県丹波山村・和歌山県北山村・岡山県新庄村・高知県大川村・熊本県五木村の村長や教育関係者らが意見交換した。

　各村からは、山村留学生の受け入れで、地域の子どもが苦手とする新しい人間関係づくりができること、小中学校の連携だけでなく、保育所もふくめた一貫した子育てのグランドデザインを作っていること、中学校のグラウンドの夜間開放で大人と子どもの交流が活発になり、子どもの活動の幅が広がった事例などが報告された。また、小さな村ならではの強みとして、「一人ひとりのニーズにあった教育ができる」等の指摘があった。

---

　7 つの村で取り組む教育の試みを聴いたが、それぞれの村で、学校と行政と

地域が一体となり、持てる力を発揮して教育の魅力化をすすめていた。

　初日は、開会式に続いて記念講演（藻谷浩介氏「小さな村にできること―里山から発信する教育―」）があり、スキーロッジでの夕食交流会のあと、宿泊地の天塩川温泉で首長懇談会（村長だけで語りあう会）が設定された。小さな村同士、共通の課題が山積している。率直に前向きに語りあい、これからの方向性や知恵がこの懇談会で実ることも多いと聞く。

　翌日は、午前中に公開シンポジウム（各村の教育実践を報告し合う「小さな試み発表会」）と講演会（石塚耕一氏「奇跡の学校―おと高の取り組み―」）、午後はパネルディスカッション（「小さな村でできる教育」）と共同宣言[7]、と盛りだくさんだ。閉会後、おといねっぷ美術工芸高校および寮の見学が用意されていた。こうした日程を通して、「小さな村でできる教育」をテーマに、多くの取り組みが語られた。そこでは、幼小中一貫教育、ICT 教育、外国語教育、山村留学制度等、地域と一体となった学校教育が展開され、あえていえば「へき地だからこそできる教育」が追究されていた。

　会場である音威子府には、村立おといねっぷ美術工芸高校（おと高）がある。人口 770 人の村に 120 人の高校生が学ぶ。教職員をふくめると、村民の 2 割がおと高関係者になる。音威子府は、教育を地域づくりの核にした村であり、今回のテーマとして教育がとりあげられた所以でもある。

　だが、そもそも村立高校とは、いかなる存在なのか。もともとは道立高校として設置されていたが、生徒数が減少し廃校が必至となった。だが、高校の廃校は村にとって多大な損失となる。そこで、音威子府村は北海道と連携し、村立として高校を存置する英断に踏みきった。美術工芸に特化した専門高校として全国から希望者をあつめ、村で生活する高校生のために魅力的な寮を完成させた。筆者も 2 回ほど見学したが、充実した施設設備、工夫されたカリキュラム、没頭する生徒たちの学び、適切な教師の指導を実感した。何よりも、玄関に並ぶ生徒たちの作品に圧倒された。

　おと高の実践で特徴的なことは、第 1 に、「ものづくりを通しての自分づくり」（おと高パンフより）をめざしていることである。主たるねらいが職業訓練でなく、匠とアートを糧とした市民育成であることに留意したい。第 2 に、特色を活かしたカリキュラムがくまれ、そのなかで札幌の大学との間で高大連

携教育を深化させている点である。第3に、グローバル化を意識した国際交流の推進である。家具デザインの先進国であるスウェーデンの高校との間で、交換留学をはじめとした交流を推進している。地域に支えられ、特色を活かし、外部との連携を強めることで「奇跡の学校」[8]を実現している。

　小さな村 g7 で拝聴した7つの村の教育は、それぞれに工夫が見られ、興味深いものであった。特に印象深かったとりくみが、高知県大川村と岡山県新庄村であった。そこで両村を訪れて、教育改革の詳細を取材することにした（2019年1月21〜24日）。以下、その概要を紹介する。

（2）「子ども予算」の創設と運用－高知県大川村

　大川村は、周囲を急峻な山に囲まれ、山の裾野を吉野川が流れる自然環境のなかに位置している。大自然にいだかれ、厳しくたくましく人々が生きている。

　村内の学校は一校、大川小・中学校である。2012年度よりコミュニティスクールとなり、学校運営協議会を核に、学校・保護者・地域がパートナーとなって、子どもの成長を支えるようになった。また、ICT 教育に力を入れ、児童生徒は、一人一台の端末をもち、授業のみならず、家庭学習でも活用している。

　大川村の教育改革の第1の特徴は、ふるさと留学制度の実践である。ふるさと留学は、山村留学制度のことで、1985 年に導入され、留学生の延べ人数は二百数十名にのぼる。少子高齢化が進むなか、村や教育の活性化をめざして制度化された。豊かな自然環境のなかで地域の児童生徒とともに学ぶことで、個性豊かな人間の育成をはかるものである。留学生の受け入れで複式学級の解消が可能となり、多様な人間関係の経験とともに思いやりのこころが醸成されてきた。卒業後も成人式には元留学生を招待し、大川村をふるさととして意識してもらうようにしている。留学生のなかには、帰村して就職した人もいる。

　第2は、子どもの自主活動への補助金制度である。コミュニティスクールへの進化の過程で、子どもたちのやりたいことや村民が子どもたちにとりくんでほしいことを一体的に可能にする補助金制度の必要性が自覚され、2012 年度より制度化された。子どもたちが提案し、その意義が承認されれば発動する財源（上限100万円）である。具体的には、次のような成果として実現している。

○総合学習で大川村のキャラクターづくりにとりくみ、そのアイディアが村長に承認されて公認キャラクター「太刀きん君」として活用されている。

○挨拶標語とその優秀作品を「あいさつ標語のぼり」にしてあいさつ運動に取り組む。

（例：「人見知り　あいさつすれば　顔見知り」「400 人　一つのチームだ　助け合おう」）

○毎年 5 月、小中学生が合同で海の自然体験活動を実施し、ふるさと留学生との交流による仲間づくりや中一ギャップの解消につながっている。

○修学旅行の費用補助（村で経験できない文化・社会・経済・自然体験を織り込むことが条件となっている）。

　第3は、「子ども予算枠」の検討である。子どもたちが地域課題とその改善策を探究する総合学習の成果を、可能な範囲で村の事業として予算化する配慮である。

　高知新聞は、「大川村が「子ども予算枠」－廃校舎活用、移住者と交流促進」と題して、村長の発表を掲載した[9]。大川小中学生が総合学習の成果を発表するなかで、決断したという。記事によると以下のようである。

　大川小中は小学生 12 人、中学生 16 人。総合学習で年 20 時間は小 3 〜中 3 生が一緒に取り組んでいる。今年は、「高齢者」「移住者」「歴史」「PR」をテーマに四つの縦割りグループに分かれて学習。昨年 11 月のイベントなどで村への提言を発表していた。

　内容は、「旧川口小の廃校舎活用策」「移住者と地域住民の交流促進」「暗い防災倉庫への照明設置」など。廃校舎活用策では、イラスト付きで屋上天然プラネタリウムの開設、五右衛門風呂設置などを提案している。

　15 日に学校を訪れた和田村長は「できることはすぐやりたい」と述べ、児童生徒と意見交換した。「もっとイベントをすればいい」との声に、「大人も手伝うので、皆さんも謝肉祭に匹敵するようなイベントをしてほしい」と要望。既存の「村を明るく豊かにする補助金」からアイディア実現の費用を出すとした。

　自主活動への補助金も「子ども予算枠」も、「おおかわ人」として子どもたちを鍛え、育成する本気に満ちた仕掛けといえる。子どもは「未来からの留学生」ともいわれるが、次代の担い手をたくましく育てるという指針がぶれない芯として存在し、そこを原点として地域との連携が文字通り深化している。

　大川村を訪問して感じたことは、青年たちが重要な役割を担っていることである。UターンやIターンした若者も有能な働き手として活躍している。こうした姿に、連綿として展開されてきた地域青年団の基盤を感じた。村の行政を担っている人々も、青年団の先輩に学びあこがれて成長してきた。

　1973年、村の反対を押し切ってすすめられた国策的ダム建設のため、村の旧中心部は水没した。その無念さをバネに、地域づくりの展望を模索し、「謝肉祭」をはじめ、さまざまな取組を発展させてきた。そうした業績が評価され、1986年、第1回龍馬賞が大川村青年団に贈られた。青年組織が、地域おこしの担い手として元気であることが、今後の展望をひらく分岐点であるように感じた。

（3）豊かな学びの放課後を－岡山県新庄村

　新庄村は、岡山県の西北端に位置する人口949人、380世帯、出雲街道の宿場町として発展した県境の地である。中心部を「がいせん桜」が飾り、「日本で最も美しい村」連盟に加盟し、「水源の森百選」・「かおり風景百選」・「残したい日本の音風景百選」にも選ばれた風光明媚な村である。

　新庄村の教育改革の基底には、教育合意の存在がある。その宣言的文書は、条例として制定された「新庄っ子「宝」憲章」（2002年3月）である。憲章のまえがきに、「「大人は、子どもたちにとって人生の師」としての模範的な生き方をし、子どもを宝と思える社会を目指し、たくましく心豊かな新庄っ子を育てるため、この憲章を定めます」とある。全4項目の最後は、「新庄っ子の可能性を開花さすために、あらゆる面での条件整備・環境づくりを支援します」と示されている。こうした合意を基盤として、以下にみる教育改革が可能になるのである。

　新庄村の教育改革の特徴の第1は、地域学校協働本部が組織され、学校教育の支援体制が構築されていることである。保育所－小学校－中学校をつなげた「くらしのめやす」がつくられ、教育委員会に常駐する地域教育コーディネー

ター（職員）が放課後子ども教室や学校支援ボランティアの調整をになっている。村の小学校中学校は同一敷地内にあり、小中一貫教育の質を高めている。

特筆すべきは、総合学習の実践である。小学校の「新庄ふるさと学習」が中学校の「ふるさと新庄学」へと発展的にデザインされている。ふるさと新庄学では、学年を超えた縦割り班学習も組織され、探究の成果は提案書として村議会に提出される。提案が支持され、予算化されることもある。

第2は、公営塾「沢塾」の設置である。教育委員会と同居している公民館の2階和室を活用し、小学生対象に平日の放課後、実施されている。通常の学習は学年ごとに日を決めて、月・火・木に展開され、水はCURIO SCHOOL（後述）、金は英会話教室（ALTが担当）となっている。地域教育コーディネーターが、指導を担当している。

第3は、CURIO SCHOOLの開設である。CURIO SCHOOLとは、東京に本部をおく株式会社の名称であり、「デザイン思考」を通して、考え行動する人を育てることを理念とする。毎週、本部のある東京から講師を招き、放課後、希望する子どもたちの学びをサポートしている。

訪問の際、CURIO SCHOOLの学びの様子を見学させていただいた（2019年1月23日）。レッスンは90分ずつ、まずは小学校低学年対象の「較べてみようプロジェクト」。溶液を使って、さまざまな液体の変化を引きだし、その不思議を追究していた。授業者の西山代表（子どもたちは親しみを込めて「ニッシー」と呼ぶ）は、テンポよくレッスンをすすめ、子どもたちもリラックスした雰囲気で対話をかさねていた。休憩の後、高学年対象の「アート推理プロジェクト」がつづく。幾枚かの写真を使って、気づいたことをだしあい、作品の意図や作品名を推理していった。高学年らしくやや落ち着いた雰囲気で、議論をすすめていた。プロジェクト学習を通して、当たり前を疑い、自分で仮説を立て、検証していく学習スタイルである。いずれも、通常の学校授業（教科書があり定期テストがある）とは質的に異なった時間や空間が紡がれている。

CURIO SCHOOL設置の契機は、「高1ショック」の存在である。中学まで慣れ親しんだ仲間関係で学び暮らしてきた子どもたちが、高校進学とともに村を出て、多様な高校生と出会う。そうした環境に適応できず、なかには不登校気味になってしまう生徒もあらわれ、村の教育を見直すきっかけになった。新

しい人間関係のなかでも、適切なコミュニケーションのとれる子どもを育てる。その趣旨から、考え行動する人を育てる CURIO SCHOOL の経験は、高一ショックをのりこえる力となる。豊かな学びの放課後を創造する選択肢として設置されたものである。とはいえ、CURIO SCHOOL の設置にはかなりの予算が見込まれる。行政や議会の承認を得ることは容易ではなかった。そこを後押しした制度が第三セクターの存在であった。

　2015 年、第三セクターとして発足した「株式会社まちづくり新庄村」は、村長が会長、民間企業の役員が招聘されて社長となり、日常業務は役場から出向した総括マネージャーがとり仕切っている。その役割は、「新庄村のまちづくりと地域活性化のため、様々な事業に取り組」むものである。定款には、都市計画関連の調査・企画をはじめ、テレワークの紹介、情報サービス、広報、企業支援、教育、福祉等各領域にわたる 25 の項目が挙げられている。企業理念は、「「村民一家族の村」となるまちづくりを進め、住民が安心してずっと住み続けたい村の形成を目指す」となっている。経営原則は３つ－①民と官が協力して「公益的なまちづくり事業」を推進、②収益は公益サービスに再投資、③参加と協働による事業推進－である。行政と連携したまちづくりの事業体であり、シンクタンクである。オフィスは、古民家を改造したコミュニティスペース「咲蔵屋（さくらや）」にあり、CURIO SCHOOL も、週一回、このスペースで開かれている。

　さいごに、新庄村成年団（略称：SJC・青年年齢をこえた会員にも開かれている）の存在にもふれておきたい。SJC は、地域のさまざまな行事にボランティアとして貢献している。特に、要請を受け、全国各地でヒメノモチの餅つき実演に取り組んでいる。4 人のつき手が交互に杵を打ち付け、一滴の水も差さないでつき上げるパフォーマンスに圧倒される。新庄村の広報効果、抜群である。SJC の矜持は補助金をもらわないこと。自律的に活動する青年（成年）組織である。「親世代を尊敬できないで、どうして村に戻ってきたりするだろうか」。懇親会の場で SJC のメンバーが語ったこのことばが忘れられない。村づくりのバトンが、確実に若い世代に引きつがれようとしていることを実感した。

　以上、小さな村 g7 に所属する２つの村の教育について具体的に紹介してき

た。それぞれに個性的だが、地域と教育の分厚い紐帯の存在、地域文脈の伝統と外部資源の活用、青年組織の活性化という点で、共通性を確認することができる。

（4）教育改革と村づくりの進展－山梨県丹波山村

　小さな村 g7 発祥の地、丹波山村のその後の展開を補足しよう。丹波山村は、村役場改築の時期ともかさなり村の未来像のデッサンが求められている。その一環として 2019 年度、「丹波山村教育ビジョン策定委員会」を組織し、各部門からの報告・村外視察・専門家による講義・各委員からの提言等をふまえて熟議し、報告書が作成された。『「人が輝く丹波山の教育」をめざして－「成り行きの未来」から「意志ある未来」へ－』と題した報告書は、①少子化と連動した学校教育の存続と充実、②人口減・高齢化と連動した社会教育の充実、③①②を推進する行政や地域のシステムの再構築という 3 点にわたってまとめられている。総論部分にあたる「丹波山の未来予想図－コンパクト・ビレッジ構想(創造的過疎)」を抄出してみよう。次のようである。

　　放置すれば、村の将来は、少子高齢化・人口減や産業基盤の衰退が深刻化します。そこで教育ビジョンをふくめ望ましい丹波山の未来を構想する際、「コンパクト・ビレッジ」という概念が参考になります。中山間地の地域づくり戦略として、小さな拠点(住民の活動交流や生活サービスの集約の場)と住民の活動組織を形成する構想です。役場建設という機会をとらえた丹波山村の地域づくりにおいても参考になる構想です。

　　村の具体にあてはめると、役場建設は、住民参加で未来をひらく行政拠点の形成で、全体構想の土台となります。行政拠点による最重要課題として、村の生活基盤(交通・情報通信・医療福祉)の形成があります。（中略）

　　こうした基盤整備の上に、①産業・雇用の拡大、②観光・交流・移住の促進、③子どもの学びと育ちをすすめる学校園拠点（「たば学園(仮称)」）、④住民の学びと成長をすすめる社会教育拠点（「たば住民交流センター(仮称)」）、という 4 つの重点課題が位置づきます。③が学校園教育、④が社会生涯教育で、あわせて「人が輝く丹波山

の教育」をめざす教育ビジョンの中核です。少子高齢化のなかで、学びつづける村民の姿勢が、地域活性化には重要です。少ない子どもをていねいにたくましく育てる学校教育とともに、学びを通して成長する村民(アクティブ・シニア)を組織する社会教育の拡充が焦眉の課題です。

　同委員会報告書は、当初、村民参加のフォーラム(2020年2月)での議論を経て調整し、完成版が作成される予定であった。だが、コロナ禍のために開催が困難になり、原案を微調整して当局に提出された。本文と短縮版が用意された(上記の引用部分は短縮版)。

　その後2020年度に入ると、2つの委員会が発足し活動することとなった。第1は、教育戦略検討委員会であり、第2は、学校運営協議会検討委員会である。前者が今後の教育のあり方を全体的に問い直すものであるのにたいして、後者はコミュニティスクールへの移行を前提にして、その具体を検討するものである。

　小さな村g7としてまかれた種は、7つの村の内外で多様な芽を出し発展しつつある。最近では、JR蒲田駅ビルのなかに小さな村g7の事務所とアンテナショップを構えている。

（5）内発的な改革の可能性と課題

　小さな村g7の各自治体で取り組まれている内発的な地域教育改革の構図は、図2のように示すことができる。

　まず第1は、基底としての地域教育改革の実践哲学が存在する。先述した2つの村についていえば、「おおかわっ子」育成、「新庄っ子宝憲章」の理念の存在が芯となる。地域全体で、教育合意の哲学が共有されている。こうした合意に立脚して、本気で次世代の担い手を育成する仕掛けが多様なかたちで用意される。第2は、状況分析である。子ども・学校・地域の現状を分析し、伸ばすべき特質、克服すべき課題、支援資源の存在を探る過程である。教育実践とは、上から提示された課題をこなすことではなく、地域や子どものリアルな状況に即してとりくまれ、改善の実をあげることである。その前提として不可欠な営

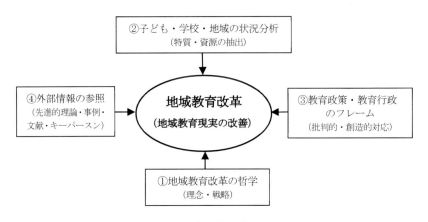

図2　地域教育改革の構図

為が状況分析に他ならない。第3は、行政（教育）制度（教育政策・教育行政の
フレーム）の活用である。教育行政の施策や文書を活用可能なポイントを中心
に洗い出し、所与の制度の可能性を広げることである。小さな村に関していえ
ば、教育に限定せず、地方創生、次世代育成、国土保全等多領域の制度の活用
が可能であり、また必要になる。第4に、外部情報の参照である。国内外の学
校との交流、専門機関や専門家へのアクセス、さまざまな先行知への参照等、
思考の幅をひろげ、とりくみの枠を柔軟にする。小さな村 g7 のつながり自体
が、参照可能な外部情報といえる。以上の 4 要因を有機的に結合するなかで、
課題を抱える地域教育の現実が、更新されていくのである。

　ところで、小さな村の教育について検討するなかで、改めて気づかされたこ
とがある。

　第1は、行政全般における「教育」の位置である。小さな村のそれぞれで、
教育はとりわけ重要な位置を占めていた。行政の1つのパーツというよりも全
体をリードする指針あるいは基盤となっていた。バトンをわたす次世代がしっ
かりと育たなければ、一時的に成功した改革であっても頓挫するからである。

　第2は、改革空間というサイズの問題である。極端な話だが、ポリスを基礎
にした古代ギリシャは、直接民主主義を原理とした。だが、代議制の古代ロー
マは、奴隷制と属州（植民地）支配を2つの支柱としてやがて帝国化した。顔
が見える範囲の限られた空間だからこそ、直接民主主義の可能性が開かれる。

小さいからこそできる改革がある。

　第3は、小さな村の抱える課題の普遍性である。小さな村の直面する課題は深刻である。多くの村では高校がない。高校進学とともに村外に下宿する[10]。将来的に人口減は深刻化する。子どもの数もへり、同時に地域の担い手も弱体化する。だが、こうした少子高齢化の問題は、やがて日本全体が直面する課題に他ならない。その意味で小さな村は課題の最先端地域であり、さきどりした実践の場なのである。島根県立隠岐島前高校の改革に際して語られてきた「最後尾から最先端へ、持続可能な社会への曳舟（タグボート）」[11]の位置にある。少ない子どもを地域の宝として手間ひまかけてたくましく育てあげ、未来の担い手としてバトンを託していく。そこに明日の考察の芯がある。

　グローバリズムの中で、「カネだけ！今だけ！自分だけ！」という風潮[12]が地球規模でふきあれている現在、社会的弱者や小さな力の集団は吹き飛ばされてしまいそうな勢いである。しかし、グローバル時代だからこそ、ローカルの豊かさが不可欠になる。そうした逆説を小さな村g7の試み[13]は示している。ブレイクスルーの可能性がそこにある。小さいからこそ変わることができる。こうした足元からの内発的な改革の芽に注目していきたい。

４．村づくりとへき地教育実践に学ぶ－体験型合宿のこころみ

　少子化社会への転換とともに、個別最適化教育の可能性と現実性が生まれている。この動向を生かすために、へき地・小規模教育研究の蓄積にまなび、同時に小さな村g7の教育改革のこころみを参照することがヒントとなる。こうした教育課題や参照軸は、今後の教員養成においても必要なことである。

　未来の教師である教職学生に、へき地・小規模校教育や小さな村の教育改革と出会わせたい。そうした視点から、2019年8月、武蔵大学教職課程のはじめての丹波山合宿が、2泊3日の日程で実施された。筆者としては、武蔵大学に赴任して以来、ながく思い続けてきた企画であり、念願が叶った合宿であった。以前、学習院大学の取り組みとして聞いた話であるが、夏休みに学生の自主的な取り組みとして教職課程合宿を実施し、本気で教員をめざす学生の強い動機づけとなっていた。キャリア実現のドリカム合宿として、機会があれば本学でも実施したいと願ってきた。その願いが実現したのであった。

なぜ、へき地教育なのか、なぜ丹波山村なのか。そうした事情については、行論の過程ですでにあきらかであろう。補足すれば、武蔵大学の教職課程草創期、へき地への教育実習に取り組んできた伝統がある。先述したように、山梨県丹波山村は、関東＋山梨で最も人口の少ない村であり、「ちいさな村 g 7 サミット」発祥の地である。丹波山村は多摩川源流に位置し、東京都民の水源地として貢献し、山梨県に属しているが東京都との経済的・文化的・人的交流が盛んである。ただ、歴史的には、武蔵と甲州の結節点として機能し、経済的社会的要所として繁栄し、伝統芸能や歴史的文化的遺産が蓄積されてきた。しかし近年、在村産業の撤退や人口減(かつ少子高齢化の進行)のなかで、経済的社会的危機に直面し、丹波山村の今後のあり方を模索する総合的な未来像が求められている。時あたかも村役場建て替えの時期と重なり、庁舎建設と連動して村づくりの戦略が必須となり、その不可分の一環として教育のあり方の検討も始まった。やがて全国的におとずれる少子高齢化の課題に、先行的に直面し、改革に取り組んでいる村である。

　合宿を通して、丹波小学校・丹波中学校訪問で、少ない子どもたちにていねいに対応する教育の様子を見ることができた。また、教育ビジョン策定委員会の審議参観をふまえ、本学の学生が丹波山の子どもたちと丹波山の明日を考えるワークショップをコーディネートした。また、白雉教育会(武蔵大学出身の教師たちを中心とした研究会)の先輩との懇談では、現場のエピソードが紹介され、先輩たちの頑張りとともに在校生へのエールが語られた。

　参加学生の感想の一部を紹介しよう。

①私が丹波小学校を見学して学んだことは、少人数での指導の難しさと、多様な子どもの存在である。私は今まで、少人数教育であるからこそ、自分のペースで学習を進めることができ、また学習内容を何度も繰り返して練習する時間を作ることができると考え、人数が少なければ少ないほど、少人数での学習が有効になると思っていた。
　　・・・しかし、1対1の授業が全て良いということではないと学んだ。いつも同じ教員や児童としか話さないということは、コミュニケーションを続けることが困難となり、初対面の人との交流が苦手である可能性があるとも言

える。・・・少人数ならではの教員の苦労があると思った。

②丹波中学校は、地元の祭りへの参加など地域との関わりが強く、地域の人にとっても身近に感じるコミュニティでした。そして"個"を大事にする教育を実施していました。中学校見学では、少人数ならではのメリットが見受けられました。例えば、理科の授業では机の形が少人数に適した形になっていることや人数が少ないため生徒は自分の意見を言いやすい状況にあることが読み取れました。また、教師も生徒との距離が近いため生徒の考えていることを読み取りやすく、教師の立場から見ると授業がしやすい環境にありました。

　私は1クラス40人で1学年8クラスあるようなマンモス校出身のため、少人数教育の経験がありません。しかし、今回の見学は少人数教育の現状と課題を考えるきっかけになったと思います。どのような学校に赴任することになるか分からないため、教育にも様々な種類と役割があることを考えながら、自分らしさを忘れずに教師を目指していきたいと思います。

③私は、今回、丹波山を訪れるまで山村留学の存在自体を知らなかった。山村留学は都会で生きづらさを感じた人々が自己発見できるので、とても良いことだと思った。特に子どもたちは自ら環境を変えることができないことが多い。そこで山村を選択し、都会がすべてではないということに気づかせてあげることが素晴らしいことだと思った。新しい人を地域に受け入れ地域を活性化する取り組みに丹波山村ならではの寛容さを感じた。都会では外来者を排除しようとし、いじめなどの問題もある。丹波山の考え方はもっと共有すべきだと思う。

ワークショップのファシリテーターをする大学生

④丹波山村の子どもたちと一緒にワークショップを行った。小学生は「丹波山村のどんなところが好きか」について、中学生は「10年後にどんな村になっていてほしいか」

というテーマについて考えた。私たち大学生もいくつかの班に分かれてファシリテーターをした。…小学生も自分たちの村について好きなところをたくさん挙げられていてとてもすてきだと思ったが、中学生はさらに今後どうなってほしいかそれぞれがちゃんと考えられていたと思う。…ファシリテーターをやるということで最初は不安だったが、子どもたちと交流するのは楽しかった。そして私にとってすごくよい経験になったし、学ぶことがたくさんあった。

　こうした受け止めを見ると、へき地小規模校ならではの学びが綴られていることがわかる。

　コロナ禍のなか、2020-21年度の教職課程合宿はいずれも中止となった。今後継続が可能であれば、教職課程以外の学生にも参加を呼びかけ、丹波山村を拠点とした「たばやま ECO セミナー(仮称)」という体験型学修機会を構想したい。「ECO」の含意は、次の3つのキーワードにある。①Education　へき地・少規模学校体験、②eCology　農業・山林体験、③Outdoor　野外活動(登山・シャワークライミング・民俗考証・狩猟者懇談等)である。教職・自然科学・身体科学の教員を核として、全学に提供するフィールドワークとなれば、特色あるあたらしいタイプの実践として、学生の学修機会を広げることとなる。その際、当面は、課外活動として展開するが、実績と要件が整い次第、単位化を模索することもできる。多くは今後の課題であるが、教職課程の未来像を具体化する足場が、へき地・小規模校教育研究や小さな村の教育改革のなかに用意されているように感じている。

【注】

1)　広井良典『人口減少社会のデザイン』東洋経済 2019 p.40.

2)　川前あゆみ・玉井康之・二宮信一編著『豊かな心を育むへき地・小規模校教育－少子化時代の学校の可能性』学事出版 2019 pp.13-14.

3)　川前あゆみ『教育養成におけるへき地教育プログラムの研究』学事出版 2015 p.78、および川前あゆみ「へき地教育プログラムの全体構造と目指す教育効果」『日本学習社会学会年報』12号 pp.34-38.による。

4）　へき地・小規模校教育研究センター「令和元年度へき地校体験学習ⅡⅢ事後アンケート（令和 2 年 2 月 25 日現在)」.

5）　ジョン・デューイによると、教育には直接的教育作用と間接的教育作用がある。前者は教え込むこと・詰め込むこと、後者は学習環境との相互作用を仕組むことである。そして、「伝達しようとする所信を金槌でたたき込むわけにはゆかない。必要な態度を白亜のように塗りつけることはできない」(『民主主義と教育』帆足理一郎訳、春秋社、1959、p.13)というたとえを引き、後者こそ本来の教育であると示唆している。

6）　朝日新聞 2018 月 5 月 27 日道内版。

7）　第 3 回小さな村 g7 サミット（2018）の共同宣言は、次のようである。

　全国を 7 ブロックに分け、人口の一番少ない村が集まった「小さな村 g7 サミット」。これまで三回にわたり開催し、7 つの村すべてで人口減少という共通の課題が見えてきた。私たちの村は、それぞれ 100 年を超える歴史を持ち、先人の努力に敬意を表し、多くの期待に応えながら、永久に明るく元気な村づくりを行っていくことが求められている。現状の困難に立ち向かうため、7 つの村がお互いを知り、情報を交換する中から共有化し、相互に知恵を出し合いながら協力することで、未来を切り開かなければならない。ここに目的を共有した村が集い、その魅力を広く発信・発展していくことを、北海道音威子府にて宣言する。2018 年 5 月 26 日（土）

8）　石塚耕一『奇跡の学校－おといねっぷの森から』光村図書 2010.

9）　高知新聞 2019 年 1 月 21 日

10）　音威子府村（おと高）と五木村（県立人吉高校五木分校）以外は、村内に高校がない。g7 に限らず、中山間地や離島では高校進学問題が大きな壁になっている。だが、近年通信制の N 高が躍進しているように、在村のまま進学が可能な形態が開発されれば、そのハードルも低くなる。通信制高校に進学することで、在村高校生が出現し、村に居住しながら後期中等教育の選択肢を用意することが可能となるからである。

11）　山内道雄・岩本悠・田中輝美『未来を変えた島の学校』岩波書店 2015.　p.89.

12) グローバル資本主義の暴力的影響は、私たちが生きる環境の危機を増幅している。まず第1に、地球温暖化の進行とそれにともなう気候変動の影響は、異常気象の発現となって世界をおおっている。その兆候ははやくも1970年代に現れている。国連人間環境会議(1972ストックホルム)と石油ショック(1973第1次、1979第2次)の時代である。産業革命以来の資本主義的生産様式は、大量生産－大量消費社会を実現し、生産力の飛躍的な上昇をもたらした。だがそうした生産は、地球資源の乱開発(過剰開発)や廃棄物の放出を前提にしたものである。廃棄物の放棄が限界に達し成長の限界が自覚されたのが前者であり、資源収奪にたいする資源ナショナリズムの発動が後者であった。それから半世紀、地球環境の危機はさらに加速している。ちなみに、人類の使用した化石燃料の半分が冷戦終了後の30年間に費やされたという。ソ連崩壊後、アメリカ型の新自由主義が世界を席巻した結果である(齋藤幸平『人新世の「資本論」』集英社新書 p.39)。

第2に、環境劣化は自然のみならず、人間の生活環境にも現れている。地球規模の格差社会化である。宇宙開発や軍事開発が急進する対極で貧困死や過労死が絶えないという矛盾。世界の富豪トップ26人の資産総額は39億人の資産に匹敵するといわれる(斉藤耕平『100分で名著　資本論』NHKテキスト 2021 p.6)。

かつてケインズは、生産力の上昇により労働時間は短くなり、2030年には週15時間ほどになるだろうと予測した(1930「孫世代の経済的可能性」)。ケインズの慧眼がその通りならなかったのは、ブルシット・ジョブ(bullshit jobs)が蔓延したからだと、グレーバーは指摘する(デヴィット・グレーバー『ブルシット・ジョブ』岩波書店 2020)。ブルシット・ジョブとは「クソどうでもいい仕事」と訳されているが、むだで無意味の仕事を指している。社会のためになる職業ほど待遇が悪く、ブルシット・ジョブには高給が維持される。コロナ禍のなか、現実がそれを実証している。地球環境も労働環境も、このまま放置すれば取り返しのつかない転換点をむかえているのである。

13) 「g7サミット」の発想はヒットである。近すぎる村はライバルになりかねないが、共通の課題を抱えた遠い小村は、励まし合い、知恵を出し合う同志となりうる。また、g7であるから、7年間は毎年サミットを重ねる。諸事激変の現在、7年持続の持つ意味は大きい。3年目において、すでに少なくない成果を生み出している。

［付記］　本稿は、以下の既発表論文を整理し一体化したものである。

・「小さな村の教育改革」『教職課程研究年報』33 号、武蔵大学教職課程 2019 年

・「念願だったドリカム合宿」『教職課程研究年報』34 号、武蔵大学教職課程 2020 年

・「へき地・小規模校教育の可能性と課題」『教職課程研究年報』35 号、武蔵大学教
　職課程 2021 年

第5章　地域との協働・連携による高校魅力化

中村　怜詞

1．はじめに

　近年学校と地域が協働的に教育活動に取り組む事例が増加している。島根県立隠岐島前高等学校（以下島前高校）に端を発した「教育魅力化」の波が徐々に日本各地に広がっている。全国各地の中学生を自校に呼び込む「地域未来留学」を導入する高校も徐々に増加しており、定員割れが常態化している地方の公立高校に新しい息吹を吹き込んでいる。島前高校のように生徒の増加からクラス数の増加やそれに伴う教職員の増加にまで転じた例はほとんどないが、それでも生徒数が増加したことで廃校の危機を免れるなど、大きな成果を挙げている例もある。このようなうねりを受けて、都道府県の教育委員会の中には小規模校の教育改革に可能性を見出して、学校統廃合の基準を緩めたり、教育委員会内で学校統廃合を管轄していた部署が教育魅力化を目指した学校改革を担当したりするようになるなど、その影響は教育委員会の在り方にまで及んでいる。「教育魅力化」という概念は全国に広がり、市民権を得た言葉になってきているが、その一方で、教育魅力化の定義は定まっておらず、その意味するところは曖昧なままである。そのため、教育魅力化を目指す一部の地域では、魅力化を「行政から支援を受けること」「全国から留学生を呼び込むこと」「地域課題解決型の探究学習をすること」など、島前高校が取り組んでいたことの一部を切り取って理解しているケースも見られる。行政からの支援や全国からの留学生などは確かに魅力化を推進する上での大きな要素であるが、あくまで目的を達成するための手段である。それがいつの間にか、行政との連携体制をつくることや、全国から留学生を呼び込むことが目的化した事例が散見されるようになった。

　島留学や地域学など、島前高校が魅力化黎明期に立ち上げた教育プログラムには、島前高校が魅力化を立ち上げた時に描いたヴィジョンが色濃く反映されている。地域学は度重なるカリキュラム改革の中で現在は消失しており、何を

114

目指したどのような科目であったのか、徐々に忘れられ始めている。地域学の目指した学びやそれを支えた教員集団の試行錯誤の記録を残しておくことは、今後地域と協働した教育魅力化を推進する学校や組織にとって意義があると考える。地域学については前著[1]でも扱ったが、その時は生徒支援の在り方や成果報告に多くの紙面を割いており、地域学の目的、プログラム内容、運営方法などの全体像を伝えることは出来なかった。本稿では、島前高校魅力化の中で描かれたヴィジョンを達成するために設置され、取り組まれた「地域学」に焦点を当てて、その全体像を描き出す。

２．地域の課題を解決する地域学
（１）地域学の設置
　島前高校では、魅力化に着手するにあたり、まず教育目標の策定から始めた。子どもたちにどのような力をつけていきたいのか、教員、保護者、地域住民、OB・OG、教育委員会職員、公営塾のスタッフなど多様なステークホルダーや、生徒自身からも意見を吸い上げ、教育目標に落とし込んだ。島前地域には高等教育機関が存在しないため、高校卒業と同時にほとんどの生徒が島を出る。高校卒業までに自立的に生きていく力を獲得することが望まれているのである。一方で、高校卒業までに壁を乗り越える経験をすることが出来ない生徒が複数いたり、保育園から中学校まで友人関係に大きな変化がないものも多くおり、課題を設定して達成したり、新たな人間関係を一から形成していくような力の不足を招いた。ある小学校教諭によると、高校卒業と同時に島を出た生徒たちが小学校に遊びに来てくれた際、「先生、友達ってどうやって作るんですか？島を出てから困ってます。」と相談された事例もある。このような子どもたちの抱える課題だけでなく、地域住民の抱えていた課題も受け止めた。島前地域では少子高齢化がかなり進んでおり、地域の担い手不足に陥っているなど、島の持続可能性に課題を抱えていた。地域住民は地域の課題を自分事として捉え、自ら進んで課題解決に挑戦する進取の精神を育ててほしいと願っていた。
　島前高校では、このような背景も踏まえて「地域起業家精神」「社会人基礎力」「多文化協働力」などを育てたい力として設定し、それらの力を育てるための教育活動を設計した。こうして開発されたのが「島留学」「地域学」「夢探

究（総合的な学習の時間）」であった。島留学は多文化協働力の育成に主眼を置いたプログラムであったが、夢探究や、本稿で取り上げる地域学は、3つの力を総合的に発達させることを目的とした。

（2）地域学の原理

　まず、地域学で達成を目指す教育目標である。島前高校が掲げたヴィジョンは「魅力化構想」としてまとめられ、育てたい資質やその学び方が示された。「地域起業家精神」は地域の課題に当事者意識をもって取り組んでいく姿勢と位置づけた。「社会人基礎力」は社会で自立していくために必要な基礎力として主体性、課題発見解決力、柔軟性、ストレスコントロール力、コミュニケーション能力などと位置付けた。最後に「多文化協働力」は自他の文化に敬意と関心を持ち、理解・共生・協働する態度と位置付けた。

　次に地域学で取り組む内容と方法である。上述した資質・能力を育むために、地域学では地域社会をフィールドとして、実際に地域に横たわる課題を解決する実践的な学びが採用された。実際に足を運べる範囲にある地域課題に関わり、解決に向けて取り組んだり、地域で課題に取り組んでいる人と協働することを通して、地域課題に対する当事者意識を育んでいくことが期待されたからである。

　地域学では地域課題に対する解決提案で終わるのではなく、小さくても良いから実践をすることを生徒に求めた。実際に課題の解決に向けて、地域課題の背景に横たわる問題を生み出している構造を明らかにしたり、問題に対する解決策を立案してチームで協働的に実現するプロセスの中で、社会人基礎力や多文化協働力に位置付けられる多様な資質・能力を育むことが出来ると考えたためである。

（3）地域学の1年の流れ

　地域学は2学年の地域創造コース選択者全員が受講する学校設定科目であった[2]。3単位で実施し、科目開講当初は1学期に地域課題について知るための講義、2学期に課題設定と解決策の立案、3学期に実践と効果検証をし、成果報告レポートにまとめるという構成とした。このような構成としたのは、

生徒と地域課題の距離感を感じていたからである。島前高校の生徒は地元出身の生徒が半分、島外から島留学で入学した生徒が半分で構成されている。島外から来た生徒にとっては、島の課題は触れたこともない遠い世界のことである。そして、島出身の生徒たちにとっても、手を伸ばせば届く距離にあるはずの地元の課題は、直接かかわり、当事者意識を持てる対象になっていないことがほとんどであった。そのため、まずは生徒と島の抱える課題を出会わせることが重要であると考え、1学期には「自然と地理」「産業、経済、観光、定住、雇用」「歴史、文化」「福祉、教育」という4つのテーマに島の課題を整理して、地域の方を招いて授業をしていただいたり、教員が課題を調査して授業をしたりした。そして、島の課題に関する講義が終わったタイミングで、生徒たちに取り組みたい課題を選択させ、2学期以降の課題解決実践に繋げた。

　2学期は課題の設定と解決策の立案をするが、これまで課題解決実践をしたことがない生徒に見通しを持たせるために、最終成果報告会で発表を求める項目リストを配布した（表1）。ただ、リストは配布してもどのようなスケジュールで進めていくのかを決めるのは生徒たちである。やるべきことを意識しつつ、いつまでに何をすれば間に合わせていくことが出来るのか考え、調整していく力を養ってほしいと考えたためである。

　これらの項目の中で、特に生徒にその意義を伝えたのは「地域のニーズを踏まえた実践にすること」と「提案したことを実践すること」であった。地域のニーズにこだわったのは、独りよがりの提案や実践に終わって欲しくなかったためである。実践を全員に課すと、実践をすること自体が目的となり、地域の課題解決を本質的にすることよりも、いかに労力を小さくして実践をしたことに出来るかに意識が向くチームも出る。しかし、実

表1　地域学の実践項目リスト

課題の設定
課題を選んだ理由
課題の背景
地域のニーズ
解決提案
提案のメリット、デメリット
実践計画
実践結果評価

践をした結果、誰も喜ぶことがなく、誰のためにもならなかった場合、生徒は実践を通して自分が地域社会に貢献できるという手ごたえを感じることが出

来ない。島前高校がそもそも実践にこだわったのは、無責任な提案者で終わるのではなく、小さくても良いから自分の考えたアイディアを実現させ、周囲の環境・状況を少しでも良く出来たという体験をしてもらうためである。そのような体験により、自己効力感を獲得し、次の挑戦に向かう意欲を引き出すのが一番の目的である。

（４）地域との協働

　地域学は地域住民の協力なくしては実現しない科目であった。地域住民には大きく４つの役割で関わっていただいた。１つ目は課題の提示者である。島には多種多様な課題がある。その課題に最前線で対応している地域住民を招いて講義をしてもらう。２つ目は調査への協力者である。地域学のような地域課題解決型の探究学習では、課題の背景分析をするための調査や、課題への解決策を考えるための地域住民のニーズ調査など、何度もフィールドに出て調査をする必要がある。その際に地域住民にはインタビューやアンケートなどの調査に協力いただき、データを集める。３つ目は、課題解決実践の協力者である。課題解決のために何か実践しようとしても、高校生だけでは実現出来ることに限界がある。自分たちのアイディアを実現させるためには地域の大人をいかに巻き込むことが出来るかも重要な要素である。４つ目は最終成果報告会におけるフィードバックの実施者である。生徒たちは１年間取り組んできた活動の成果を最後に全校生徒、教職員、地域の方たちに発表する。この目的は２つある。１つは生徒たちにとって活動の緊張感や責任感を持ってもらうためである。地域住民と関わらず、身内だけで発表会などをすれば、生徒にとっては安心安全な学習環境になる。しかし、活動に関わってくれた（巻き込まれてくれた）多くの地域住民を前に発表することで、生徒たちは自分たちの活動が多くの人との関りの中で創り上げられてきたことを実感し、地域住民の称賛・期待・怒り・落胆など様々な感情を宿す瞳にさらされることで、地域社会の中で活動することの生々しい緊張感を味わうことが出来る。２つ目は、客観的な評価を受ける機会を作ることで、地域住民の大切にしている価値を共有するためである。生徒たちが取り組んだ実践に対して、地域住民の反応は様々である。活動の中で光るところを探し出して、ポジティブなフィードバックをもらうこともあれば、

表層的な取り組みに対しては辛辣な意見をもらうこともある。いずれにせよ、地域住民の率直な評価に触れることで、地域住民が高校生に何を期待しているのか、地域住民が日々の生活の中で大切にしている精神文化が何かなどを学ぶ機会となる。

３．生徒の活動を支援する

　地域学に実際に取り組むと、いくつもの壁にあたった。その都度試行錯誤しながら対応策を考えることの繰り返しで、「解決できた」と胸を張れるものは１つもない。それでも、５年間地域課題解決型の探究学習に取り組む中で、授業運営上の課題に対する「処方箋」は創り出してきたので、共有したい。

（１）生徒の主体性

　島前高校の生徒は半分が地元地域出身者で、半分が島外生である。授業開始時では、地元の生徒は身近な課題の解決に当事者意識を高く持ち、島外生は当事者意識や主体性がやや低いのではないかと考えていた。しかし、実際は両者に差は見られなかった。地元の生徒も主体的に取り組める課題もあればそうでない課題もあり、そもそも地域課題解決に取り組むこと自体に意欲を持てない生徒もいた。反対に、地元の課題と何ら関わりを持たない島外生の中にも地域課題解決に意欲的なものは多数いた。島外生にとっては地域の課題は自分に直接関わりのあるものでは無かったが、なぜ意欲が高いのか生徒たちに聞くと、「都会では学べないような学びや体験がしたくて島前高校に来た」「地域の方たちと関わりながら学びたいと思って入学した」などと答えられた。つまり、地域の問題が自分事であるという当事者意識があるわけではないが、課題解決型の学びに取り組むことや地域住民と協働的に取り組むことに意義や価値を見出しており、それが学ぶ意欲を引き出していた。

　実際に地域学が始まると、主体的に活動に取り組むチームとそうでないチームに分かれていった。活動当初からあまり主体的に取り組むことが出来ていないチームもあったが、一方で、活動当初は主体的に取り組めていたものの、時間を追うごとに主体性が下がっていき、目に見えて気力を失っていくチームもあった。これらのチームに何が起きていたのか、聞き取りをした。まず、最初

から主体性を発揮出来ていなかったチームは「自分たちの取り組みたい課題ではないから」とのことだった。当初、地域学の課題設定は①自然・地理、②産業、経済、観光、定住、雇用、③歴史、文化、④福祉、教育の4つのテーマから第3希望までを選択することとしており、生徒の希望状況を見て教員が取り組む課題がバランスよくなるように差配した。また、西ノ島町、海士町、知夫村の島前3町村の中のどの地域をフィールドにして取り組むのかも教員が差配してどこか1つの地域に偏らないようにしていた。これは、地域と共に学ぶ島前高校として、特定の地域や課題に偏るのではなく、全ての地域や課題に広く取り組むことで、地域の多様な住民と関わりと作って欲しいとの願いからであった。しかし、第1希望のテーマに割り当てられなかった生徒たちはその時点で意欲を失い、結果的に探究的な学びを進めていくことが困難になった。

　次に、活動の途中から主体性が下がったチームと活動を続ける中で主体性を継続させたり、向上させたりしたチームの差は何であったのかである。これについては、何を自分たちがすべきなのか明確になり、自分たちがどう活動していけば良いのかの見通しが持てているチームが主体性を維持・向上させていた。では、チームが自分たちの今後取り組むべきことを明確に出来、見通しを持つことができていたのかどうかは何に左右されていたのか。これには2つの要因があった。1つは教員によるファシリテーションである。各チームには担当の教員がついており、生徒たちの活動に対して伴走した。教員とチームの相性が良く、教員からの問いかけによって自分たちの考えを整理出来たり、今後取り組むべきことを言語化出来たりしたチームは進んでいった。もう1つは地域課題に最前線で対応している地域住民と早い段階でコンタクトをとったチームである。地域住民から問題の背景や地域住民のニーズについて学んだ生徒たちはその後の活動で見通しを持ちやすく、問題と直接関わっている住民と対話する中で当事者意識も高めていた。「当事者意識の高い人と接触することで自分の中の当事者性が触発され、「自分ごと」の意識が高ま

図1　地域の課題と生徒の接続

る」3)という報告もあり、生徒たちは、地域住民を介して問題と繋がっていったのである。

（2）教員の伴走

　1年間の課題解決学習に取り組む生徒たちは常に山あり谷ありの中におり、度々活動は停滞した。そんな時、教員が果たした主な役割は問いかけることである。生徒の活動に対してあれこれ指示を出すのではなく、「今どこで躓いているのか」「なぜこのような状況になっているのか」「目指すゴールはどこなのか」など、問いかけ、生徒たちの考えを整理し、生徒自身が次にとるべき行動を考えることが出来るように支援した。しかし、この支援方法には2つの課題があった。1つは、教員のファシリテーション技術のバラつきである。これまで、ファシリテーションという言葉すら聞いたことがなかった教員たちにとって、指導せずに伴走するのは経験がなく、どのようなタイミングでどんな問いを出せば良いのか苦労した。また、生徒と教員の相性もあり、生徒との信頼関係を構築するのに苦労している教員もいた。2つ目は、教員の責任感である。各チームに1人の担当教員をつけると、教員はそのチームの浮沈を自分の責任であると捉え、生徒の活動が停滞すると、つい指導や指示を出してしまうことがあった。

　これらの問題に対応するために、毎年地域学がスタートする4月当初に担当教員でミーティングを行い、教員の役割や生徒との関わり方を確認したり、ファシリテーション研修などを実施した。しかし、ファシリテーションの技術など、一朝一夕に身につくものでは無く、チームの担当教員は自分が担当しているチームへの責任感から過度な干渉をしそうになることも多々あった。そこで、筆者が地域学を担当して3年目からは2〜3チームに2〜3人の教員を担当者としてつけることとした。1人1人の過度な責任感を軽減するのと同時に、生徒と教員の相性の良し悪しの問題をなるべく顕在化させないためである。この体制は問題の解決にはつながったが、1チームに1人の担当教員が付いていた時に見られたような爆発的な推進力を見せるチームは見られなくなっていった。複数教員で複数チームを見るという体制により、教員の当事者意識がやや低下したことや、それに付随して教員と生徒たちとのエンゲージメントが

弱くなったことなどが原因として考えられた。

　地域学は 2016 年度から地域生活学に変わり、1 年生、2 年生の学年全員が参加する学びとなった。生徒に対する伴走体制は、学年の全 15 チームを教職員 10 人で見るという体制とした。そして、生徒たちには①相談したいことがあった時に相談したい先生をつかまえること、②あくまで学ぶ主体は生徒であり、教職員の役割は伴走者であることを伝え、こちらから生徒に働きかけるというより、生徒が必要に応じて教員にコンタクトをとる形態にした。

　このようにしたのは、生徒主体の活動であることを教職員、生徒ともに意識するためである。学年の全教職員で学年の全生徒チームを見るような緩い関わり方にすることで、生徒が自分たちで考え、判断して必要な時に必要な支援を要請出来る力を育成することを目指した。この体制にしたことで、生徒たちの自立心は向上し、自分たちで考え、行動できるグループは増えたが、一方で自分たちではなかなか動くことが出来ないチームも複数あり、教員の中には当事者意識が衰えたために授業に来なくなるものも出た。

　そこで、生徒が相談しやすい環境を作ることと、教員に役割を与える 2 つの目的から、教室の後方に生徒の相談に応答するためのコンサルティングブースを設置し、週替わりで 3 人の教員を配置した。コンサルティングブースにいつ、どの教員が配置されるのかの計画は生徒にあらかじめ示した。コンサルティングブースに座って生徒の相談に応じる教員は週替わりで入れ替わるため、生徒は自分たちが相談しやすい教員を選択することが出来る。このようにして生徒が動きやすい環境や相談しやすい環境を徐々に整備した。

（3）評価
　地域学が始まった当初は、総括的な評価を学期に 1 度行っていた。1 学期は地域の課題を知る期間と位置づけ、地域の課題に関するペーパーテストを、2 学期は地域の課題やその背景分析、課題解決実践計画などをプレゼンテーションで評価した。3 学期はこれまで取り組んだ一年間の探究学習の成果をレポートにまとめさせ、評価した。評価は点数化し、評定をつけていた。しかし、2 年間このような評価を実施する中で違和感が大きくなっていった。今自分たちが行っている評価は、果たして実態に即したものになっているのか、育てたい

力を評価することに繋がっているのかと。育てたい力は他者と協働する力であったり、地域の課題に向き合い粘り強く取り組む力などであったが、評価は必ずしもそれらの力を捉えていなかった。また、チーム活動の中でチームに貢献し、課題解決実践において大きな成果を出したチームのメンバーであっても、ペーパーテストやプレゼンテーションによる評価では、あまり良い評価にならないこともあり、評定をつけながら違和感を持っていた。そこで、3 年目からは自己評価やチーム内でのペア評価を中心とし、評定をやめた。もともと地域学は学校設定科目であったため、評定をつける必要はなかった。しかし、これまでの教員キャリアで担当している科目に対して評定をつけるのは「当たり前」であるという固定概念を持ってしまっており、地域学の担当教員のうち複数名が違和感を持ちながらもなかなか評定をやめるということを言い出せないでいた。

　3 年目から評定をやめ、生徒の自己評価やペア評価に切り替えるにあたり、評価基準を作るためにルーブリックを開発した。開発にあたっては、京都大学の山田剛史先生にもご助言をいただいた。初めてルーブリックなどを用いて評価をした 3 年目は、毎時間の振り返りに加えて、月に 1 時間リフレクションタイムを設け、個人評価やチーム評価を行った上で相互に強み、貢献、課題などをフィードバックした。この評価方法は年度当初こそ良かったものの、月を追うごとにリフレクションタイムに対する生徒のモチベーションが下がっていき、生徒に意義や価値を伝えつつ、リフレクションタイムを継続した。しかし、9 月になるころには「また 1 時間のリフレクションタイム・・・」と、生徒からため息まで漏れる状態になった。リフレクションタイムを実施することが目的になっているような状況で、自分たちの状況を客観的に捉えた上で、より良い状況を創り出すための次の一歩を検討するというような、リフレクションの目的をとても達成出来ていなかった。

　この反省を活かし、4 年目からは毎時間の終わりに個人とチームの状況に対して短時間で対話形式のリフレクションを実施し、ワークシートにその日の学びや自身の振り返りを簡単に記述する形式にした。振り返りを書かせる前には教員からその日の活動を見ていて気になったことなど、全体へのフィードバックを実施し、教員側が育てたい資質や、大切にしている価値などを生徒たちと

共有し、生徒たちの振り返りの際に意識してもらった。4年目はチームの対話量やチーム内で議論しあえる関係性の構築など、チームや生徒の成長が徐々に感じられるようになった。

　評価には負担がかかる。ルーブリックを使用する場合には、開発に労力がかかる上に、運用にもエネルギーを要する。生徒に自己評価させるとしても、評価を実施し次の目標を設定するなどのことを丁寧にしていこうとすれば、相応の時間を確保する必要がある。3年目は、これらの負担を度外視して、チームの評価も個人の評価も実施し、チーム内で互いの評価を共有した上でチームや個人の次の目標を設定するところまで徹底して行ったために、生徒も教員も疲弊してしまい、かえって効果を下げた。4年目はルーブリックを簡素化し、項目を絞ったほか、ルーブリックを用いての評価は学期に1回として、生徒と教員双方にとっての負担感を軽減した。ルーブリックを用いた評価は負担が問題となるが、3年目はまさにその罠にはまった時期であった。

4．カリキュラム設計で意図したこと
（1）生徒と地域を接続する
　島前地域出身の生徒たちは地域の大人と繋がりを持っており、日常の挨拶だけでなく、ちょっとした対話をすることなどが当たり前に出来ていた。一方で、島外生は島前地域との繋がりは有しておらず、地域との繋がりは一から積み上げていかねばならない状態であった。そこで島前高校では、生徒と地域の接続を4つのステップで進めることにした。4つのステップとは、1．地域に入り様々な体験をし（in）、2．地域の魅力や課題、どのような人がいるのかについて知り（about）、3．地域のために考え、行動し（for）、4．地域住民と協働して地域に貢献する（with）、というものである。地域学は2年生になってから始まる科目であるため、総合的な学習の時間（以下、総学）と接続し、地域学で地域課題解決学習に入るための準備を1年生の総学の中で実施した。総学では、入学時から最初の数か月間は島体験を行い、遠足などの学校行事とも接続しながら生徒が地域の多様な場所に足を運び、地域住民と関わる期間とした。夏休みの課題は「今までに体験したことのない島体験を3つしてくること」を課し、どのような体験をしてくるかは生徒たちに委ねた。漁師の孫の女子生徒

は生まれて初めて祖父の漁について行き、漁を体験したと報告してくれた。日露戦争時のロシア兵墓地など、島にあることは知っていたものの、訪れたことがない場所を訪れた生徒もいた。

　1年生の総学では、2学期に地域の方たちを複数招き、地域にある魅力や課題について話していただいたり、地域の課題に対して自分たち大人がどのように試行錯誤して対応し続けているのかを語っていただいたりした。そうして、自分たちの周囲にいる大人たちが課題の最前線で対応し続けているからこそ、島の生活が成り立っていることを知り、大人同士が繋がり協働することで課題解決に日々取り組んでいることを知る機会とした。その後、生徒たちには島の魅力を活用して島の課題を解決するソーシャルビジネスプランを考えてもらい、ビジネスプランコンテストを開催して地域の方たちの前でプレゼンテーションを行った。

　2学期に行ったビジネスプランコンテストなどは、地域学の実践に向けた、いわば「練習試合」である。チームで協働して地域課題の背景を分析したり、課題解決提案を練り上げたりと、地域学で取り組む課題解決と同じようなプロセスを学ぶのである。ただし、異なる点が3つある。1つは、1年次の総学はあくまで提案ベースであり、地域学で求めるような実践までを求めるものではない。2つ目は、ビジネスプラン「コンテスト」のようにゲーム性を持たせていることである。チームで協働したり、アイディアを出し合い形にしたりする活動を行う機会を作り、チームで協働する面白さやより良いアイディアにブラッシュアップしていくことの面白さを体感してもらうことが目的である。3つ目は、地域の方に来ていただき、生徒が自ら動かなくても地域の方との接点を持てる機会を設けたことである。地域学では自ら地域に赴いて、地域の方たちの課題やその背景を調査したり、地域の方たちがどのようなニーズを持っているのか調査したりする。その際、どの地域にどんな人が住んでいるのかや、地域の課題に対してどのような人たちが向き合い対応しているのかを知っていることで、生徒たちが地域に出ていきやすくすることが目的である。

　このようにして、1年次では生徒と地域を接続する4つのステップのうち、地域に入り（in）、地域について知り（about）、地域のために考え提案する（for）、という3つのステップまでを時間をかけて進んでいった。

（2）資質・能力を育む体験的な学び

　ここまで述べてきた教育活動に共通しているのは体験的な学びを重視しているということである。実際に地域の方たちと関わったり、チームで協働したり、互いのアイディアを出し合いながら創発的な活動をしたりと、教育目標に設定した力を実際に発揮できる機会や場面をカリキュラムの中で段階的につくり続けていった。

　地域と生徒を接続することと同じかそれ以上に力を入れたのが、生徒同士が対話し、協働する機会を作ることだった。地域学で優れた取り組みを見せるチームに共通していたのは、例外なく協働的な関係をメンバー同士で築けていることであった。ダニエル・キムの成功循環モデルにあるように、関係性の向上はチームの思考、行動、結果の質に貢献するのである。

　自分の思いや大切にしたいことと、チームメンバーや地域住民の思いや大切にしたいことを、どちらも実現出来るように動いたり、自分の置かれた状況を理解した上で、自分の果たすべき役割を自覚して行動出来たりするような力は一朝一夕でつくものではない。課題を発見したり、解決するためには、地域住民の声に耳を傾けたり、先入観を排して多様な意見を取り入れ検討していく必要がある。また、単なる批評家でなく、自分たちの描いた課題解決プランを実現するためには、地域住民と良好な関係を築き、実践の支援者として巻き込んでいかねばならない。自分のチームで協働する力がなければ、限られた時間の中で課題の背景調査、分析、解決策の立案、ブラッシュアップなどをしていくことは出来ない。課題解決力を発揮するためには、チームで協働する力や地域住民と関係と築き、応援を取り付ける「愛され力」のようなものが前提になる。こうした多様な主体で協働する多文化協働力は、人と人との関りの中で育つ。そのため、地域学ではチーム活動とし、1チーム4〜5人で構成した。チームメンバーには男女、島内生、島外生がそれぞれ1人以上配置されるようにし、多様性が担保された環境で活動出来るように配慮した。

　実際に卒業生に対する追跡調査の結果によると、島前高校の生徒は3年間、地域と繋がり学ぶ中で「困難なことでもチャレンジできる」、「自分は他者や地域に貢献できると感じた」などの自己効力感や社会効力感に関する項目や、創

造力、リーダーシップ、協働力、人間関係形成力、異文化受容力に関する調査項目において、発達が見られたという報告もある[4]。

　人間の知性や学びは領域固有のものであり、状況や文脈に強く依存する。高度な知性を有していても、知性を獲得した状況や文脈と切り離された場面では、簡単に転移しない。そのため、資質・能力を育もうとすれば、学びをオーセンティックなものとし、生徒たちの日常や生活に紐づけられた状況や文脈に学びを埋め込むことが重要となる[5]。また、他者と協働して困難に挑むような、いわゆる非認知能力は学習者自身が伸ばしたいと願い、取り組んでいくことで発達していくものである[6]。地域学は、自分たちが生活する地域社会の身近な問題に取り組み、自分たちがその問題に直接取り組んでいく学びであった。地域社会から切り離された教室空間でなく、実際に社会に出てから問題解決を図る場面で必要な力を、地域社会の生々しい場面で発揮しながら学ぶことが出来ていたと考えられる。また、毎回の授業や学期に 1 回の目標設定や振り返りの中で、自分が伸ばしたい力や教員が地域学を通して発達させてほしいと願っている資質・能力を確認し続けていた。これらの学習環境が生徒の資質・能力を発達させたものと考えられる。

5．カリキュラムを動かす教員チームを創る

（1）カリキュラムの理念と教員の教育観のズレ

　島前高校では、地域学という科目を開発し、生徒が地域課題解決に取り組む実践的な学びをカリキュラムの中に埋め込んだ。しかし、開発した科目が意図していた通りに動いていくかは別問題である。教員はカリキュラムのゲートキーパーとしての役割を持っており[7]、カリキュラムの理念が体現され、目標が達成されるかどうかは、カリキュラムを運用する教員の教育観に依るところが大きい。地域学の理念では、生徒が主体的に探究活動することで多様な人と協働する力や課題を発見・解決していく力の育成を目指していた。一方で、赴任してくる教員は自身の被教育経験や大規模進学校などでの勤務を通して培ってきた、「教員が教え導く」教育観を持っていることが多く、カリキュラムと教員の教育観がズレていたのである。

　2016 年度以降は情報、家庭科、保健、総合的な学習の時間を融合させた「地

域生活学」を設置し、地域課題解決学習を学年団全員で推進することになった。1年生、2年生の全教職員が関わることとなり、教員間で理念を共有してチームを形成する必要がこれまで以上に強くなった。カリキュラムと教員の指導観にズレがあることが、生徒たちの学習環境に影響を及ぼしたからである。例えば、夢探究（総合的な学習の時間）、地域学、地域生活学では、生徒主体の学びを基本としており、教員は伴走的な役割が求められた。しかし、複数の教員が伴走的な役割とはそもそもどのように生徒に関わることなのか分からず困惑し、生徒主体の学びと聞いて、生徒に関わることが出来なくなり、生徒のチーム活動が停滞していても「放置」状態となっているケースも見られた。生徒が地域に出て活動した際に、地域住民から活動の手順やマナーなどのことで批判されることが時々あった。批判の連絡をされると、教員集団の中には生徒が自由に地域に出ていくことに違和感を覚え、「外出届」のようなものを作成して、チームで地域に行く際には複数教員による活動目的などの確認と許可を事前にとるべきであると主張するものもいた。生徒が積極的に地域に出ていくことは喜ばしいことである反面、ある程度の管理・統制も必要であるとする考えであり、説得力のある意見であった。

　指導をすべきなのか、支援をすべきなのかという葛藤や、生徒が自分たちで考え、判断して自由に行動することを尊重すべきか、それともある程度の管理と統制をすべきなのかという考えは、一方が正しく、もう一方が誤った考えというわけではないため、しばしば二項対立を招いた。この時、組織で互いの意見を発信して対話が出来る環境であれば二項対立は対話の中で折り合いをつけ着地することが出来るが、職場の環境が和を重んじるあまり対立を歓迎しなかったり、どちらか声の大きいものが所属するグループに流されてしまったりする状況では、自分たちの意見を表に出せずに違和感を持ったものたちが、不満の種火をくすぶらせ続けている状況になった。

（2）チームを形成する対話の場
　上述のような課題を抱えていたため、島前高校では週に1コマ（50分）、地域生活学の打ち合わせを学年団全員でする時間を設け、時間割の中に埋め込んだ。それまでは、対話の必要が生じた際に、学年主任などの声掛けで会議の場

を設置してきたが、学年の教職員全員が揃うことはほぼ無く、放課後は部活動指導や AO、推薦入試支援など、多くの業務があり、急な会議を企画されると参集するのにストレスを伴った。時間割に埋め込んでおけば、各自見通しを持って時間を調整できるほか、会議で何を話し合うべきかなど計画しやすいという利点もあった。

　地域課題解決学習に関するシラバスはキャリア教育部が開発し、キャリア教育部から 1 年、2 年の学年会それぞれに、キャリア教育主任、コーディネーター、キャリア教育部所属の担任が参加した。こうして、カリキュラムの理念に理解を持つ教職員が各学年会に 3 人ずつ入る格好となり、教職員同士の対話の起点や生徒にカリキュラムを届ける中心的な役割を担った。

　毎回の会議では、①生徒たちの状況共有、②次回の授業の目的と内容の決定、③生徒の状況に応じた支援方法などについて話し合った。授業のたたき台はシラバスをもとに学年の探究学習担当者が作成し、全員でそれについて議論した。その中で、そもそも何のために次回の授業を実施するのかという目的や、目的を達成するためにどのように支援すべきなのかを議論し、互いの認識を擦り合わせていった。新しく赴任したばかりの「新人」は、年度当初は周辺的な参画の仕方になるが、自分の考えを述べて採用されたり、授業における役割を担ったりする中で徐々に中核的な参画の仕方になっていった。毎週の打ち合わせは、各教員に正統的周辺参加[8]を促していたと考えられる。

　毎週の打ち合わせ会は大きく 2 つの意義を持っていた。1 つは教育観のすり合わせによるチームの形成である。互いの考えをテーブルに出し、支援方法を考えていく中で「指導と支援はどう違うのか」「生徒主体と放置はどう違うのか」「ファシリテーターとしてチームの活動を支援する適切なタイミングや方法とは何か」などの問いについて学年団全員で考え、対話することで、各自の教育観を揺さぶり、カリキュラムの理念を理解し、受け入れていった。打ち合わせの場で議論が終わらない時は昼食の時間や職員室での日常的な対話の中でも互いの疑問点や気になっていることを共有し、確認していった。

　2 つ目の意義は教育活動の持続可能性向上である。島前高校では毎年およそ 3 分の 1 の教員が入れ替わった。日本海に浮かぶ島前地域は本土から約 60 キロ離れており、フェリーで 3 時間以上の道のりである。希望して赴任する教員

は殆どおらず、赴任してきた教員の多くが3〜4年で本土に帰ってしまう。このような状況では、1人2人の教員とコミュニケーションを密にとって理念を共有し、実践を重ねたとしても、キーパーソンに成長した教員が異動することで瓦解してしまう。しかし、対話の時間を時間割に組み込み、学年団単位で巻き込む仕組みと、キャリア教育部が組織的に関わる体制をしくことで、学校の教職員の3分の2が地域課題解決学習に関わり、探究学習を支える教員が時間をかけて育つようになっていった。

（3）コーディネーターと教員のアンラーニング

　教育活動を担う1人1人の教員は自身の教育実践や被教育経験の中で教育観を形成してきており、長い年月をかけて形成されてきた教育観はそう簡単に変化しない。また、教員組織にも長い年月をかけて培われてきた文化があり、各学校が持つ教員文化は慣性を有しており簡単には変化しない[9]。そうした中で、1人1人の教員の持っている教育観を揺さぶり、教育活動のリフレーミングを促したのはコーディネーターとの対話であった。

　コーディネーターは教育現場に長らく身を置いたものが有している「教員文化」のようなものは持っておらず、ある種「異端」な存在であった。あるコーディネーターは着任して早々、多くの教員が中間考査の試験問題を夜中まで作成していることに疑問を持ち、「中間考査ってそもそも何のために実施するのですか？やめたらいけないのですか？」と尋ねて回った。そして、ほとんど教員がこの問いに答えられなかったことに驚いていた。彼からすると、これだけ夜中まで残って懸命に取り組んでいる問題作成に目的を持っておらず、問題を作ること自体が目的化している状況が衝撃的だったのである。一方、教員からすると、中間考査をするのはいわば「当たり前」のことであり、そもそも何のために中間考査を実施するのか考えたことがないものが大半であった。この例のように、教員にとっては「当たり前」で、その教育活動の目的や意義を立ち止まって考える機会のなかったことについて、1つ1つ素朴な疑問を投げかけられることで、教員は内省を促されていった。このように、教員とコーディネーターの教育観のズレについて、対話する機会が日常的にあったことで、教員が持つ「普通はこうするもの」、「〜すべき」という固定概念は徐々に揺さぶられ

ていった。

6．地域との協働がもたらしたもの

（1）多様な地域住民との関わりによる生徒の人格形成

　島前高校に入学した生徒に「なぜ島前高校に入学したのか」を問うと、多様な答えが返ってくるが、多くの生徒が「環境を変えてリセットしたかった」「人間関係をリセットして新しいチャレンジがしたかった」と答えた。生徒自身、関わる人たちを変えることで、別の自分を「発見」する可能性に気付いていたのであろう。生徒が大きく変貌した例は枚挙に暇がない。不登校だった生徒が皆勤で通学出来るようになったり、引っ込み思案だった生徒がプレゼン大会で優勝したり、保護者からも驚きの声を聴くことはしばしばあった。生徒は目の前の相手によって顔を使い分ける。友達に見せる顔、先生に見せる顔、親に見せる顔、どれも異なっていてどれも本当の顔である。島前高校に入学し、多くの地域住民や全国から集まった生徒たちと関わる中で、これまで表に出てこなかった多様な自分が表に出てきたということである。

　人は自分ひとりで自己を形成することが出来ない。他者と関わり、自分の行動を意味づけられる中で自己の輪郭が縁どられていく。多様な人と関わり、多様な顔を表に出すことが出来た生徒は、安定した自己を形成することが出来る。反対に、非常に限られた人間関係の中で育った生徒は、特定の顔しか表に出すことが出来ず、意味づけられる自己が偏るために、不安定な存在になる[10]。以前は地域の自治会や子供会の活動が活発で、地域社会の中で多様な人と関わる機会が日常的にあった。それが急速に失われている現在では、教育活動の中で多様な他者と関わる機会があること自体に価値があるのである。クラスの人間関係にとどまらず、地域住民を交えた豊かな人間関係を形成していくことは、バランスの取れた人格形成につながるのである。

（2）地域住民にとっての意義と価値

　島前高校が高校魅力化に取り組んでいることを地域住民はどのように見ていたのだろうか。このことについて大野（2016）は住民ら36人にインタビューして内容を報告している[11]。大野によると、住民の意識は5つに整理され、①

高校生と触れ合うことに対する純粋な喜び、②高校魅力化への関心の増大、③地域が学習対象になることへの驚き、④高校魅力化や高校生の姿に刺激を受けて、自らも地域のために取り組んでいきたいという意識、⑤多くのIターンや島留学生ら外部刺激が魅力化を支えている現状に対する寂しさや悔しさ、に分類された。

　島前地域は集落によっては高齢化率が5割に達するところもあり、子どもの数は減り続けてきた。そのような中で、①は純粋に高校生たちと触れ合えることや、自分に出番や役割が与えられたことに対する喜びと考えられる。地方に行くと、よく住民から「ここには何もない」と言われる。無論謙遜もあるだろうが、小田切（2009）が指摘するように誇りの空洞化が起きている感も否めない[12]。そうした中にあって全国から多数の島留学生が訪れ、島前地域全体をキャンパスとして学び、地域住民に教えを請い、地域そのものを教材として学ぶ姿を目の当たりにすることは、③のように驚きを生むと同時に、誇りの空洞化を逆転させる要因にもなっているのではないだろうか。自分たちでは地域の魅力を発見出来なくても、多くの若者が集まってくるという事実そのものから、その地域が愛され、求められていることを認識し、地域の魅力の「再発見」を住民自身がすることにも繋がっていると考えられる。そして、自分たちの地域への誇りの回復が④のような自分たちの地域への主体的な関わりに結び付いているのではないかと考えられる。

7．おわりに

　地域と協働して実現する教育は奇麗なことばかりではない。地域との連絡・調整に時間はとられるし、同僚の理解が得られないこともある。生徒が地域に出て様々な活動に挑戦していくと、「失敗」して地域から批判をされることもある。教育魅力化とは、学校と地域が主体的、対話的、探究的により良い教育の在り方を描き、協働的に実現させていく運動である。そのため、学校と地域によって描くヴィジョンも異なれば、実現に向かうプロセスも異なる。他地域のモデルをそのまま取り入れることは難しい。その場その場で試行錯誤をしながら少しずつ前に進んでいくほかない。ただ、進んでいく中でぶつかる壁はどの学校や地域も似ている。探究学習では学校によってそれぞれ異なる課題に取

り組むが、生じる問題はどこも「生徒の主体性をどう引き出すか」「課題設定をどうするか」「どのように生徒を支援、伴走するか」など、似たようなものになるのと同じである。魅力化は大人の探究活動である。壁にぶつかり、試行錯誤したプロセスには共通点があり、参考になるところも多い。本章では、地域学の全体像を描く中で、奇麗な部分だけを描こうとせず、なるべく実際にぶつかった壁や困難と、それに対する試行錯誤の記録を記した。本稿がゴールのない魅力化という運動に取り組む教員や地域にとって小さな燈になってくれれば幸いである。

【注】

1) 地域・教育魅力化プラットフォーム編 (2019)『地域協働による高校魅力化ガイド』岩波書店
2) 現在はコース制もなくなり、地域学という教科もなくなっており、地域課題解決型の学習は総合的な探究の時間に取り組んでいる。
3) 樋田有一郎 (2015)「高校生の当事者性を育てる―地域型授業のモデル化をめぐって―」青少年問題研究会『青少年問題』第660号、42-47
4) 中村怜詞 (2018)「地域連携型教育プログラムは地域創造精神や課題発見解決力の育成に有効か―卒業生アンケートに見る成果と課題―」島根大学教育学部付属教育支援センター研究紀要『島根大学教育臨床総合研究』Vol.17、105-124
5) 奈須正裕 (2017)『資質・能力と学びのメカニズム』東洋館出版社
6) 中山芳一 (2020)『家庭、学校、職場で生かせる！非認知能力を伸ばすコツ』東京書籍
7) スティーブン・J・ソーントン (著)、渡部竜也、山田秀和、田中伸(訳) (2012)『教員のゲートキーピング』春風社
8) ジーン・レーヴ、エティエンヌ・ウェンガー (1993)『状況に埋め込まれた学習　正統的周辺参加』産業図書
9) 淵上克義 (2005)『学校組織の心理学』日本文化科学社
10) 肥後功一 (2003)『通じ合うことの心理臨床』同成社
11) 大野公寛 (2016)「島前地域における「高校魅力化」と地域社会の新たな展開の構造」第30回自治体学会当日資料集

12) 小田切徳美（2009）「「誇りの空洞化」で衰退する日本の農山村」『北陸の視座』Vol.22
http://www2.hokurikutei.or.jp/lib/shiza/shiza09/vol22/topic2/

第6章　多文化教師教育の展開と展望
—多様性と社会正義を志向する教師教育に向けて—

森茂　岳雄

はじめに

　今日のグローバル化、情報化等の社会変化に伴って、学校教育においてこれらの変化に対応できる資質・能力の育成に向けた学びの重要性が叫ばれるとともに、このような新しい学びを支える教師教育改革が求められている。中央教育審議会の教員の資質能力向上特別部会は、「教職生活の全体を通じた教員の資質能力の総合的な向上方策について（答申）」（平成24年8月）において、これからの教員に求められ資質・能力として、グローバル化や情報化等の新たな課題に対応できる高度な専門知識をあげ、教員養成の改革の方向性の中に、特定分野に関し、実践の積み重ねによる更なる探究により、高い専門性を身に付けたことを証明する「専門免許状(仮称)」の創設を提案した。その特定の分野に、特別支援教育や情報教育と並んで外国人児童生徒教育が位置づけられた。

　また、今日の日本社会の多文化化によって急増している外国人児童生徒等の教育対応について審議するために設けられた外国人児童生徒等の教育の充実に関する有識者会議は、「外国人児童生徒等の教育の充実について（報告）」（令和2年3月）の中で、教員養成の問題に触れ、「現在の大学における教員養成課程では、外国人児童生徒等の教育に関する内容は各地域の実状に応じて取り扱われている。しかし、今後全国的に外国人児童生徒の増加が予想されるため、各大学の教員養成課程における外国人児童生徒等の教育に関する内容の取扱いについてより一層の充実を望む声もある」とし、「教師等の指導力の向上、支援環境の改善」の実現に向けて取り組む課題の1つとして、「教員養成課程における外国人児童生徒等に関する内容の位置付け」をあげた。このように、近年の日本社会の多文化化の進展の中で、ようやく外国人児童生徒の教育を担う教員の養成の充実が叫ばれるようになってきている。

　一方アメリカ合衆国（以下、「アメリカ」と略）では、1970年代以降の民族

人口動態の急速な多様化を受けて、多様な文化集団に属する人びとの構造的な平等と集団間の共存・共生の実現をめざす「多文化教育」と、その教師教育における展開である「多文化教師教育（Multicultural Teacher Education）」という考え方が成立した。そこで、本章では、アメリカの「多文化教師教育」の展開と課題の検討を通して、多文化化が進行する日本の教師教育への示唆について論ずる。

1．アメリカにおける民族人口動態の変化と多文化教師教育の成立

　アメリカでは、出身国別割当制度の廃止を盛り込んだ 1965 年の修正移民法によって、アメリカへの移民の出身地域はヨーロッパ中心からアジア、ラテンアメリカ中心へと大きく転換した。アジア、ラテンアメリカからの非ヨーロッパ系の移民が増大するにつれ、アメリカの民族構成は 1970 年代以降急速に多様性を増した。このような民族人口動態の変化に連動して、学齢期の児童生徒の民族的人口構成も変化してきている。

　全米教育統計センター（National Center for Educational Statistics、以下 NCES と略）の統計によれば、1972 年に公立学校に在籍する児童生徒の 78％が白人、22％が有色系であったが、1998 年には、その比率は白人 63％、有色系 37％になった（Villegas & Lucas, 2002：3）。また、最近の統計では、2009 年に 54％であった白人の公立学校在籍者は、2017 年には 47％と半数を切り、反対に有色系が 47％から 53％と増加している。近年特に目立つのは、ヒスパニックの児童生徒の増加である（NCES, 2021：12）。

　ここで問題なのは、これら急増するヒスパニック系、アジア系の児童生徒の多くが、家庭では英語以外の言語を話すいわゆる英語力が限定されている児童生徒（Limited English Proficient Students）であり、その増加が学校にさまざまなインパクトを与えていることである。

　一方、公立学校における教師の民族別人口構成は、1995-96 年度において、白人 90.7％、有色系 9.3％で、2015-16 年度においても白人 80％、有色系 20％と、児童生徒の構成比に比べ圧倒的に白人系が多くなっている（Villegas & Lucas, 2002: 17-18, NCES, 2019: 10）。また同様に 2018 年度の時点でも、大学の教育学部で教員の免許を取得した学生の 75％が白人であった（AACTE,

2018)。これら多数を占める白人教師の多くは、英語一ヶ国語だけの使用者であり、多様な文化的・言語的背景をもつ児童生徒の教育要求に対応できる教師の養成が、教師教育の大きな課題になった。

　このような社会的背景を踏まえ、これまで多文化教師教育推進の動きが多方面からなされてきた。その 1 つが、教師教育に関係する諸機関による多文化教師教育に関する調査や指針づくり、スタンダードづくりであり、もう 1 つは州レベルにおける多文化教師教育政策 1)の推進である。次節以下では、1970 年代以降の多民族化の進展の中で、アメリカにおいて多文化教師教育の重要性がいかに認識され、具対的にどのような取り組みがなされてきたかを、教師教育に関係する諸機関の動きを中心に紹介する。

2．アメリカ教師教育大学協会（AACTE）による多文化教育の指針づくり

　多文化教師教育の重要性は、アメリカの民族構成が急速に多様化を増す 1970 年代に認識されるようになった。初等・中等学校の教員養成プログラムを持つ大学が加盟する最大の組織であるアメリカ教師教育大学協会（American Association of Colleges for Teacher Education、以下 AACTE と略、現在加盟約 800 校）は、1970 年、協会内部に「多文化教育に関する委員会」（Commission on Multicultural Education）を設け、1972 年にはその委員会によって多文化教育に関する声明を発表した。そのよく知られた声明のタイトルは「1 つのモデルでないアメリカ人」（No One Model American）で、このタイトルに多文化教育の基本的考え方が象徴的に現れている。声明の冒頭には次のように述べている。

　　多文化教育は、文化多元主義に価値をおく教育である。（中略）多文化教育は、文化的多様性をアメリカ社会における生活の一つの事実として認識する。そして、この文化的多様性は保護され拡大されるべき価値ある資源であると断言する。多文化教育は文化多元主義を保護し、高めていくよう努力すべきであると断言する。（AACTE Commission on Multicultural Education, 1973）

この声明は、教師教育における多文化教育の重要性を主張した最初の声明であり、その後この声明の実現に向けて大学やその他の教師教育諸機関において取り組みが開始されることになる。1975 年には、AACTE の中に教師が多文化的な環境の中でより効果的に機能できるようにするための政策、活動、プログラムの開発を支援する「教師教育のための民族遺産センター」（Ethnic Heritage Center for Teacher Education）が設置された（Gollnick, Klassen, & Yff, 1976: 162）。同センターは、1965 年の初等・中等教育法第 9 条の「民族遺産学習プログラム」による連邦基金のサポートを受けて、教員養成大学や関係機関のための多文化教育プログラムの設計や実施の支援、教師教育における多文化教育教育の実施のためのストラテジーの開発などに取り組んだ（Klassen & Gollnick, 1977: ⅵ）。

　また 1979 年には、多文化教育に関する委員会によって、AACTE 加盟の 786 校に対して、教員養成に関わる大学における多文化教育の実施状況（カリキュラム内容、教員や学生の人種・民族構成、多文化教育を学ぶためのリソース等々）についての調査[2]が行われた。その調査結果をもとに、同委員会は具体的な多文化教師教育の実施指針（Guidelines for Implementation）を策定した。ここには、多文化教師教育実施のためのカリキュラムの設計や管理、プログラムを担う教職員の資質や育成、多様な学生の確保と支援、教師教育プログラムのための施設・設備や教材、プログラムの内部評価や卒業評価等々の全般に渡って具体的な指針が示された（AACTE Commission on Multicultural Education, 1980）（表 1 ）。

表 1　多文化教師教育の実施指針（下位項目は省略）

1. 0	**教師教育プログラムの管理**：教師教育プログラム内のすべての管理政策、手続き、実践は、多文化的教授・学習を保証する環境を反映しなければならない。
2. 0	**教師養成教育プログラムのカリキュラム**：教師養成教育プログラムのカリキュラムは、学生たちが自分たちのエスニック背景、性別、年齢、社会経済的レベル、あるいは特異能力にかかわらずすべての学生達と効果的にかかわり、また多文化的な視点から教えることのできるよう養成されなければならない。
2. 1	**多文化教育を反映するカリキュラムの設計**：多文化的内容や経験が教師養成教育プログラムのカリキュラムの中に統合されなければならない。
2. 2	**教師養成教育カリキュラムのための一般教養の構成要素**：一般教養の構成要素は、学生

に文化的多様性についての知識基盤、及びその文化的多様性がいかに歴史的及び現代的視点から我々の社会にいかに影響を受けてきたかについての知識基盤を発達させる機会を提供しなければならない。

2.3 **教師養成カリキュラムのための専門教科の構成要素**：専門教科の構成要素は、学生が適切な教授方略や建設的な教室環境を展開するための文化的多様性の意味を理解するための経験を含まなければならない。

3.0 **教師教育プログラムの教職員**：教師教育のための教職員は、多文化社会で有効に働きうる教師を養成するのに十分な資質がなければならない。

3.1 **教職員の資質と有用性**：教師教育のための教職員は、多文化教育に関する諸能力をもたなければならないし、可能なら異なる文化背景からの人を含まなければならない。

3.2 **学校にかかわる教職員**：多文化教育の点で専門的な知識や技能をもった教職員は、その機関で役に立つ領域において学校のための資源として役立たなければならない。

3.3 **教職員開発のための諸条件**：各機関は、多文化教育におけるイノベーションを開発、調査、実行するように教職員を助長しなければならない。

3.4 **非常勤教職員**：非常勤教職員は、多文化的教授・学習のための環境を豊かにし、支持してくれるような多文化的な経験と背景をもった人を含まなければならない。

4.0 **教師教育プログラムの中の学生**：教師教育政策は、(1)文化的に多様な学生の新規採用と確保、及び(2)文化的に多様な社会で働く学生の養成を助長するように立案されなければならない。

4.1 **学生の資格認定**：教師教育のための資格認定政策は、文化的に多様な学生の人口を促進し、多文化教育のための知識基盤や技能と関係した基礎必修科目を設定しなければならない。

4.2 **学生の確保**：学生の保確政策は、有能な教育者になるためにこのようなサービスを必要とするすべての学生に学問の支援システムを提供しなければならない。

4.3 **学生のための指導と助言**：カウンセラーやアドバイザーは、学生を効果的に援助するために学生の文化的差異に敏感でなければならない。

5.0 **教師教育プログラムのための資源・設備**：教師教育プログラムのための資源・設備は、アメリカ社会の文化的に多様な本質の理解と正しい認識の発達を援助しなければならない。

5.1 **図書館と教材・教授メディアセンター**：図書館及び教材・教授メディアセンターは、社会の文化的多様性を的確に反映している資料を所蔵しなければならない。

6.0 **教師教育プログラム内部の評価、総括、計画**：教師教育の実施単位は、その多文化教育の趣旨を評価したり、改善したりするための継続した組織的な評価計画をもたなければならない。

6.1 **卒業評価**：卒業評価は、教師教育プログラムにおいて多文化教育として提供された内容や経験の適切性を検討しなければならない。

6.2 **プログラム改善のための評価結果の利用**：学生、教職員、指導教官、学校管理者によるプログラム評価の結果は、教師教育プログラムにおける多文化教育の趣旨を改善するために利用されなければならない。

(出典：AACTE Commission on Multicultural Education, 1980)

3．全米教師教育資格認定協議会（NCATE）による多文化教師教育のスタンダードづくり

　AATCE の「実施指針」の策定と同時期、高等教育機関における教員養成プログラムの「適格認定（accreditation）」を行なっている全米教師教育適格認定協議会（National Council for Accreditation of Teacher Education、以下 NCATE と略）は、大学の教員養成のプログラムがいかに多文化教育に注意を向けているかを組織的に検討するために、大学における教師教育の認可基準ともいうべき「教育学部・学科の認可のための専門スタンダード」の中に多文化教育に関するスタンダードの導入の検討を開始した。そして 1979 年 1 月からその「専門スタンダード（Professional Standards）」に初めて多文化教育に関するスタンダードを新設し、専門教育プログラムの認可を受けようと申請している大学のカリキュラムの中に多文化教育が設置されている証拠を示すよう要求した。1981 年には、このスタンダードに従って会員大学の教員養成のカリキュラムの中に多文化教育を入れるよう要求した。多文化教育に関するスタンダードは、「カリキュラム設計」の下位項目に設定された。スタンダードの本文は次のようなものである。

2.1.1. 多文化教育

　（前略）教師教育プログラムの中に多文化教育の教授のための規定が策定されなければならない。多文化教育は、コース、セミナー、自主的な読書、実験室及び臨床経験、実習、その他の種類のフィールド経験の形式の中で配慮されなければならない。

　多文化教育は、次のような諸経験を含むが、それだけに限らない。(1)参加民主主義、人種差別と性差別、権力の均衡といった諸問題に対峙する分析に関して評価能力を促進するような経験、(2)価値の明示的、暗示的な伝達の研究を含む価値の明確化の技能を発達させる経験、(3)多様な文化の力学と教授ストラテジー開発がもつ影響を検証する経験、(4)適切な教授ストラテジーの開発の基礎として言語学的多様性と多様な学習スタイルを検討する経験。

スタンダード：諸機関は一般科目、専門科目両方の内容を含む教師教育のカリキュラムの中に多文化教育を提供している。

（出典：NCATE, 1982: 14）

　しかし、スタンダードに多文化教育が設定されたとはいえ、当時NCATEの加盟大学すべてにおいて、そのプログラムの中に多文化教育や文化的多様性に関する内容や具体的取り組みが十分に組み入れられている訳ではなかった。例えば、1988年から1993年の学期を対象にNCATEが行なったスタンダード審査によれば、少なくとも最小限のレベルでカリキュラムの中に多文化教育を設置している大学が80%強、文化的に多様な人々との十分なフィールド経験を提供している大学が75%、文化的に多様な学生を受け入れている大学が60%強、教職員が十分に多様性を確保している大学に至っては40%と、調査時においては必ずしも十分なものとはいえなかった[3]。

　本スタンダードは教職に関する最新の実践、研究の成果を反映させるために約5年ごとに改訂されている。本スタンダードは、1990年代後半からの学校教育における各教科のスタンダードの確立やアカウンタビリティの重視等の背景を反映して、2000年にパフォーマンスを基盤にした基準に全面改訂された。そこでは、学校現場における多様性の増加を反映して、六つのスタンダードの1つに「多様性（Diversity）」が設定され、その中に①カリキュラムと経験のデザイン・実施・評価、②多様な教職員と共に働く経験、③多様な教師志願者と共に働く経験、④P-12学年の多様な児童生徒と共に働く経験の4つの内容が挙げられた。このスタンダードは、2008年版においても踏襲されている（NCATE, 2008 : 34-37）。

4．多文化社会に求められる教師の資質・能力

　それでは、多文化状況の中で教える教師には、どのような資質・能力が求められるか。グラント（Grant, C. A.）とジレット（Gillette, M.）は、多文化社会ですべての生徒に効果的に教えることのできる教師を「多文化教育者（Multicultural Educator）」と呼び、多文化教育者に必要とされる資質・能力について次のような点を挙げている（Grant & Gillette, 2006）。

・すべての生徒は高いレベルで目標に到達できると期待している。
・教室での学習ための決定的に重要なプロセスは、協同と学習共同体によるものであると信じている。

- 家族やコミュニティがすべての生徒の成功の重要な貢献者であることを知って、それらと明確で意味のあるつながりを築いている。
- 多様な学習者のニーズに合った多様な教授ストラテジーを知って、活用している。
- すべての生徒の経験を高めるために、個々の生徒が教授と学習のプロセスにもたらす経験、文化的背景及び知識を活用している。
- どのようにしたら自己の実践を改善できるか、またどのようにしたら教室から偏見を排除できるかについて絶えず深く反省している。

　また、ハウ（Howe, W. A.）とリーシ（Lisi, P. L.）は、伝統的なアプローチを取る教師と多文化教育者である教師の資質・能力を、知識基盤、技能のレパートリー、個人的資質の３つの視点に分けて比較している（表２）。
　以上のような多文化教育者に求められる資質や能力を育成するために、教師教育のプログラムに何が必要か。スミス（Smith, G. P.）は、大学卒業後の1960年代初期に、高校でメキシコ系アメリカ人、アフリカ系アメリカ人や貧困の白人生徒を教えた経験から、自身が当時大学で学んだ「知識基盤（knowledge bases）」が文化的・言語的に多様な生徒を教えるのに十分対応できていなかったことを痛感し、教師教育プログラムにおける「多様性のための知識基盤」の重要性を指摘し、その概念化と統合を試みた。
　スミスは、教師教育者には「万能主義者（genericists）」と「多文化主義者（multiculturalists）」がいると述べ、これまでのほとんどの教師教育者は万能主義者であると述べている。彼らは、文化的・言語的に多様な背景を持つ生徒を教えるのに、これまで教員養成機関で伝統的に提供されてきた知識基盤以外に特別な知識やスキルは必要ないと信じている教師教育者のことである。そのため彼らが計画し提供する教師教育のプログラムは、非白人のマイノリティの生徒たちの社会的、文化的現実をほとんど考慮しない「レイス/カルチャーブラインド・カリキュラム（race/culture-blind curriculum）」であるばかりでなく、「ダイバーシティブラインド・カリキュラム（diversity-blind curriculum）」でもあると述べている。
　それに対し、文化的に多様な教室で多様な文化的・言語的背景を持つ生徒

表2　伝統的教師と多文化教育者である教師の資質・能力の比較

伝統的な教師	多文化教育者である有能な教師
知識の基礎	
主としてヨーロッパ中心的視点に基づいて教えられている内容の理解。	多様な視点に基づく内容の理解。教師は、特定の内容領域／学問において多様な文化的背景を持つ人々の貢献について学ぶために働く。文化的アイデンティティの多様性を評価し、多くの多様な文化についてのさらなる学びに継続的に取り組む。
教授・学習経験を設計する限られたアプローチしか持っていない。多様な学習スタイルや学習者のニーズに合わせた方法について知らない。	多様な生徒は多くの異なる方法で学ぶことを知っており、学習者自身が好む学習スタイルに従って達成できるような指導をどのようにデザインするかを知っている。
自身の文化的アイデンティティや他の文化集団の知識に対する個人的な意識はかなり限られている。	教師自身の民族的、人種的、ジェンダー、その他のアイデンティティを探究している。自身の文化と生徒の文化を比較する方法を知っている。多様なアイデンティティの強みと葛藤を知っている。
人種差別、性差別、階級差別、及びその他の抑圧手段とその教育への影響という問題について、限られた理解しか持っていないか全く持っていない。	社会の中の不正義や不公正に対する深い個人的な洞察を持ち、その知識を教育の過程と結合する。
教育実践への関心が非政治的である。	公共政策と法律の間の影響と関連性、及びそれがすべてのレベルで教育と人々に与える影響を理解している。地方、州、連邦政府の政策実施についての最新情報に精通している。
技能のレパートリー	
行動主義者志向で教授に当たり、主要な教授戦略として説教的で直接的な教授を活用する。評価戦略は紙と鉛筆によるテストに限られている。	多様な学習スタイルに適応するための豊富で多様な教授スタイルを利用する。多様な学習者のニーズに合う指導と評価ができる。
教室の経験は教えることであり、教師中心である。	教室の経験は学ぶことであり、生徒中心である。
授業プランはヨーロッパ中心で、多様な視点を欠きがちである。	多様な文化的視点と結合した授業プランを創造する。
内容が教室での授業の最も重要な構成要素であると信じており、内容は一般的に教師にとって最も快適な形で生起すると伝えている。	多様な生徒と効果的にコミュニケーションする。個々の生徒と深く意味のある関係を構築する。

個人の資質	
差別は社会の主要な関心ごとであるが、公正に焦点を合わせることは教授や学習のプロセスには関係ないと信じている。	人種差別、性差別、及びその他の差別が蔓延しており、公正な教育の妨害物になっていると信じている。
教科領域の教授では、文化には因われないと信じている。	カリキュラムの中に民族的な内容の導入が学習プロセスに重要であると信じている。
生徒は「基礎技能」を学ことが必要であると信じている。	社会改善に貢献する生徒を育成することにコミットする。生徒の経験、生徒の声、生徒の視点を尊重する。

（出典：Howe & Lisi, 2017：41）

のニーズに応じて効果的に教えることのできる教師を育成する文化に責任を負う（culturally responsible）教師教育プログラムの重要性を主張した。そして、非白人の学者や多くの文化的背景を持つ多文化に関する理論家の文献に学びながら、文化に責任を負う教師教育を支える多様性に関する知識基盤として、次の 13 項目をあげた（表 3；各知識基盤項目の下位項目に含まれる具体的な研究テーマのいくつかを括弧の中にあげた）（Smith, 1998：132-135）。

　これらの「知識基盤」は、文化的に多様な教室でより効果的に教えるために、教師にどのような知識と経験が必要かを知るのに役立つ。また、多文化教師教育のプログラムを開発する時のプログラム内容を考える上で参考になる。ただし、多様性のための知識基盤には、もう 1 つ重要な領域である国際教育やグローバル教育に関する知識基盤が含まれなければならないが、それはまだ十分に組織化され統合された知識基盤が欠如しているのでここでは除外しているとしている（Smith, 1998：95）。

　スミスは、本書の最後の章「結語：正義（A Final Word：Justice）」において、これらの知識基盤が十分に統合された形で、社会改造主義者（social reconstructionist）の教員養成プログラムの中に配置されない限り、多様な生徒に対する効果的な教師の指導能力の育成に大きな違いをもたらすことはないとしている。また教師教育プログラムの包括的な綱領や目的・目標が、より公正な民主主義社会を再構築するという約束を反映しない場合は、これらの知識基盤はほとんど影響を与えないだろうとも述べている（Smith,1998：99）。

144

表 3　教師教育における多様性の知識基盤

1. 多文化教育の基礎（多文化教育の基本概念、原理、多文化カリキュラムのモデル、多文化教育を支える理論や研究、等）

2. 周縁化された民族的・人種的文化の中での人間の成長と心理学的発達の社会文化的文脈（社会的、身体的、及び認知発達の民族的パターン、民族的アイデンティティの発達段階、非主流の民族的・人種的文化の間のレジリエンス、人間の成長・発達に影響する子育て慣行や社会化過程、等）

3. 文化的・認知的学習スタイルの理論と研究（各民族集団の文化学習のスタイルの説明的プロファイル、それを裏付ける理論や研究、等）

4. 周縁化された文化の言語、コミュニケーション、及び相互作用のスタイル（言語習得の理論、ESL の原理とストラテジー、文化的コミュニケーションと相互作用のスタイル、バイリンガリズム、等）

5. 文化の本質的要素（価値観や世界観などあらゆる文化について学ぶためのスキーム、特定の又は地域の文化の文脈における重要な要素、等）

6. 文化に対応した教授（culturally responsive teaching）とカリキュラム開発の原則（定義、主要条件、等）

7. マイノリティの生徒を教えるための効果的な戦略（効果的な教授研究、協同学習の研究、レジリエントな子どもの研究、親の関与の研究、等）

8. 人種差別の基礎（米国における人種差別の歴史、人種差別主義者の態度や偏見がどのように学習され民族的アイデンティティに統合されるかの研究、反偏見・反人種差別カリキュラムの研究、等）

9. 文化、人種、階級、ジェンダー、及びその他の多様性のカテゴリーに関する政策と実践の効果（人種および階級によって隔離された学校の影響、学校選択・民営化・バウチャー制度の影響、マイノリティの生徒に対する規律の方針と実践の影響、標準化されたテストの効果、等）

10. 文化的に対応した診断、測定、及び評価（偏った診断に関する理論と研究、特定の知能テスト、学力テスト、適性テストの妥当性、等）

11. 教科固有の学習に関する社会文化的影響（個々の教科領域における非白人生徒の学習と達

成に影響を与える文化的信念体系、価値観、期待の影響に関する理論と研究、特定の教科のスキルの習得に関する言語学的要因に関する理論と研究、等）

12. ジェンダーと性的指向性（人間のセクシュアリティと個人のエンパワーメントに関する入門レベルの知識、ゲイ、レズビアン、バイセクシュアルの生徒固有の心理的、感情的、教育的ニーズ、著名なゲイ男性やレズビアン女性の社会への歴史的貢献、HIV 教育の指導に適したカリキュラムと学校資料の調査、等）

13. 経験的知識（個人的および多文化的なライフスタイル体験、文化的に多様な生徒集団の文化に対応した教育を実証するための臨床経験、等）

（出典：Smith, 1998：132-135 をもとに作成）

5．多文化教師教育から社会正義のための教師教育へ

スミスが述べた、より公正な民主主義社会の再構築をめざす教師教育が、「社会正義のための教師教育」（social justice teacher education ／ teacher education for social justice）と呼ばれるものである。コクラン=スミス（Cochran-Smith, M.）らは、2010 年の論文で、「『社会正義』は、過去 10 年間、合衆国の多くの教師教育のプログラムにおいてキャッチフレーズになっている」と述べ、教師教育において「社会正義」が強調される理由を、マイノリティおよび／または低所得者の生徒と白人中産階級の生徒との間の教育の機会、資源、成果等の分布に大きな格差が生じているという認識にあるとしている。このことが教育者であり、生徒の擁護者である教師が民主主義の理想に取り組み、生徒の教育やその他の機会の再配分を支援することによって学校や社会の不平等を軽減することに取り組むべきであるという立場と結びついている（Cochran-Smith, Gleeson, & Mitchell, 2010：36-37）。

社会正義のための教師教育が強調されるようになった背景には、文化的多様性に焦点を当て、脱政治化された異文化の表面的理解に終始する「軽いタッチの多文化教育」（ニエト、2009：17）に対するホワイトネス研究や批判的人種理論からの批判があった。すなわち、差異の指標と結びついたマイノリティへの差別、抑圧、不公正の是正、そのためのマジョリティの特権性への気づきの重要性といった主張である（McDonald & Zeichner, 2009：596-599）。

　このような批判を受けて、アメリカの多文化教師教育は、マイノリティである非白人の生徒、低所得者の生徒、および英語学習者の教育の機会や経験を改善するための教師養成に焦点を置くようになってきている。しかし、マクドナルドとザイクナー（McDonald, M. & Zeichner, K. M.）は、社会正義のための教師教育は、この目標は共有しているが、その概念とプログラム構造の二点において多文化教師教育とは異なっていると指摘している。

　概念的には、社会正義のための教師教育は、文化的多様性の問題から社会正義の問題に焦点を移し、社会変革とアクティビズムを教授と学習の中心に置くようになってきている。すなわち、社会正義のプログラムは、不正を永続させる社会構造に明確に参加し、抑圧を緩和するための個人的・集団的行動の両方を取ることのできる教師の養成を目的としている。

　またプログラムの構造上の問題としては、教員養成におけるプログラムの断片化を指摘している。すなわち、これまでの教員養成の多くのプログラムでは、人種、階級、言語の多様性等の問題は主に基礎コースの中で教えられ、そのような多様な生徒のいる教室での実践のあり方については、「多文化教育」、「バイリンガル教育」等の単一のコースを追加するか、多様な背景を持つ学習者のいる学校での教育実習を課すかであった。これまでのプログラム実施の経験から、社会正義の実現に向けた教師の育成には、このような二分法は誤りであり、カリキュラム全体で多文化コンテンツを統合したプログラムにしていかなければならないとしている。

　ザイクナーとフレッスナーは、社会正義を志向する教師教育プログラムに関する文献の分析を通して、そのようなプログラムには次の2つのタイプの戦略が報告されていると指摘している。1つは多様な人種からなる学生と教員を集めることであり、もう1つはプログラム内部における教授戦略やカリキュラムに関するものである(2017：345-347)。

　前者については、今日多様性を増している公立学校で成功するような教師を教育するためには、多様な教師志願の学生と多様な教員とが必要とされる。そのため、教師教育のプログラムに非白人の学生を多く入学させる試みとして一般に次の3つの戦略がとられてきた。第1は、大学の入学要件の変更である。従来の学業基準のみに頼るシステムから、学業基準は維持しながら多様な人格

的要素や人生経験を考慮したシステムへの変更である。第2は、多様なタイプの「代替的」教師教育プログラムの創出である。第3は、高等教育で学ぶすべての人種的／民族的マイノリティ学生の半分以上が伝統的に入学しているコミュニティ・カレッジやテクニカル・カレッジとの接続協定であるとしている。

　後者については、教師教育において人種差別を積極的に扱う制度上の雰囲気が必要で、プログラムの内容が単なる多様性への賛同を超えて、社会正義を巡る争点と公正な教育結果を促す教育実践の展開に明確に焦点づけられることである。具体的には、社会正義を扱う特定のコースを設置したり、特定の教員のみが責任を負うのではなく、教師教育プログラム全体を社会正義の視点が一貫するように統合することが大切である。また社会正義を志向する教師の養成には、コミュニティでの現場経験や多様な人との協同、サービスラーニングを通したコミュニティとの連携が大切であるとしている。

　教師教育における「社会正義」について、スリーター（Sleeter, C. E.）は、次の3つの要素で構成されるとしている。(1)文化的および言語的背景に基づいた質の高い知的に豊かな授業へすべての学生がアクセスすることをサポートすること。(2) 子どもと若者の間に民主的な関与を促進するための教師を準備すること。(3) 全体の社会政治的分析の中に不正義を位置づけることにより、子どもと若者を擁護する教師を準備すること。

　この社会正義の3つの構成要素が、教師教育の3つの領域の中にどう位置付けられるかを既存の教師教育のプログラムと実践を踏まえて、提案している（表4）。

表4　教師教育と社会正義のテーマ

社会正義の構成要素 ／ 教師教育の領域	質が高く、知的に豊かで、文化を肯定する教授	子どもと若者の間に民主的関与を促進するための教師養成	子どもと若者の公正な擁護者としての教師の養成
学生募集と入学	より多様な教師志願者	多文化的民主主義の支持を約束された教師志願者	公正な擁護者の存在を信じている教師志願者
専門的なコースワークの内容	自己分析、教授と学習のための社会文化的枠組み、学生が科目に持ち込む経験とリンクする教授戦略	教室における多文化的民主主義を確立するための戦略	社会と学校における制度的差別の本質
指導者の付いたフィールドワーク	文化的に多様な環境および/または低所得者の住む環境で、欠如理論を壊す探求型学習で、生徒たちの文化を学ぶためのコミュニティで	民主的意思決定を支援する教室で	不公正な状況に置かれている学校やコミュニティのサンプル調査

(出典：Sleeter, 2009：617)

6．日本における多文化教師教育への取り組みと課題

　では最後に、アメリカにおける多文化教師教育に学びながら、日本における多文化教師教育の現状と課題について触れたい。日本では、まだ多文化教師教育という言葉は定着していないが、前述したように、近年の学校現場における外国につながる児童生徒の増加の中で、それらの子どもたちの教育を担う教員の養成が教師教育の大きな課題になってきている。文部科学省の学校基本調査によれば、2018年に公立学校に在籍している外国人児童生徒は93,000人余りにのぼり、その中で日本語指導が必要な外国籍の児童生徒数も4万人を超え、日本国籍で日本語指導が必要な児童生徒数も1万人にのぼっている。

　このような現状を踏まえ、これまで教員養成大学を中心にカリキュラムの中に、外国人児童生徒等教育関係の科目を設置する試みがなされてきた。これが日本型多文化教師教育の1つの試みといってもよい。早くは、県内における外

国籍児童の増加を受けて、信州大学では1998年に、教育学部の1年生向けの専門基礎科目として、「多文化理解教育」という科目を開講した。多文化共生社会における教員に必要な能力の育成を目標にしたこの授業では、主に異文化コミュニケーションの概要が内容になっている。また、2000年度からは、国際理解教育分野の学生を対象とした専門科目として「外国籍児童生徒教育論」が開講された。この科目は、その後、帰国生のケースも扱い「帰国・外国籍児童生徒教育論」という名称になった。この授業では、外国籍児童生徒を取り巻く社会や政策等の現状を把握し、バイリンガリズム、異文化適応、学習方法等についての理解や知識を学ぶとともに、協働的問題解決力を身につけることを目的としている。その他、3年生の総合演習科目として「外国籍児童生徒の教育について考えよう」という科目も設置されている。この授業では、外国人留学生の体験を聞いたり、校外学習として外国人サポーターへのインタビューなど実践的・体験的な学習が取り入れられている（齋藤編、2011：18-20）。

　日系南米人が多く暮らす地域にある群馬大学では、2003年度に、教育学部において日系南米人児童・生徒の教育を実地体験して理解を深め、将来教職についた時の備えとすることを目的とする「外国人児童生徒教育インターンシップ演習」という科目を試行設置した。この授業は、4年生の教育実習を終了した学生を対象に、外国人児童生徒が集住している太田市や境町の学校の外国人子女教室（日本語教室）に定期的に入り、長期にわたるインターンシップ体験を通して外国人児童生徒教育に必要な実践的な力を育成しようというものである。また2005年度からは、「外国人児童生徒教育インターンシップ演習」に代わって、同じく教育実習を終えた4年生を対象に、選択履修科目として、太田市と伊勢崎市の小学校での教育実習に準じた現場体験を行う「外国人児童生徒教育実践演習」が設置された（高橋・齊藤・佐藤・所澤共編、2006）。

　また、京都教育大学では、2006年から、教科で対応が困難な課題について、教科横断的な指導できる能力を養成することを目的とした「複合型課題対応パッケージ科目」の中に「学校の国際化」という名称の科目群を開設し、その中に「新渡日者の人権と教育」「帰国／外国籍児童・生徒教育の研究」「児童・生徒のための日本語教育論」等の科目が開設されている。横浜国立大学では、2007年度に主に外国にルーツをもつ子どもに対応する教員養成に関わる教員

が赴任し、日本語教育専門領域において、外国人集住地域の小学校で4日間程
度の日本語教育の実習を行う「日本語教授法演習」のほか、選択必修科目とし
て「異文化間教育論演習」「多文化共生論」といった科目が置かれている。東京
学芸大学では、2010年度から新しくなった、国内の日本語を母語としない児
童・生徒に日本語教育・日本語学習支援を行える学校教員の養成を目的とした
初等教員養成課程日本語教育専修の科目に「学校教育と日本語教育」「年少者
日本語教育Ⅰ・Ⅱ」「異文化間教育学」といった科目が新設された。その他、全
学の学生を対象とした共通科目として「多文化化する社会と教育」「外国人児
童生徒教育の現状と課題」が開設されている（齋藤編、2011：17-23）。

　近年では、教員養成課程の卒業生で教員となった卒業生の約90%が愛知県
内の公立学校の教員となっている愛知教育大学で、2020年度から全学生を対
象にした必修科目として「外国人児童生徒支援教育」が開設された。その背景
には、近年外国人が急増している愛知県の教員、教育支援専門員は、何らかの
形で外国にルーツを持つ子どもたちに関わる可能性が今後さらに高くなると
の認識がある。

　このように、個々の大学では、近年の日本社会の多文化化を背景に、そのよ
うな社会で働く教師の養成のために、日本語教育関連科目を含め、外国人児童
生徒の教育に関わる科目を設置して対応を図ってきている。しかし、日本語と
教科の統合的指導や生活指導など、外国人児童生徒等の教育を担う教員に求め
られる資質・能力や、その養成のためのカリキュラムや科目のあり方について
の共通理解は必ずしも得られていない状況にある。このような中、文部科学省
は、2017年度に「外国人児童生徒等教育を担う教員の養成・研修モデルプロ
グラム開発事業」を打ち出した。この事業では、日本語指導・教科指導・生活
指導等の多様な役割を担う外国人児童生徒等教育担当教員に必要な資質・能力
を具体的に示すとともに、教員養成学部の課程・現職教員研修を通じてそのよ
うな教員の専門性を養うために必要なプログラムを研究・開発することが目的
とされた。

　（公）日本語教育学会は、調査研究事業の一環として本事業に応募し、採択
された。本研究では3年間に渡り、教員養成課程を有する大学、教育委員会、
国際交流協会等を対象に、外国人児童生徒等教育や日本語教育の実施状況に関

するアンケート調査や、外国人児童生徒等教育に携わる担当教員や学校管理職、及び指導主事、日本語支援員等に対し、「求められる資質・能力」「研修に期待すること」等についてインタビュー調査を行った。加えて、海外の多文化教育や異文化間教育を担う教員の資質・能力に関する議論、異文化間能力、グローバル・コンピテンシー等の理論とその能力育成に関する先行研究等を参考に、「資質・能力モデル（豆の木モデル）」（図1）と、そこで養成が求められる「具体的な力」を明らかにし、その力を育成するための「養成・研修の内容構成」が示された（公益財団法人日本語教育学会、2018、2020）。

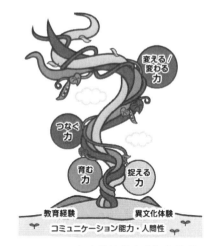

図1　外国人児童生徒等教育を担う教員の資質・能力「豆の木モデル」
（（公）日本語教育学会、2020：3）

　具体的には、初年度の調査を通して、最終的に4要素、8領域からなる資質・能力の「豆の木モデル」が開発された。そして、そこで示された各資質・能力を実践場面における教師・支援員像として明確にするために、「〜できる」という記述で「求められる具体的な力」が示された。また各資質・能力の養成のために授業や研修においてどのような内容を取り扱えばよいかを「養成・研修の内容構成」として構造化して提案している。

　外国人児童生徒等を担う教員に求められる資質・能力として「捉える力」「育む力」「つなぐ力」「変える／変わる力」の4要素からなる総合的な力の4要素からなる総合的な力が示された（表5）。

　「捉える力」は、外国人児童生徒等の実態を言語能力のみならず、生育・学習歴、文化適応状況などから多面的に把握し、家族とその文化、社会的歴史的な背景を理解する力である。

　「育む力」は、日本語指導に加え、教科学習に参加するための力を育成し、本人および周辺の児童生徒や関わる人々が、文化的多様性を尊重し、対等に、

そして相互に関わりあうための異文化間能力の涵養を促す力である。

「つなぐ力」は、外国人児童生徒等が学び・暮らす学校と地域の連携をはかり、異領域の専門家との協働により、それぞれの場での学びをつなぎ合わせる環境をつくる力である。

そして「変える力／変わる力」は、外国人児童生徒等教育に携わ

表5　外国人児童生徒等教育を担う教員の資質・能力—4つの要素と課題領域

資質・能力の4要素	課題領域
捉える力	子どもの実態の把握
	社会的背景の理解
育む力	日本語・教科の力の育成
	異文化間能力の涵養
つなぐ力	学校づくり
	地域づくり
変える／変わる	多文化共生社会の実現
	教師としての成長

（（公）日本語教育学会、2020：3）

ることを通して教育における公正性を具現化し、文化的多様性に対して寛容な学校・地域づくりに貢献すること、その営みを通して教師（教員・支援員）として成長していく力である。

　この4つの力は、「捉える力」「育む力」「つなぐ力」が相互に関わりながら実践を動かし、「変える力／変わる力」がそれを推し進めるという関係にある。4つの力が絡まり合いながら成長し実を結ぶ「豆の木」のようなイメージであるとしている。教員・支援員は、それぞれの教育や支援の経験（「教育経験」）、多様な言語文化との接触体験等の経験（「異文化体験」）と、「人間性・コミュニケーション力」などを土台に、外国人児童生徒等教育の資質・能力を発達させる。

　以上、「豆の木モデル」で示された資質・能力を持つ教師は、教育・支援活動の実際の場で何がどのようにできるかを「求められる具体的な力」として示したものが＜表6＞である。さらに、それぞれの力を育むために教員養成や研修で扱う主な内容が右の欄にあげられた。この内容は、外国人児童生徒等を担う教員養成課程のカリキュラムを考える上で参考になる。本研究は、これまで各大学が外国人児童生徒等の現状に鑑み、カリキュラムの中に単に必要と思われるいくつかの科目を開設したのとは異なり、外国人児童生徒等の教育を担う教員に求められる資質・能力の分析に立って、総合的な内容構成を示したことは、

表6：外国人児童生徒等教育に携わる教師に「求められる具体的な力」

資質・能力	課題領域	求められる具体的な力	主な内容
捉える力	子どもの実態の把握	〈文化間移動と発達の視点から、外国人児童生徒等の状況を把握することができる。〉 ア 子どものシグナルを見逃さず、文化間移動と発達の視点をもってその困難さを理解することができる。 イ 子どもの心理的状況を文化適応や家庭の状況に関連づけて理解することができる。 ウ 子どものことばの力を、日本語と母語の両言語を視野に入れ、言語能力の多面性に留意して測定したり評価したりすることができる。 エ 認知面の力と教科等の学力を、年齢的な発達や学習経験を考慮して捉えることができる。	A外国人児童生徒等教育の課題 D文化適応 E母語・母文化・アイデンティティ F言語と認知の発達 I日本語指導の計画と実施 M現場における実践
	社会的背景の理解	〈外国人児童生徒等の背景や将来を、社会的、歴史的文脈に位置付けることができる。〉 オ 外国人児童生徒等教育に関する施策や制度を、自ら情報を収集して理解することができる。 カ 文化間移動や家族の状況を、グローバル化や歴史的背景、社会制度の変化等に関連付けて理解することができる。 キ 子どもの暮らしを、地域の多文化化や外国人住民支援の状況に関連付けて把握することができる。 ク 子どもがどのような自己像を描き、どのように社会参加し自己実現ができるかを、社会の変化と共に展望することができる。	B外国人児童生徒等教育の背景・現状・施策 E母語・母文化・アイデンティティ L保護者・地域とのネットワーク K社会参加とキャリア教育
育む力	日本語・教科の力の育成	〈外国人児童生徒等の実態等に応じ、言語教育に関する専門的知識に基づいて、日本語・教科の教育を行うことができる。〉 ケ 外国人児童生徒等の受け入れ体制・指導体制に応じて、指導・支援を行うことができる。 コ 第二言語習得や教育方法に関する知識を踏まえ、子どもの年齢的な発達の違いを考慮した日本語や教科の指導・支援をすることができる。 サ 日本語に関する知識を生かして、子どもの日本語の力に合わせた日本語や教科の指導・支援をすることができる。 シ 子どものニーズ、能力、学習経験に応じて個別の指導計画を作成し、日本語指導等を実施し、評価を行うことができる。 ス 子どもの日本語の力を考慮して教材等を選んだり作成したりしてリソースを準備し、学習参加を促すことができる。 セ 学校内外の生活・学習に結び付けて、日本語や教科の指導・支援、内容（教科等）と日本語を統合した指導・支援をすることができる。	C学校の受け入れ体制 F言語と認知の発達 G日本語の特徴 H子どもの日本語教育の理論と方法 I日本語指導の計画と実施 J在籍学級での学習支援 M現場における実践
	異文化間	〈外国人児童生徒等と周囲の子どもとの相互作用を通して、双方に異文化間能力を育てることができる。〉 ソ 子どもが新しい環境に適応することを支援できる。	D文化適応 E母語・母文化・アイデンティティ

	能力の涵養	タ　子どもの母語、母文化、アイデンティティを尊重し、学級・学校・地域における社会参加を促すことができる。 チ　子どもの文化間移動の経験や言語的文化的多様性を価値付け、周囲の子どもの学びに結びつけることができる。 ツ　人権教育、持続可能な開発のための教育、市民性教育等と関連づけて、外国人児童生徒等教育を行うことができる。	I 日本語指導の計画と実施 J 在籍学級での学習支援 K 社会参加とキャリア教育
つなぐ力	学校づくり	〈保護者や地域の関係者と連携・協力して、よりよい支援、教育のための学校体制をつくることができる。〉 テ　外国人児童生徒等教育を学校の教育課題に位置づけ、学校全体で取り組むよう働きかけることができる。 ト　コミュニケーションの仕方等を工夫して保護者との信頼関係を築き、学校の教育活動への参加を促すことができる。 ナ　地域の支援活動団体等、学校外の様々な関係者と連携し、支援体制を構築することができる。	A外国人児童生徒等教育の課題 C学校の受け入れ体制 L保護者・地域とのネットワーク
	地域づくり	〈異なる立場の人々と協働しながら、学習環境としての地域づくりをすることができる。〉 ニ　学校が拠点となり、地域の様々な関係者と連携して、子どもの学習環境を豊かにすることができる。 ヌ　子どもの学びが広がりと連続性をもったものになるように、地域の他校、あるいは保幼小中高の連携を進めることができる。 ネ　外国人児童生徒等教育に関する社会的関心を高めるために、自身の取り組みを広く発信することができる。	A外国人児童生徒等教育の課題 B外国人児童生徒等教育の背景・現状・施策 L保護者・地域とのネットワーク N成長する教師
変える／変わる力	多文化共生の実現	〈社会的正義と公正性を意識し、多文化共生を具現化することができる。〉 ノ　外国人児童生徒等のマイノリティの立場を理解し、公正性を意識した教育・支援ができる。 ハ　外国人児童生徒等が地域にもたらす影響を多様性として肯定的に捉えられるように、マジョリティである受け入れ側に働きかけることができる。 ヒ　子どもが自身の多様性を資源にして活躍できる教育を実施し、多文化共生を促すことができる。	A外国人児童生徒等教育の課題 D文化適応 K社会参加とキャリア教育
	教師としての成長	〈外国人児童生徒等に関する教育・支援活動を振り返り、自己の成長につなげることができる。〉 フ　外国人児童生徒等の教育を通して、自身のものの見方を批判的に問い直すことができる。 ヘ　子どもの言語や文化に興味をもち、自身と異なる言語・文化に価値を見いだすことができる。 ホ　実践の質の向上のために、教師集団で経験を共有したり相互に研修を行ったりすることができる。 マ　外国人児童生徒等教育の経験を、自身の教師としての成長として意味づけることができる。	A外国人児童生徒等教育の課題 M現場における実践 N成長する教師

（出典：公益財団法人日本語教育学会、2020：5-6）

今後の大学の教員養成における多文化教師教育のカリキュラムを考える上で示唆的である。また特に、「変える力／変わる力」の中の具体的な資質・能力に「社会的正義と公正性を意識し、多文化共生を具現化することができる」力が明記されたことは、社会正義のための教師教育の視点から意義がある。

おわりに——多文化教師教育の課題——

最後に、以上の考察を踏まえ、今後日本において社会正義を志向する多文化教師教育を展開していく上での若干の課題について論じる。

第1に、アメリカの社会正義のための教師教育では、大学の教員養成課程に多くの多様な学生が在籍すること、またそこで教える大学教員も多様であることが求められる。ある調査によれば、2014年現在、日本の公立学校における外国籍教員の任用数は257人と圧倒的に少ない。現職教員総数をもとにさまざまな条件を加味して計算すると、3600名程度の規模で外国籍教員がいることが、「分配的正義」にも適うという意味で合理的であると指摘されている。（広瀬、2014：18）一方教員養成大学や教職課程を志望する学生に中には、外国籍の者は日本の公立学校の教員になれないと思っているものも多い。現在、在日外国人にも公立学校への教員の道が開かれている。外国籍の学生が教員養成大学・課程に多く入学する仕組みをつくることが求められる。また、それと並行して教員養成課程を担当する教員に、外国人をはじめとする多様な人材が採用されることが望ましい。

第2に、これまで見てきたように、日本の教員養成大学等における外国人児童生徒等教育は、カリキュラムの中に日本語教育や外国人児童生徒教育に関連するいくつかの科目を開設することで対応してきた。それに対し、アメリカの社会正義のための教師教育では、カリキュラム全体を通して多文化コンテンツを統合したプログラムにしていかなければならないことが強調されている。その意味で、日本語教育学会による社会正義の視点を重視した、資質・能力の「豆の木モデル」による「外国人児童生徒等教育を担う教員の養成・研修モデルプログラム開発」は、教員養成課程の統合的カリキュラムを考える上で参考になる。

第3に、アメリカの社会正義のための教師教育では、児童生徒の生活や文化

を知る上で、彼らが居住する文化的に多様なコミュニティでの調査実習や、教育実習経験等のコミュニティとの連携・協力が重視されている。日本においても、以前に群馬大学が行ったような外国人児童生徒が集住する地域の学校におけるインターンシップ体験や教育実習が、教員養成のカリキュラムに位置付けられることが望ましい。この点についても、日本語教育学会による開発プログラムの中で「養成・研修の内容」の中に「L 保護者・地域とのネットワーク」「M 現場における実践」があげられている。

　最後に、AACTE の「多文化教師教育の実施指針」やスミスの「教師教育における多様性の知識基盤」に示されたように、多文化教師教育における多様性は、人種や民族の問題だけではなく、ジェンダー、セクシャルオリエンテーション、障がい、宗教、言語等に渡っている。日本においても、今後多文化教師教育が、外国人児童生徒教育を担う教師養成だけでなく、多文化社会を構成する多様性との共生をめざすものになることが望ましい。

　今後、大学における教員養成において、以上のような課題に向けた取り組みが求められる。

【注】

1)　州レベルにおける多文化教師教育政策については、Giles & Gollnick（1977）、Gollnick（1995）、松尾（1998）に詳しい。

2)　本調査の内容については、森茂（2007：24-27）参照。

3)　本審査の詳しい結果については、森茂（2007：29）参照。

【引用文献】

AACTE Commission on Multicultural Education (1973). No one model American: A statement on multicultural education. *Journal of Teacher Education*, Vol.24-4.

AACTE Commission on Multicultural Education (1980). *Multicultural teacher education VolumeIV: Guidelines for implementation,* American Association of Colleges for Teacher Education.

Cochran-Smith, Marilyn, Gleeson, Ann Marie, & Mitchell, Kara (2010). Teacher education for social justice: What's pupil learning got to do with it?, *The Berkley*

Review of Education 1(1).

Giles, Raymond H. & Donna M. Gollnick (1977). Ethnic/Cultural diversity as reflected in federal and state educational legislation and policies. In Frank H. Klassen & Donna M. Gollnick eds., *Pluralism and the american teacher: issues and case studies*, AACTE, Ethnic Heritage Center for Teacher Education.

Gollnick, Donna M. (1995). National and state initiatives for multicultural education. In James A. Banks & Cherry A. McGee Banks eds., *Handbook of research on multicultural education,* Macmillan Publishing.

Gollnick, Donna M., Klassen, Frank H. & Yff, Joost (1976). *Multicultural education and ethnic studies in the United States: An analysis and annotated bibliography of selected ERIC documents*, American Association of Colleges for Teacher Education.

Grant, C. A. & Gillette, M. (2006). *Learning to teach everyone's children: Equity, empowerment, and education that is multicultural,* Thomson Wadsworth.

Howe, William A. & Lisi, Penelope L. (2017). *Becoming a multicultural educator: Developing awareness, gaining skills, and taking action,* 2nd ed., Sage.

Klassen, Frank H., & Gollnick, Donna M. eds. (1977). *Pluralism and the American teacher: Issues and case studies*, Ethnic Heritage Center for Teacher Education of the American Association of Colleges for Teacher Education.

McDnald, Morva & Zeichner, Kenneth M. (2009). Social justice teacher education, In Ayers, William, Quinn, Therse, & Stovall, David eds. *Handbook of social justice in education*, Routledge.

NCATE (1982). NCATE standards for the accreditation of teacher education.

NCATE (2008). Professional standards for the accreditation of teacher preparation institutions.

NCES (2019). *Status and trends in the education of racial and ethnic groups 2018*, U.S. Department of Education. https://nces.ed.gov/pubs2019/2019038.pdf

NCES (2021). Racial/Ethnic enrollment in public schools. in *report on the condition of education 2021*, Institute of Education Sciences, U.S. Department of

Education.

file:///Users/morimot/Desktop/Racial:Ethnic%20Enrollment%20in%20Public%20Schools. webarchive

Sleeter, Christine E. (2009). Teacher education, neoliberalism, and social justice, In Ayers, William, Quinn, Therse, & Stovall, David eds. *Handbook of Social justice in education*, Routledge

Smith, G. Pritchy (1998). Common sense about uncommon knowledge: The knowledge bases for diversity, AACTE.

Villegas, Ana Maria, & Lucas, Tamara (2002). *Educating culturally responsive teachers: A coherent approach,* State University of New York Press.

公益財団法人日本語教育学会編（2018）『外国人児童生徒等教育を担う教員の養成・研修モデルプログラム開発事業－報告書－』

公益財団法人日本語教育学会編（2020）『外国人児童生徒等教育を担う教員の養成・研修のための「モデルプログラム」ガイドブック』

ザイクナー、ケン・フレッスナー、ライヤン著、田中統治訳（2017）「批判的教育学のための教師教育」マイケル・W.アップル他編、長尾彰夫・澤田稔監修、安彦忠彦他監訳『批判的教育学事典』明石書店

齋藤ひろみ編（2011）『学校の多文化化で求められる教員の日本語教育の資質・能力とその育成に関する研究』（平成 19～22 年度科学研究費補助金基盤研究(C)研究成果報告書 ）

高橋征嗣・齊藤雅一・佐藤久恵・所澤潤共編（2006）『日系南米人児童生徒の在籍に対応するための教育実習施行の記録』（平成 17 年度群馬大学教育学部体験的科目「外国人児童生徒教育実践演習」実施報告書）群馬大学教育学部附属学校教育臨床総合センター教育実践開発分野

ニエト、ソニア著、太田晴雄監訳（2009）『アメリカ多文化教育の理論と実践－多様性の肯定へ－』明石書店

広瀬義徳（2014）「外国籍教員の任用実態と統合システムの課題－都道府県・指定都市教育委員会への郵送・訪問調査の結果から－」（中島智子編『公立学校における外国籍教員の実態と課題の解明』（平成 24～25 年度科学研究費補助金（挑戦的萌芽研究）研究成果報告書)

松尾知明（1998）「多文化教育と教師教育-アメリカ合衆国における動向と現状-」江淵
　一公編『トランスカルチュラリズムの研究』明石書店

森茂岳雄（2007）「アメリカにおける多文化教師教育の展開と課題－日本の教師教育に
　示唆するもの－」異文化間教育学会編『異文化間教育』25、アカデミア出版会

第 7 章　多文化教師教育の実践デザインの探究

金井　香里

1．はじめに

　グローバル化の進行に伴い、日本の学校で学ぶ子どもたちの文化的背景はますます多様化している。すでに日本の公立学校では、2018 年現在、9 万 3 千人余りの外国籍の子どもたちが学んでいる（文部科学省、2019a）。外国籍の子どもには、親の就労や留学に帯同し海外の学校から転入してきた子ども、外国籍の両親をもち日本に生まれ育った子ども、日本に永住する在日コリアンの子ども等が含まれる。あるいは国籍は日本であっても、両親のいずれかが海外出身者である子ども、親の勤務等により海外で 1 年以上滞在し帰国した子どもたちもいる。2019 年 4 月の改正「出入国管理及び難民認定法」の施行により、今後外国人労働者は一層増加し、在留資格によっては家族の帯同と定住化が認められるようになることから、学校で学ぶ多様な文化的背景の子どもの数は一層増えることが予想される。

　しかしながら従来、日本の教員養成課程において多様な文化的背景の子どもたちをめぐる教育実践のあり方はほとんど扱われることはなく、その取り組みのための学びの機会は、これまでのところ子どもの在籍する学校や自治体による独自の研修[1]、あるいは子どもを担任する教師個人による研鑽に多くを依存している。こうした状況を反映し、諸外国との比較においても、多様な文化的背景の子どもたちの担任を受け持つ日本の中学校教師のうち、「子どもたちの多様性をめぐるさまざまな課題に効果的に取り組んでいる」、「子どもたちの多様性に対応した授業実践を行っている」と回答した者の割合はいずれも 10%前後であり、OECD 加盟国中でも最低水準である（OECD, 2019）。

　この一方で近年、教員養成のあり方にもようやく変化の兆しが見られるようになっている。2019 年 6 月には「日本語教育推進法」が公布・施行され、日本語指導に携わる教員養成の充実が定められた[2]。あるいは、2020 年 3 月には外国人児童生徒等の教育の充実に関する有識者会議（2018 年 5 月設置、以

下、有識者会議）によって「外国人児童生徒等の教育の充実について（報告）」
が出され、「国際結婚等により外国にルーツを持つ日本人の子供」、「外国人の
子供たちが日本における生活の基礎を身に付け、その能力を伸ばし、未来を切
り拓くことができるようにすることは、国際人権規約に基づく確固とした権利
であり、「誰一人取り残さない」という発想に立ち、社会全体としてその環境
を提供できるようにしなければならない」ことが明言された。その上で、取り
組むべき施策の1つとして、「教師等の指導力の向上」が掲げられ、「各大学の
教員養成課程における外国人児童生徒等の教育に関する内容の取扱いについ
てより一層の充実を望む声もある」ことから、「教師を目指す全ての学生に対
し、外国人児童生徒等の教育に関する基礎的な内容を学ぶことのできる機会が
提供されることが望ましい」としている。

　さらに2021年3月、中央教育審議会によって出された答申（「『令和の日本
型学校教育』の構築を目指して」）でも、これからの時代において「学校教育の
質と多様性、包摂性を高め、教育の機会均等を実現する」ための具体的方策の
1つとして「増加する外国人児童生徒等への教育」が挙げられている。「外国
人の子供たちが共生社会の一員として今後の日本を形成する存在であること
を前提に、関連施策の制度設計を行う」こと、「キャリア教育や相談支援の包
括的提供、母文化の学びに対する支援」や「日本人の子供を含め、異文化理解・
多文化共生の考え方に基づく教育の更なる取組」を行うことの必要を認め、今
後、教員養成課程では、教師としての指導力向上のため外国人児童生徒等に関
する内容について学ぶ場を提供するとともに、異文化理解や多文化共生の考え
方に基づく教育の普及と充実のため履修内容を充実させることが提言されて
いる。

　この間、教師や支援者の養成および研修のための具体的なモデルプログラム
の開発事業も進められている。2017年から2020年にかけて公益社団法人日
本語教育学会が文部科学省の委託によって実施した「外国人児童生徒等教育を
担う教員の養成・研修モデルプログラム開発事業」（以下、「養成・研修モデル
プログラム開発事業」）である。本事業では、外国人児童生徒等の教育を担う
教師等の資質・能力、実践の場で求められる具体的な力を明らかにするととも
に、養成や研修において扱うべき内容構成と個別の実施計画例、さらに評価シ

ステム、資料等を開発・作成しており、成果物はいずれもウェブサイトを通じて提供されている（日本語教育学会、2020年、1頁）。

　これまですでに一部地域の教員養成大学では、地域で増加する外国につながる子どもたちの実態を踏まえた上で、外国人児童生徒等教育を開設する動きも見られる。しかしながらこうした先駆的事例を除いては、多様な文化的背景の子どもたちをめぐる諸課題に取り組むことのできる教員の養成は、まさに緒に就こうとしているところである。日本の社会、学校の一層の多文化化（multiculturalization）という現状を踏まえ、大学の教員養成課程、とりわけ教職課程では学生たちに対しどのような学修の機会を準備していく必要があるだろうか。本章では、多文化化する日本の社会という実態を念頭に置き、多様な文化に対応できる教師[3]（culturally responsive teachers; Villegas & Lucas, 2002, culturally responsive pedagogists; Irvine, 2003）を育成するためのカリキュラム・デザインについて探究することにしたい。具体的には、まず、学校で学ぶ子どもたちの（文化の）多様性という実態を踏まえ、広く教員養成課程で学ぶ学生たちが学修を通じて共有すべき認識基盤について言及することにしたい。その上で、米国において展開されてきた多文化教師教育（multicultural teacher education）に関する議論のうち、ヴィレガス（Villegas, A. M.）とルーカス（Lucas, T.）（2002）による『多様な文化に対応できる教師を育成する——一貫的アプローチ（*Educating Culturally Responsive Teachers: A Coherent Approach*』を参照しつつ、文化の多様性に対応性のある教師を育成するためのカリキュラムをデザインする際の到達目標、授業に盛り込む内容や活動について検討する。その上で、筆者が所属する教職課程で筆者の行ってきた実践に触れつつ、教職課程での多文化教師教育の可能性と課題についても言及したい。

2．教員養成課程で学ぶ学生たちがもつべき認識基盤：（文化の）多様性、抑圧と格差の問題、社会正義

　ここではまず、広く教員養成課程で学ぶ学生たちがもつべき認識基盤として、（文化の）多様性、差異によって生み出される抑圧や格差の問題、社会正義の3つをとり上げることにしたい[4]。教師教育者（teacher educators）は、これ

らの概念を学生たちが今後教師として教育を実践していく上で参照する基盤
となるよう、カリキュラムをデザインし実践する。

　これら３つの概念を将来教壇に立つことになる学生がもつべき認識基盤と
してあえて明示的にとり上げようとするのは、恒吉（2021）が指摘するように、
日本ではこれまで「国際化」教育改革、「多文化化」教育改革のいずれについて
も推進力が弱かったことによる。そもそも、移民・難民、民族・人種、宗教と
いったテーマが、国際的には教育問題の中核にあり幅広い社会問題と絡み合い
ながら政治を揺るがすものとして重要視される一方で、日本では、研究領域と
しても周辺的であり、日常的に意識化されず、多くの人にとって「ピンとこな
い」題材である。ここで「国際化」教育改革とは、世界のさまざまな国・地域
の人々と共に学び課題を解決するのに必要な知識や態度、コミュニケーション
能力、言語力等を獲得する機会の提供など、「国際的、異文化間的、グローバル
な側面」を「意図的に」教育の諸側面に取り入れてゆく「プロセス」、「多文
化」教育改革とは、文化的多様性の尊重、多文化への寛容性の育成、文化間の
格差の解消や社会的公正の視点から、教育の諸側面を「意図的に」変えてゆく
「プロセス」を指す。近年、「国際化」教育改革については、子どもたちの英語
力向上のための諸政策をはじめとする「グローバル人材」の育成など、一定の
変化は見受けられるものの、国益に関係した側面に限定され、日本社会におけ
る多様性の統合を念頭においた「多文化化」教育改革と統合されるには至って
いない（1-6 頁）。

　いうまでもなく、本章でとり上げようとする多様な文化に対応できる教師を
育成するためのカリキュラムは、日本国内における文化の多様性、多文化化の
実態に鑑みたものであり、「多文化化」教育改革の流れに位置づく。そして、本
カリキュラムの対象となる教職課程履修の学生にとっても、本カリキュラムに
関わる主要なテーマが「ピンとこない」可能性は高い。学生の大半は、「みんな
＝同質という前提のもとで、他者と同調できることはよいとする価値観」が支
配的な日本の学校（金井、2019，243 頁）でこれまで教育を受けてきており、
身体の（外見的）特徴、言語、宗教、価値観、行動様式等をめぐる多様性はも
とより、こうした差異によって生成される支配－従属といった不均衡な関係性、
抑圧（差別、排除）や格差等の問題は、出身地域や学生自身の文化的背景、教

育経験等によって例外こそあれ、日常のなかで中心的テーマとして認識されて
きたとはいいがたい。そこで、「多文化化」教育に関わる主要な概念として（文
化の）多様性、抑圧と格差の問題、社会正義を教員養成課程で学ぶ学生がもつ
べき認識基盤としつつ、（文化の）多様性、多文化化をめぐって子どもたちの
間に発生する差別、排除といった不正義（injustice）の問題について「ピンと
くる」（自覚的である、自覚できる）、さらにはそれと向き合い解決のため何ら
かの行動を起こそうとする教師を育成するためのカリキュラムをデザインす
ることが肝要となる。以下、それぞれの概念についてみていくことにしよう。

（1）（文化の）多様性
　文化は、石井・久米（2013）によれば、以下のように説明される。

　　自分の所属している集団、自分の居住している地域などでは「あたりまえ」
　　とされている共通の「考え方」「行動の仕方」「ものの見方」「対処の仕方」
　　であり、ある状況においてどのように振る舞えばよいのかについて瞬時に
　　判断するときに個々人が知らず知らずに基準としてとらえているルール
　　のようなものの集大成（14 頁）

　文化は、（社会）集団、居住している地域などの人々の間である程度共有さ
れた、いわば（暗黙の）約束ごと、了解事項とされるものである。ただし、こ
うして（社会）集団として括られる人々の間には必ずしも接触や交流があるわ
けではないことから、（社会）集団ではなく社会的カテゴリーとするのが適切
であるとする主張もある（佐藤、2018、22-23 頁）。いずれにせよ、ある集団
（または社会カテゴリー）の人々によって習得され共有されたものの考え方、
価値観や行動様式ということができる。日本の例でいえば、日本系のみならず、
中国系、朝鮮系、ベトナム系、ブラジル系というように、さまざまなエスニッ
ク集団が存在し、それぞれに特徴的な文化的特性や宗教、共通言語が見出さ
れる。
　ただし、個人のアイデンティティ（自己概念）、あるいは、個人ないし社会集
団間の抑圧（差別や排除）、格差（inequality）といった不正義の問題について

も検討しようとすれば、多様性の要素を広げ、国籍、人種、エスニシティ、言語、宗教、ジェンダー、セクシュアリティ、障害、社会階層、世代といったさまざまな集団ないし社会的カテゴリーにおける多様性について念頭に入れていく必要がある。個人のアイデンティティとは、こうした複数の要素が複雑に関わって構成された、「『わたし』を、『わたし』以外から区別する、『わたし』らしい特徴の一切」（石川、1992、14頁）である。

　個人を構成するこれらの要素は、個人が自らの意思で選択したり変更したりすることが可能（または比較的容易）なものもあれば、個人の生まれた家庭や生みの親、身体に関わる要素のように、個人の意思や努力では変更し難いものもある。人は、「生の偶然性」（人の生は、各人には制御しえない偶然の諸要因によって規定されていること）と「生の脆弱性」（病、老い等で明らかなように、人は誰もが他者に依存することなしには生きてはいけない脆弱な存在であること）を避けられない存在（齋藤、2017）なのである。多様な文化に対応できる教師を育成するためのカリキュラムをめぐって（文化の）多様性に加え、社会正義についても考慮しようとするのは、人の生において避けがたい偶然性と脆弱性の存在ゆえである。

（2）差異によって生み出される抑圧と格差の問題
　（文化の）多様性には、国籍、人種、エスニシティ、言語、宗教、ジェンダー、セクシュアリティ（性自認、性的指向）、障害、社会階層、世代といったさまざまな集団ないし社会的カテゴリーにおける差異が含まれる。ただし差異は、集団（ないし社会的カテゴリー）間でアプリオリに存在するのでなく、社会的に構築され、再生産される。社会におけるさまざまな集団の中には、労せずして得た特権（privilege）を維持するばかりでなく、強力な影響力を保持し、社会の規範を規定している「支配集団」が存在する。こうした支配集団の価値観、イメージ、経験は文化全体に浸透し、その社会を代表するものとなっており、この集団が、どの属性をとり上げて人々を分類しランク付けるかを決めている（Goodman, 2011, p. 5）。支配集団によって差異をめぐって価値づけ、序列化が行われることで、不均衡な関係性は幾重にも生成され、抑圧（差別、排除）や格差のシステムとして機能する。

　抑圧や格差は、学校教育においても発生している。学校では、強力な影響力をもつ集団の言語、コミュニケーション・スタイルが用いられ、その集団にとって正統とされる文化（歴史認識を含む知識内容、道徳的倫理的価値観、行動規範）や経験が伝達されている。これによって、学校で教育を受ける機会の格差はもとより、教育の過程におけるさまざまな抑圧（差別と排除）、教育の結果としての学力の格差が生み出されている。

　日本の学校についていえば、1872 年の「学制」発布以来、学校では、言語（国語）、道徳的価値観、歴史認識を共有する国民形成のための国民教育が行われてきた。日本国憲法と教育基本法で謳われているように、「すべての国民はその能力に応じてひとしく教育を受ける権利を有し」（日本国憲法第 26 条）、「人種、信条、性別、社会的身分、経済的地位又は門地によって、教育上差別されない」（教育基本法第 3 条）。日本国籍をもたない子どもについても就学を希望した場合には、初等中等教育について日本の子どもと同一の教育の機会を保障するとしている（文部科学省、2016）。

　しかしながら現実には、子どもの性別や家庭の階層、居住地域等によって等しく教育の機会が与えられているとは限らず、「その能力に応じて等しく」というところの各自の「能力」には、子どもの性別、家庭階層、居住地域等が反映されている可能性がある。教育の過程では、子どもの性別、家庭階層のみならず、言語（日本語）の運用能力やセクシュアリティ（性自認、性的指向）等によって、差別を受けたり学びから排除されたりする子どもたちもいる。現に、日本語を母語としない子どもの約 2 割は日本語の指導を受けておらず（文部科学省、2019b）、日本の子どもと同一の教育の機会を保障されるに至っていない。また、男女二元論、異性愛中心主義が前提となった学校でセクシュアル・マイノリティ（例えば、トランスジェンダー、同性愛、両性愛など）の子どもは、居心地の悪さ、生きづらさを経験し、希死念慮を抱くようになる者、不登校になる者もいる。

　全国学力・学習状況調査の結果を用いた研究によると、子どもの学業達成（学力テストの点数）には、家庭の経済的要素（世帯の収入）、文化的要素（保護者の最終学歴、家庭での習慣など）が一定の影響を及ぼしている（国立大学法人お茶の水女子大学、2018）。子どもの経済的文化的背景によって生じる学力の

差異は、子どもの個性による違いではなく格差である。格差は放置すべきではなく、われわれに問題視するよう告発し、是正や縮小、緩和を目指す行動を要求する（耳塚、2014、2-3頁）。子どもの学力の格差は、その後の進路形成、進学の格差、ひいては将来の生活のあり方そのものにもつながりうるものであり、看過することはできない。

（3）社会正義

　多様な文化に対応できる教師を育成するためのカリキュラムをデザインするにあたっては、（文化の）多様性に加え、社会正義（social justice）についても認識しておく必要がある。というのも、多様な文化をめぐる諸課題は、個人の認識に関わる偏見やステレオタイプ、人間関係のダイナミクスにとどまらず、社会における公正さ（equity）、さまざまな集団間の権力関係、制度化された抑圧（institutionalized oppression）にも及ぶからである（Goodman, 2011, p.4）。

　社会正義は、目標（goal）として、あるいはこの目標に達成するための取り組みの過程（process）として認識することが可能である。ベル（Bell, L. A.）は、社会正義とは目標かつ過程であるとして、以下のように説明する。

　　目標としての社会正義とは、あらゆる社会集団の人々が十全かつ公正な方法で社会に参加することである。しかもこの社会は、各集団のニーズを満たすよう協働で調整されている。こうした目標に到達するための過程もまた、民主的で誰もが参加可能であり、人々や集団の多様性が尊重され、他者との協働を通じて変化を生み出せるようインクルーシブで人としてのエージェンシー（human agency）や能力（capability）が承認されるものでなければならない（Bell, 2018, p.34）。

　一方、グッドマン（Goodman, J. D.）は、以下のように取り組みの過程として認識している。

　　社会正義は、「権力や資源をより公正に分配し、すべての人が尊厳と自己決定権をもって心身ともに安全に生活できる方法を模索する取り組み」と

いえる。このような取り組みを通じて互いに支え合い責任を負い合える社
会においてこそ、人々は自らの実力を十分発揮することができるようにな
る（Goodman, 2011, p.4）。

　社会正義は、支配され、差別や排除を経験してきた人々、いわば、マイノリ
ティの社会集団の人々に対する承認とインクルージョン、権力や資源の公正な
配分等を通じて社会を変革していくという目標であり、その目標のための取り
組みの過程といえる。学校教育の文脈においては、公正でない教育実践や制度
化されたさまざまな抑圧（性差別、階層差別など）の見極めと除去、多様な集
団間に存在する教育機会の格差の是正がめざされるといってよいだろう。学校
行事を含む教育課程の内容はもとより、そこで使用される教材、教育の方法、
教師の指示行為、慣習、さらに（高校での）選抜、教員採用のあり方を含む学
校に関わる各種制度的取り決めについて、隠れたカリキュラムをも含め、吟味
していくことが求められる。グッドマン（2011）は、社会正義に取り組むにあ
たっては、とりわけ「支配集団」に属し、自らが労せずして享受しているさま
ざまな特権に無自覚なマジョリティこそが、不当（unjust）な制度的構造や政
策、営為を変えるとともに、支配的イデオロギーを批判的に問い、意義を申し
ていくことが必要であると強調する（p.4）。

３．米国における多文化教師教育の議論から：多様な文化に対応できる教師を育成するカリキュラム

　これまで、多様な文化に対応できる教師の育成という観点から、学生たちが
学修を通じてもてるようにすべき認識基盤について検討してきた。教師教育者
は、これらの概念を学生たちが今後教師として教育実践を行う上で参照する基
盤としていけるよう、カリキュラムをデザインし実践する。しかし、これらは
あくまでも認識基盤である。より具体的なカリキュラムのデザインにおいては、
米国で展開されてきた多文化教師教育に関連する議論を参照することにした
い。
　米国では、1970 年から 1980 年代にかけて、多文化教師教育という考え方が
成立した。この背景には、1960 年代半ばの法改正に伴い移民の出身地域が変

化したことで、学齢期の子どもたちの民族構成が多様化したことがある。以降、多様な文化的言語的背景の子どもたちの教育要求に対応できる教師の養成が教師教育の大きな課題となっている（森茂、2007，22-23頁）。

　多文化教師教育を通じて育成しようとするのは、多文化教育の実践を担いうる教師である。多文化教育は、「さまざまな人種、エスニック集団、あるいは社会階層の子どもたちの教育における公正（equity）に一層配慮しようとする包括的な学校改革の試み」（Banks, 1993）であり、以下の5つの次元からなる（Banks, 2016, p. 5）。これら5つの次元は相互に関連し、このうち土台となるのは、知識の構成過程である（同、p. 5）。これら5つの次元から明らかなように、多文化教育の対象となるのは、特定の人種、エスニック集団の子どもたちのみならず、すべての子どもたちである。

①　教育内容の統合[5]：
教科指導や生活指導で、カギとなる概念、原則、理論を説明したり一般化したりする際、子どもたちの文化的背景を反映した事例や知識内容を採用する。
②　知識の構成過程：
子どもたちに対して、自分にとって自明視された文化的な価値観、認識枠組み、見解、また偏見が自身の知識の構成過程にどのような影響を及ぼすのかについて理解と検証を促す。
③　公正な教授方法：
多様な人種、エスニック集団の子どもたちの学業達成に向けて教授方法を調整する。それには、子どもの学習スタイルに一致した教授方法も含まれる。
④　偏見の軽減
人種に対する子どもたちの態度に着目し、教育方法と教材によって偏見をなくす。
⑤　子どもたちをエンパワーする学校文化と社会構造の探究
多様な（社会）集団の子どもたちをエンパワーする学校文化を創造するために、既存の学校文化を検証する。検証の対象には、集団分けや名づけの実践、スポーツへの参加状況、人種による学業達成の格差、子どもと教師間の関わり等がある。

　ヴィレガス（Villegas、A. M.）とルーカス（Lucas, T.）は、多様な文化的背景の子どもたちに対応しうる教師を育成するための教師教育カリキュラムの枠組みを提示している。ヴィレガスらが構想するのは、大学教員養成課程におけるカリキュラムである。

　ヴィレガスらによれば、現行の教員養成では、教師の授業実践と子どもたちの学習を支える知識（knowledge）や技能（skills）の習得だけでなく、態度（attitude）の形成にも重きを置くようになっている。しかしヴィレガスらは、教員養成を知識、技能の習熟、態度の形成として捉えることにも限界があるとする。というのも、知識、技能、態度は、現実には教師内部で複雑に関係し合い、調整、統合されることで教授行為を形づくるからである。それぞれを分けて提示することは、教員養成プログラム開発のための知識、技能、態度のリストを提示することに過ぎず、回避すべきである。そこでこれに代わってヴィレガスらは、教師教育カリキュラムを、知識、技能、態度の混じり合った6本で一組となる織り糸として捉える。この6本の織り糸がそれぞれ多様な文化に対応できる教師を育成するカリキュラムの構成要素となる（Villegas & Lucas, 2002, pp. 25-26）。

　ヴィレガスらの提示するカリキュラムの構成要素とその詳細は表 7-1 に示す通りである。構成要素は、①〜⑥の6つであり、このうち、①〜③は、全体の土台となる（◎で表記）。詳細の各内容の最後に、当該構成要素がバンクス（2016）のいう多文化教育の5つの次元のどれに該当するかを明示している。

表7-1　多様な文化に対応できる教師を育成するカリキュラムの構成要素
（Villegas & Lucas〔2002〕、Banks〔2016〕をもとに筆者が作成）

構成要素	詳細
◎　①社会および文化についての	具体的には、以下についての理解を促す。 **世界観**　個人の世界観は、人種やエスニシティ、階級、ジェンダーといったさまざまな要素の影響を受けた個人の人生経験によって形づくられていること。

171

意識化	**権力の格差**　社会において個人の置かれた場所（location）は異なり、それによって地位、権力へのアクセスには格差が生じていること（人種、エスニシティ、ジェンダー等による経済的資源、政治的権力の格差）。 **⇒該当する多文化教育（Banks, 2016）の次元**：知識の構成過程
◎② 多様な文化的背景の子どもたちに対する肯定的態度の形成	具体的には、以下のような理解を促し、それぞれの態度を形成する。 **支配的文化に対する態度**　学校で支配的な文化（言語の使い方、他者との関わり方、学習への参加のし方など）は正統であり、同様に、他の集団に特徴的な文化も正統であることの理解。白人中産階級に特徴的な文化が学校で支配的になっているのは、それがもともと優れているためではなく社会における支配的地位の反映によるということの理解。 **文化の多様性に対する態度**　支配的文化の規範とは異なった考え方、話し方、振る舞い方も、（劣っていたり欠陥があったりするのではなく）正統である。文化の多様性は、尊重され、肯定されるべきであることの理解。 **多様な子どもたちに対する態度**　支配的な文化規範に順応していなくとも、すべての子どもは、学習の助けとなる強み（resources）として経験、知識、技能をもっていることの理解。 **⇒該当する多文化教育の次元**：偏見の軽減
◎　③ 「変化のエージェント」として行動する責任と技能	教師にとって、「変化のエージェント」（agents of change）であることは、倫理的に必須の側面であり、技術者（technician）としてのあり方と対照をなす。変化のエージェントとして以下のような価値観を形成するよう促す。 **学校観**　学校は社会と複雑に関係している。そのため学校では、社会における支配集団の文化と関心事に特権が与えられ、社会の不平等が再生産されている。その一方で、学校は社会を変革するための場ともなりうる。 **授業観と教師観**　教えるという行為は、政治的倫理的行為であり、教師は、社会の公正を促進するための運動の参加者である。自らはなぜ教師なのか、教育と社会において重要なことは何かについての個人としてのヴィジョンをもつ必要がある。さらに、変化のエージェントとして、学校で公正でない教育実践を見極め除去する責任をもつ。教師の行為は決して中立

	的ではなく、現存する社会秩序を支持したり、それに異論を唱えたりする必要がある。 ⇒該当する多文化教育の次元： 偏見の軽減 　子どもたちをエンパワーする学校文化と社会構造の探究
④ 教育実践における構成主義的基盤の採用	教育を実践する上で構成主義的基盤を採用するとは、知識、学校知、学校での学び、教えるという行為について、以下のように理解するとともに、この理解をもって授業することである。 **知識**　知る行為の主観性を踏まえれば、知識とは、人為的構成物に他ならない。知識は、解釈され価値づけられたもの、部分的で暫定的と表現される。 **学校知**　学校知とは、教科書に記載され教師によって伝達される、専門家による事実、概念、原則、理論をいうのではない。むしろ、子どもが学校での学びのなかで出会う事実、概念等に対して自分の知識や経験をもとに付与する意味を指す。学校で扱われるカリキュラムは一部分であることから、教師は、学校のフォーマルなカリキュラムで扱われるものの見方だけでなく、扱われないものの見方についても子どもが理解するよう支援する責任がある。 **学校での学び**　学校での学びは、子どもが自分の知識や経験をもとに新たな知識や経験を意味づけるという能動的行為である。学びの共同体で他者とのコミュニケーションを通じて新たな概念を生み出す。子どもは、知識を注ぎ込まれる「空の容器」ではなく、知の構築者・構成者である。 **教えるという行為**　子どもに対して知識を伝達することではなく、新たな知識や経験を子どもの知識や経験につなぎ、子どもに新たな知識や経験の意味付けを促すことを指す。教師は目的のある活動を組織し、子どもの解釈をモニターする。この過程において子どもたちの差異は承認され、強みとして扱われる。学習は複雑であり、教師は絶えず指導計画を調整することが求められる。 ⇒該当する多文化教育の次元： 教育内容の統合 　 知識の構成過程
⑤ 子ども	教えるという行為は、子どもの既存の知識や経験に新たな知識や経験を橋渡しすることである。橋渡しには、子どもに新たな概念を説明する際子ども

と子どもたちの コミュニティについての学び	の日常生活に関わる事例や解説を盛り込むこと、子どもに関連した意義ある活動のアイデアを考案すること、子どもの長所を引き出すこと、思い違いを指摘することが含まれる。この橋渡しのために、教師は子どもたちについてよく知る必要がある。知っておくべきことは、以下の通りである。 **学校外での子どもたちの生活のあり方**　家庭環境、家庭での生活のあり方、余暇の過ごし方等 **将来の生活との関連での学校知についての子どもの認識、学校教育のもつ潜在力に対する子どもの信頼** **教科内容と子どもたちの関連性**　学校外での子どもの経験で教科の知識内容に関わるもの、子どもの文化（価値観）で学校の教科内容と異なるもの等 **地域社会での生活**　統計データ、影響力をもつ人物、利用可能なリソース 　⇒該当する多文化教育の次元：教育内容の統合
⑥「文化的に適切な教育」実践の高度化	「文化的に適切な教育」（culturally responsive teaching）は、一部の子どもを対象とするのではなくすべての子どもたちを対象とする。すべての子どもの強みを引き出す教育となるよう学校教育は再構築される必要があり、そのためには下記5つの実践が有効である。 **㋐すべての子どもが知識を構成する営みに参加できるようにすること**　探究型プロジェクト学習や多様な能力の子どもたちからなる小グループでの協働学習の組織、真正な対話の実施等 **㋑子どもの個人的・文化的強みを生かした学習の計画**　子どもがより重要な知識や考え方にアクセスするための支援、子どもの興味関心、言語能力への配慮、子どもの生活に関連した事例の提示、適切な教材の利用、地域社会におけるリソースの活用等 **㋒子どもがカリキュラムをさまざまな視点から検証できるようにすること** **㋓子どもの学びを促進するためのさまざまな評価方法の採用** **㋔すべての子どもを取り込む教室文化の形成** 　⇒該当する多文化教育の次元：教育内容の統合　知識の構成過程 公正な教授方法　子どもたちをエンパワーする学校文化と社会構造の探究

４．多様な文化に対応できる教師の育成：教職課程におけるカリキュラム・デザインに向けて

（１）カリキュラムの到達目標

　ヴィレガスら（2002）は、前節表 7-1 に挙げた教師教育カリキュラムの構成要素（①〜⑥）に対応させる形で、多様な文化に対応できる教師のもつ知識・技能・態度を，表 7-2 のように６つ挙げている（Villegas & Lucas, 2002, p.121, p. 198）。これらは、同カリキュラムの目指す到達目標とみなすことが可能である。

表 7-2　多様な文化に対応できる教師の育成：カリキュラムの到達目標
（Villegas & Lucas, 2002, p. 121 および p. 198 をもとに筆者作成）

①　子どもが自分とは異なった世界観をもっている可能性があることを理解するとともに、世界観は、各人の置かれた社会的地位、または個人的、社会的、文化的経験によって形成されており、したがってみな同じではないことを認識している。
②　多様性に対して好意的である。子どもたちがみな学習のための強み（resources）をもっていることを認識し、多様な文化的背景の子どもたちに対して肯定的態度をとることができる。
③　教えるという行為を政治的かつ倫理的活動として捉えたうえで、自らを「変化のエージェント」として認識し、公正でない学校の実践を見極め、意義を申し立てることができる。
④　知識、教えるという行為、学びを構成主義的観点から理解するとともに支持している。
⑤　担当する子どもたちについてよく知ることの必要性を理解し、そのための方略をもっている。
⑥　子どもについての知識を活用してさまざまな実践を組織し、子どもの学習を支援することができる。この実践には、構成主義的な知の探究活動を組織すること、子どもの興味関心や強みを伸ばすこと、子どもに多様な視点から物事を検証させること、多様な評価方法を採用すること、インクルーシブな教室文化をつくることが含まれる。

（2）カリキュラムのデザイン：教室内外における実践の組織

　カリキュラムを具体的にデザインするにあたっては、カリキュラムの到達目標（表 7-2）、カリキュラムの構成要素（表 7-1）を踏まえ、教室を「学習者の共同体」（learners community; Villegas & Lucas, 2002、p.121）にすることが重要となる。教師教育者は、自ら多様な文化に対応できる授業実践者のモデルとして構成主義的な知識観と学習観をもって、協働的な探究学習やプロジェクト学習、対話、省察の伴うエッセイやレポートの執筆、発表など、学生たちの多様性を生かした活動や評価方法を採用する。これによって学生たちは、知識伝達型とは異なるさまざまな探究活動を経験し、構成主義的な知識観、学習観について文字通り身をもって知るだけでなく、同じ教室に居合わせた学生一人ひとりの文化的背景や生育歴、経験が異なり、したがって世界観もそれぞれに異なっていることを理解するとともに、自らの認識や知識、経験は強みとして自身の学びを豊かにすること（したがって文化の差異は欠陥ではなく豊かさであること）に気づくことができる。

　具体的な教室での活動、また教室外での活動は、それぞれ以下のように挙げることができる。

教室での活動
・　省察の伴う作文（reflective writing）：
個人を内省に誘うことから有効である。日記、自分に関するエッセイ（自身の人種やエスニシティ、文化や多様性についての自身の考え方に関する個人的エッセイ）の執筆等。
・　家族や自分の歴史、自身の社会的文化的属性についての探究：
家族史の探究を通じて、異なる人種やエスニシティの人々との関わりの存在に気づいたり、自身の価値観やものの考え方がいかにエスニシティ、社会階層、ジェンダー等社会的文化的要素によって形づくられているかを認識することが可能になる。
・　シミュレーション・ゲーム：
抑圧された経験のない者が被抑圧を経験するという点で効果的である。バファバファ（BaFa BaFa）、スター・パワー（Star Power）、バーンガ（Barnga）、

パワーウォーク（power walk）等。

・　多様な集団の人々のこれまでの経験と現在についての学習：
学校にいる多様なエスニック・人種集団の人々（他の学生、教職員）との対話
をはじめ、多様な集団の人々について扱った映画、ドキュメント映像、自伝等
を教材として用いた活動が挙げられる。多様な人々の経験、現在について学ぶ
ことで、自分の世界観がすべての人と共通するものではないことに気づく。

・　「文化的に適切な教育」についての学習（事例の検討を含む）
学業不振に陥っている（または陥る可能性のある）子どもたちの（学業不振に
対する言い訳ではなく）学業達成の展望が描けるような実践のあり方について
詳細に理解する。事例学習の教材には、ナラティブ（narrative）の様式で書か
れたものが適切である。

フィールドでの経験
・　教育実習
・　学校や地域コミュニティへの訪問
・　サービス・ラーニング
・　子ども、学校、教室、地域コミュニティについての探究：
　　参与観察、ききとり、資料分析等による。
・　多様な文化に対応できる教師による授業実践等への参加、等
（以上、Villegas & Lucas, 2002, pp. 122-132）。

5．教職課程における多文化教師教育のカリキュラム・デザインの可能性と課題

　ここまで、多様な文化に対応できる教師を育成するためのカリキュラムのデ
ザインについて、米国における多文化教師教育の議論を参照しながら検討して
きた。具体的には、ヴィレガスとルーカス（2002）を中心に多様な文化に対応
できる教師を育成するためのカリキュラムの到達目標と構成要素、活動内容に
ついてみてきた。これを（文化の）多様性、多様性をめぐる抑圧や格差といっ
た諸問題が日常的には意識化されない日本の現状に鑑みつつ、大学教職課程に
おいて実践しようとする場合、どのように進めることができるだろうか。本節
では、筆者自身が所属する武蔵大学教職課程において行っている授業の実践に

も触れつつ、教職課程での多文化教師教育カリキュラムのデザインの可能性と課題について検討することにしたい。

　表 7-1 で提示したカリキュラムの構成要素は広範囲にわたることから、教職課程の授業で扱おうとする場合、①〜⑥の各構成要素を適宜選択し、複数の授業科目で展開することが考えられる。一授業科目全体を通じて多文化教師教育に関わるテーマを取り扱おうとする場合には、現行の教育課程（2019 年度開始）では、「大学が独自に設定する科目」で当該テーマを中心に扱う授業科目を設定することが可能である。これと同時に、既存の授業科目群（「教育の基礎的理解に関する科目」、「道徳、総合的な学習の時間等の指導法及び生徒指導に関する科目」等）においても適宜関連するテーマを扱っていくことができる。

　筆者が教職課程において実施している例を挙げれば、表 7-1 のうち、おもに①社会および文化についての意識化、②多様な文化的背景の子どもたちに対する肯定的態度の形成、③「変化のエージェント」として行動する責任と技能、④教育実践における構成主義的基盤の採用について扱おうと試みているところである。授業科目としては、「大学が独自に設定する科目」として本学で独自に設置する「教育学特論」（2〜4 年生配当の少人数ゼミ形式の選択科目）[6]でこれらのテーマを中心的に扱うとともに、それ以外の担当授業科目のうち「教育基礎論」（1 年次後期配当）、「教育課程編成論」（2 年次後期配当）、「教育方法論」（3 年次前期配当）（以上、必修科目）等で全授業回のうち複数回において関連するテーマを適宜とり上げている。

　このうち、「教育学特論」では、「多文化共生と教師の役割」というタイトルのもと、学生がこれまでの自身の（学校）経験、具体的な事例をもとに、文化、多様性、差異をめぐる差別や排除の問題、支配集団の享受する特権といった諸概念について理解を深めるとともに、授業のなかでのさまざまな活動を通じて教師の立場から子どもたちの（文化の）多様性、社会正義に対する態度を形成するよう試みている。活動には、省察、自分や自分の経験に関わるエッセイやレポートの執筆と発表、シミュレーション・ゲーム、ゲスト・スピーカーとの対話、ドキュメンタリー映像の視聴等が含まれる[7]。

　一方、既存の授業科目として、例えば、「教育課程編成論」では、子どもの家庭の階層的要素（経済資本、文化資本等）や言語の運用能力、コミュニケーショ

ン・スタイルが子どもの学びの経験に対してどのような影響を及ぼすのか、また、学校では隠れたカリキュラムを通じてどのようにジェンダーが形成されているのか、また性差別主義のイデオロギーが浸透するのかを扱い、これらに対する教師の関わりのあり方について問うている。あるいは、「教育方法論」では、例えば、多様な文化的背景の子ども、セクシュアル・マイノリティの子どもの学校での経験についてとり上げ、子どもたちの多様性という観点からの授業デザインのあり方について探究を促している[8]。

　上に挙げた講義形式の授業科目を含め授業全体を通じて意図的に行っているのは、学生たちによる自身の学校・教育経験についての省察と小集団またはクラス全体でのその内容についての共有の機会、教育をめぐる諸テーマについての小集団およびクラス全体での討議の機会を設けることである。討議には、日本の学校で導入されている諸政策（例えば、習熟度別指導、学習指導のスタンダード化等）や教室では自明となっている教師と子どもたちの間のコミュニケーションについての批判的検討も含まれる。

　米国の大学における教員養成プログラムでは、通常のプログラムに多文化教師教育に関わる授業科目を 1 ないし 2 科目という形で追加するアプローチがとられる場合が多い。しかしこうしたアプローチでは、多様性についての学生たちの理解が表面的ないし部分的なものに留まるという指摘、あるいはプログラムを担う教師教育者たちに対して、多文化社会で教育を担う教師を育てるのは一部の教師教育者の責任であるという誤った認識を強化するに至るという指摘がある（例えば、Assaf, Garza & Battle, 2010, p. 116）。こうした追加的アプローチに対してニエト（Nieto, S）は、多様性、社会正義といったテーマを教師教育全体を通じて扱うとともに、教えるという行為を「生涯にわたる変容の旅」（a life-long journey of transformation）として位置づけ、当該テーマに取り組むよう促すことを主張する（Nieto, 2000）。本章でとり上げたヴィレガスら（Villegas& Lucas, 2002）も、そのタイトルの副題に「一貫的アプローチ」（coherent approach）としているように、本テーマを追加的に扱うのではなく、通常のプログラムに多文化教育に関わる視点を一貫してとり入れるアプローチをとることを主張する。

　本章の冒頭でも述べたように、一部の教員養成大学における先駆的事例を除

き、日本において多様な文化的背景の子どもたちをめぐる諸課題に取り組むことのできる教師の養成は、まさに緒に就こうとしているところである。今後、教職課程も含め、教員養成課程での具体的なカリキュラム編成のあり方については、ここに挙げたアプローチのあり方も含めて検討を進める必要がある。

【注】

1) 外国人の子どもが1名以上居住する地方公共団体のうち、外国人児童生徒等教育に関する研修を行っているのは、17.3%である（有識者会議、2020、p.3）

2) 同法第12条では、「外国人等」の子どもたちに対する日本語教育の充実を図るため、指導を行う教員の配置に関わる制度の整備と、教員等の養成および研修を充実させる旨定めている。

3) culturally responsive は、「文化に敏感な」、「文化に応答的な」といった訳語を充てることも可能である。しかし前者では、当該教師の役割が個人の資質としての敏感さの問題に転換される可能性がある。一方、後者の場合、応答には、他者による何らかの働きかけがあることが前提となるため、当該教師の役割を正確に表現しているとはいえない。これらを考慮し、ここでは、「文化の多様性に対応できる」を充てることにする。

4) 本節でとり上げる多様性、社会正義の議論は、日本教師教育学会2018年度国際研究交流部によって立ち上げられた UNESCO（2015）*Rethinking Education*（以下、RE）の翻訳プロジェクトのメンバー（百合田真樹人、矢野博之、森久佳、香川奈緒美、荒巻恵子、深見俊崇）との共同研究の成果に多くを依っている。RE では、教育の目標として個人の機能の向上を図る功利主義的アプローチではなく人間主義的アプローチをとることこそが、教育ならびに人間のウェルビーイングにとっての必須基盤となるべきとして、後者のアプローチをもって教育を再考しようとしている。文化の多様性、社会正義は、教育における人間主義的ヴィジョンを構成する概念として、生命と人間の尊厳への敬意、権利の平等、国家間の連帯、持続可能な社会への責任とともに挙げられている。RE の主張に従えば、これらの概念は、教師やこれから教壇に立つ学生のみならず、学校と教育に関わるすべてのステークホルダーにとって、今後教育について議論する上での認識基盤となるべきものある。

5) 米国における多文化教育の本次元の実践事例は、金井（2021）を参照されたい。

6)　「教育学特論」は、「教職総合演習」という授業科目が 2012 年度をもって取りやめ
　　となったことを受け、本授業科目の趣旨を引き継ぐ授業を提供できるようにと本学
　　で 2013 年度に独自に設置することになった。「教職総合演習」は、「人類に共通す
　　る課題又は我が国社会全体にかかわる課題のうち、一以上のものに関する分析及び
　　検討並びにその課題について幼児、児童又は生徒を指導するための方法及び技術を
　　含むもの」(1998 年改正「教育職員免許法施行規則備考」) とされていた。現在は、
　　各授業担当者が広く教育に関わるテーマで展開する授業科目として開講している。

7)　2019 年度前期に実施した本授業の実践記録は、金井・武田 (2020) を参照された
　　い。

8)　「教育課程編成論」および「教育方法論」では、筆者も共著者となっている金井・
　　佐藤・岩田・高井良 (2019) (『子どもと教師のためのカリキュラム論』) を教科書
　　として指定している。ここに挙げた内容は、第 9 章「子どもたちの多様性と学校で
　　の学びの経験」、第 10 章「隠れたカリキュラム」で扱っている。

【引用・参考文献】

石井敏・久米昭元 (2014)「異文化コミュニケーションの基本概念」石井敏・久米昭元・
　　長谷川典子・桜木俊行・石黒武人『初めて学ぶ異文化コミュニケーション　多文化
　　共生と平和構築に向けて』有斐閣選書、11-36 頁

石川准 (1992)『アイデンティティ・ゲーム　存在証明の社会学』新評論

外国人児童生徒等の教育の充実に関する有識者会議 (2020)『外国人児童生徒等の教育
　　の充実について (報告)』

金井香里 (2019)「隠れたカリキュラム」金井香里・佐藤英二・岩田一正・高井良健一
　　『子どもと教師のためのカリキュラム論』成文堂、233－255 頁

金井香里 (2021)「文化の差異を考慮した授業実践の探究－米国で展開された文化的に
　　適切な教育の実践研究を手がかりに－」東京大学大学院教育学研究科編『東京大学
　　大学院教育学研究科紀要』第 60 巻、161-168 頁

金井香里・佐藤英二・岩田一正・高井良健一 (2019)『子どもと教師のためのカリキュ
　　ラム論』成文堂

金井香里・武田信子 (2020)「2019 年度『教育学特論』の授業実践から」武蔵大学教職
　　課程『教職課程研究年報』第 34 号、5-15 頁

公益社団法人日本語教育学会（2020）『外国人児童生徒等教育を担う教員の養成・研修のための「モデルプログラムガイドブック』

国立大学法人お茶の水女子大学（2018）『保護者に対する調査の結果と学力等との関係の専門的な分析に関する研究』

　　https://www.mext.go.jp/component/a_menu/education/micro_detail/__icsFiles/afieldfile/2018/07/10/1406896_1.pdf（2021 年 8 月 15 日最終閲覧）

齋藤純一（2017）『不平等を考える　政治理論入門』筑摩書房

佐藤裕（2018）『新版差別論　偏見理論批判』明石書店

中央教育審議会（2021）「『令和の日本型学校教育』の構築を目指して〜全ての子供たちの可能性を引き出す、個別最適な学びと、協働的な学びの実現〜（答申）」

恒吉僚子（2021）「課題先進国、国際化後進国　日本の教育が歩むべき道」恒吉僚子・額賀美紗子編『新グローバル時代に挑む日本の教育　多文化社会を考える比較教育学の視座』東京大学出版会、1-21 頁

耳塚寛明（2014）「学力格差の社会学」耳塚寛明編『教育格差の社会学』有斐閣、1-24 頁

森茂岳雄（2007）「アメリカにおける多文化教師教育の展開と課題　日本の教師教育に示唆するもの」異文化間教育学会『異文化間教育』25、22-34 頁

文部科学省（2016）『日本語能力が十分でない子供たちへの教育について』

　　https://www.kantei.go.jp/jp/singi/kyouikusaisei/dai35/sankou1.pdf（2021 年 8 月 15 日最終閲覧）

文部科学省（2019a）『学校基本調査』

文部科学省（2019b）「『日本語指導が必要な児童生徒の受入等に関する調査（平成 30 年度）』の結果について」

　　https://www.mext.go.jp/content/20200110_mxt-kyousei01-21569_00001_02.pdf（2021 年 8 月 15 日最終閲覧）

Assaf, L. C., Garza, R. & Battle, J. (2010), "Multicultural Teacher Education: Examining the Perceptions, Practices, and Coherence in one Teacher Preparation Program," *Teacher Education Quarterly*, Spring, pp. 115-135

Banks, J. A. (1993) "Multicultural Education: Characteristics and Goals," in Banks, J. A. & Banks, C. A. M. eds., *Multicultural Education: Issues and Perspectives.*

2nd *ed.*, Boston: Allyn and Bacon, pp. 3-28

Banks, J. A. (2016), *Cultural Diversity and Education: Foundation, Curriculum, and Teaching, 6th ed.*, New York: Routledge

Bell, L. A. (2018), "Theoretical Foundation for Social Justice Education," in M. Adams et al. eds., *Readings for Diversity and Social Justice, 4th ed.*, New York: Routledge

Goodman, J. D. (2011), *Promoting Diversity and Social Justice: Educating People from Privileged Groups, 2nd Ed.*, New York: Routledge／グッドマン（2017）『真のダイバーシティをめざして　特権に無自覚なマジョリティのための社会的公正教育』出口真紀子監訳、田辺希久子訳、上智大学出版

Irvine, J. J. (2003), *Educating Teachers for Diversity: Seeing with a Cultural Eye*, New York: Teachers College Press

OECD (2019), *TALIS 2018 Results (Volume 1) Teachers and School Leaders as Lifelong Learners*, TALIS, OECD Publishing, Paris,
https://doi.org/10.1787/1d0bc92a-en　（2021 年 8 月 15 日最終閲覧）

UNESCO (2015), *Rethinking Education Towards a global common good?*,
https://unevoc.unesco.org/e-forum/RethinkingEducation.pdf　（2021 年 8 月 15 日最終閲覧）

〈付記〉本稿は、JSPS 科研費（課題番号 20K02864）の助成による研究成果の一部である。

第8章　防災教育の展開と展望

諏訪　清二

1．2つの大災害と防災教育の変遷

（1）阪神・淡路大震災以前の防災教育

　防災に関する日本の法律は大災害をきっかけに制定・改正されてきた。戦中・戦後の東南海地震（1944）と南海地震（1946）の後、1947年に制定された災害救助法や伊勢湾台風（1959）の被害を受けて1961年に制定された「災害対策基本法」はその典型である。その後も、阪神・淡路大震災後の「被災者生活再建支援法」の制定（1998）、建築基準法の度々の改正など、災害に立ち向かうための様々な法整備が何度も行われてきた。

　幾度にも及ぶ被災体験から防災の考え方も変化している。古くは災害発生時の救出や救助、被災者の支援などの対応中心の防災であったが、それでは被害を軽減できないことから、事前の備えを重視した防災へと変化してきている。

　防災教育にも同様の変遷がある。ここでは、阪神・淡路大震災（1995）と東日本大震災（2011）を契機に防災教育がどのように変化・成長してきたかを追う。

　阪神・淡路大震災が発生する前は、日本のほとんどの学校では防災教育は避難訓練と同義であった。「ほとんど」と断っているのは、三陸沿岸など津波に何度も襲われた経験を持つ地域では、例えば祖父母から孫子へといった経験者による体験の直接伝達が行われ、学校でも津波避難訓練がかなりの頻度で行われていたからである。ただ、こういった災害への危機感の強い地域を除けば、消防法で決められている火災避難訓練を年に1、2回実施しているだけの学校がほとんどであった。

　理科の学習単元には地震や気象も含まれているが、これらも実際に発生した災害と関連付けて教えられていたわけではない。また、高校の理科には地学があったが、多くの学校では開講されていなかった。つまり、阪神・淡路大震災が発生する前の学校教育には、地球に住んでいるにもかかわらず地球のメカニ

ズムと実際の災害との関連を科学的に学ぶ機会はほとんどなかった。

（２）阪神・淡路大震災が生んだ防災管理と「新たな防災教育」

　阪神・淡路大震災は地震に対する意識が極めて希薄だった地域に未曽有の被害をもたらした。高速道路の倒壊や鉄道の破壊、列車の脱線、駅舎の倒壊、木造家屋だけではなく鉄筋コンクリート造のビルの倒壊、広範囲に及ぶ火災、電気、ガス、水道などのライフラインの長期ストップなど、インフラの壊滅的な被害は、何よりも耐震構造の重要性を私たちに印象付けた。

　教育も大きな被害を受けた。500 人近い児童・生徒・学生が犠牲となり（図1）、被災地のほとんどの学校が避難所となった。教職員は子どもたちの安否確認と安全・安心の保障、教育の再開と復興、そして避難所運営に苦闘した。

校　　　種	子ども	教職員
小　学　校	165 人	11 人
中　学　校	85 人	3 人
高　　　校	65 人	4 人
盲・聾・養護学校	4 人	1 人
幼　稚　園	38 人	4 人
専修・各種学校	14 人	6 人
大学・短大	110 人	11 人

図1　学校関係者の死者数
「阪神・淡路大震災—兵庫県の 1 年の記録」
兵庫県知事公室消防防災課　1996 年 6 月

　兵庫県教育委員会は、震災直後の 3 月に「防災教育検討委員会」を設置した。専門家と教職員による精力的な調査・検討の結果、その年の 10 月には「兵庫の教育の復興に向けて」[1] を発表している。報告の柱は「１．災害時における学校が果たす役割」、「２．学校における防災教育の充実」、「３．心の健康管理」の 3 本であった。26 年以上前に提唱された考え方は、現在の学校防災における重要な柱である「防災管理・防災教育・心のケア」そのものであった。神戸市教育委員会も「教育懇話会中間報告」[2] で震災体験を活かした教育の創造を提唱している。阪神・淡路大震災は日本の防災教育の方向を明確に変えたと言えよう。

　このような提言を受けて被災地の教育委員会は、防災教育副読本「明日に生

きる」（兵庫県教育委員会）³⁾、「しあわせ運ぼう」（神戸市教育委員会）⁴⁾を作成した。ハザードに関する科学的な知識や災害を生き抜く技能だけではなく、震災体験を描写した子どもたちの作文が掲載され、震災体験を通して命の大切さや助け合いや思いやりの心、自らの生き方・在り方を考えさせようとする内容は、その後の全国の防災副読本のモデルとなった。

　被災した子どもたちの中には、眠れない、集中できない、暴力的になる、感情の起伏が大きい、小さな余震でも怖がる、自分は役に立たないと思う、など、普段には見られない変化を示す子どもたちがいた。このような子どもたちの変化に直面した教職員は、その理由を心理の専門家から学び心のケアの方法を開発していった。

　このような命の大切さや助け合い、思いやりの素晴らしさ、心のケアを中心とした防災教育を兵庫県教育委員会は「新たな防災教育」と称したが（のちに「兵庫の防災教育」と名称を変えた）、それは従来の避難訓練一辺倒の教育とは根本的に違う内容であることを強調するためであった。

　「新たな防災教育・兵庫の防災教育」の中心となったのは、担任を持たずに子どもたちの心のケアや防災教育を担当した「教育復興担当教員」である。兵庫県教育委員会の要望を受けて 1995 年 4 月から国の特例措置として始まった。震災で多くの被災者が県外に避難し児童・生徒数が激減した学校では、「公立義務教育諸学校の学級編制及び教職員定数の標準に関する法律」に照らせば教職員の減員も考えられたが、逆に教育の復興をめざして教職員を加配するという画期的な制度である。2004 年からは「心のケア担当教員」と名称が変わり、震災発生時に生まれた子どもたちが義務教育を終わる 2010 年 3 月まで継続され、15 年間で延べ 1,694 人が配置された。

　震災の翌年に設置された「防災教育推進協議会」は教職員による災害時の学校支援組織の設置を提言し、それを受け翌 1997 年からは防災や避難所運営等の知識、実践的対応能力を持つ教職員の要請をめざして「防災教育推進指導員養成講座」が始まった。1999 年にトルコと台湾で発生した大地震では教育委員会事務局職員、教育復興担当教員が被災地に派遣された。それによって災害時には教職員によって学校を支援する組織を設置しようという気運が県内に高まっていった。

震災から 5 年後、2000 年 1 月 17 日、兵庫県教育委員会は訓練・研修を受け
た教職員をメンバーとする「震災・学校支援チーム EARTH（Emergency And
Rescue Team by school staff in Hyogo）」を発足させた。EARTH は以下の 5
班体制で、国内外の被災地支援と平常時の訓練と防災教育にとりくんでいる。

研究・企画班：EARTH 訓練・研修のプログラムの企画
学校教育班：学校教育の早期再開に向けた支援
避難所運営班：学校内に開設された避難所の運営支援
学校給食班：学校給食の早期再開と避難所内の食生活の支援
心のケア班：児童生徒・保護者・教職員の安全・安心への支援

教職員による同様の組織は、現在、熊本県学校支援チーム（2018 年 6 月）、
宮城県災害時学校支援チーム（2019 年 12 月）、三重県災害時学校支援チーム
（2021 年 1 月）が組織されている。

（3）未災地 5) での防災教育の萌芽

阪神・淡路大震災は防災教育の在り方を変えた。瞬時に倒壊した建物と転倒
した家具は人々に避難する時間を与えなかった。被災地が学んだ教訓の 1 つは、
家屋を倒壊させる地震に対抗するには発生時の対応よりも事前の備え、つまり
耐震化や家具の固定が有効かつ急務であるという事実である。防災教育の視点
は対応（避難訓練）から備え（耐震化と家具の固定、非常持ち出し袋の準備、
避難の在り方など）へとシフトしていった。

阪神・淡路大震災の被災地で進められてきた「新たな防災教育」は新潟県中
越地震や能登半島地震などその後の被災地にも広がっていったが、未災地に広
く受け入れられていったわけではなかった。

未災地では、自分たちは被災しないという根拠のない思い込みや防災教育が
入り込む余地のない過密カリキュラム、教職員自身が被災経験を持たないこと
による自信のなさ、防災は専門的で難しいとの思い込みなど様々な理由が絡み
合って、「新たな防災教育」だけではなく一般的な防災教育もなかなか授業に
取り入れられることはなかった。防災教育が未災地に広がるためには何らかの

工夫が必要とされた。

　震災から時間が経過すると、防災教育に関わる特筆すべき動きがまず被災地で始まり、全国へと広がっていった。未曽有の震災体験を防災教育が受け止めるためは 10 年という年月が必要だったのかも知れない。

　震災から 5 年後の 2000 年、兵庫県立舞子高等学校に全国初の防災専門学科「環境防災科」の設置構想が打ち出され、2002 年 4 月にスタートした。兵庫県で進められてきた「新たな防災教育」の 1 つの到達点と言える。

　阪神・淡路大震災の教訓の継承・発信と防災教育の発展、防災の研究をめざした人と防災未来センターも同じ 2002 年 4 月に開館した。

　その後、いくつかの防災教育支援策も動き出した。

　文部科学省は「防災教育支援に関する懇談会」6)（2007 年）を開き、防災教育にとりくむ学校を増やすための検討を重ね、防災教育の「担い手」・「つなぎ手」の育成、学びの素材・場の提供などの具体的な支援策を始めた。

　「防災教育チャレンジプラン」7)（2004 年〜現在）は防災教育にとりくもうとする学校・団体の活動支援と交流会での情報交換を積み重ねている。「1.17 防災未来賞ぼうさい甲子園」8)（2005 年〜現在）は優れた実践を行う団体を顕彰し、交流会での情報交換を続けている。ともにホームページで優れた実践を紹介しており、これから防災教育を始めようとしている、あるいはすでに防災教育にとりくんでいるが実践の質的向上を図りたい学校・団体にとっては頼れる指針となっている。

　これらの支援プログラムが充実してくるにつれ、未災地での防災教育の実践は災害の怖さを教え込もうとする「脅しの防災教育」から、活動的で楽しい学び、地域と連携した学び、教科や防災以外の領域ともつながった総合的な学びへと変化していった。学習内容は災害と防災を切り口にしながら地域の良さ、自然の恩恵、自分の好きな活動とつないだ防災活動など、いわば「防災+α」「α+防災」の防災教育と呼べる内容にまで膨らんでいる。

（4）東日本大震災と防災教育

　東日本大震災では「想定」の在り方と受け止め方が議論となった。

　ある学校は、当時の津波ハザードマップでは津波浸水想定区域の外に位置し

ていたが、高台への避難訓練を選択し、子どもたちが主体的にとりくみ、地域と連携した防災教育を震災前から実施していた。同校の実践は、現在では、全国の津波被害想定地域の学校での防災教育にも受け継がれている。

　3月11日、実際に地震が発生した直後、同校の生徒と教職員は、隣の小学校の児童、教職員、地域住民と一緒に訓練通りに高台への避難を行い、何度かの適切な判断を経て、その日学校にいた子どもたち全員が避難できた。ただ、子どもや孫を迎えに来た保護者に、全員が避難したことを知らせるために小学校に残っていた事務職員が津波に飲み込まれるという悲しい出来事が起こってしまった。

　一方、津波浸水想定区域内には位置していなかったが、地震後の行動を事前に明確に決めていなかった別の学校では、避難の開始が大幅に遅れ、多くの犠牲が出てしまった。

　文部科学省は2011年7月に「東日本大震災を受けた防災教育・防災管理等に関する有識者会議」9)を設置し、9回に及ぶ会議を経て2012年7月、最終報告を出した。有識者会議は、防災教育に関しては、子どもたちの発達段階に応じて、「①防災教育の指導時間の確保と系統的・体系的な整理」を行うことを求め、「②地震災害への留意点」、「③津波災害への留意点」、「④地震・津波災害以外の自然災害への留意点」を具体的に示し、訓練やマニュアルの整備、関係機関との連携を求めている。防災管理に関しては、①組織的な教職員研修・体制づくり等、②保護者、地域との連携、③防災マニュアルの作成を提言している。

　東日本大震災を契機に防災教育は次の展開を期待されている。東日本大震災は、想定にとらわれない対応の事前決定と訓練の繰り返しの重要性など、防災管理の在り方を私たちに突き付けた。防災教育では、想定を信じないで自ら情報を集めて適切な判断を下し、行動できる子どもたちの育成と、阪神・淡路大震災後の被災地と同様に、子どもたちが被災体験と向き合い「生きる力」の意味を考える実践が広く行われるようになった。

　図2は、これまでに紹介してきた、阪神・淡路大震災と東日本大震災を契機とした防災教育の変遷を図示したものである。東日本大震災の後も、毎年のように洪水、土砂災害が発生し、火山噴火による被害も出ている。近い将来、首

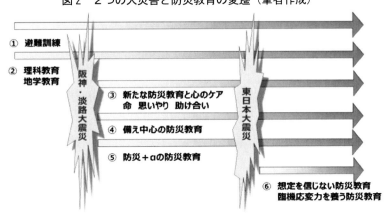

図2　2つの大災害と防災教育の変遷（筆者作成）

① 避難訓練

② 理科教育
　　地学教育

阪神・淡路大震災

③ 新たな防災教育と心のケア
　　命　思いやり　助け合い

④ 備え中心の防災教育

⑤ 防災＋αの防災教育

東日本大震災

⑥ 想定を信じない防災教育
　　臨機応変力を養う防災教育

都直下地震や南海トラフ巨大地震の発生も懸念されている。気候変動による気象災害への不安も指摘されている。

　今後は、図中の6つのタイプの防災教育すべての必要性がますます高まっていくだろう。

2．防災教育の現状

（1）「生きる力」をはぐくむ防災教育

　中央教育審議会は、1995年、「21世紀を展望した我が国の教育の在り方について」という諮問に対する第1次答申の中で「生きる力」をはぐくむ必要性を指摘した。それ以降、「生きる力」の育成は日本の教育の本流となり、防災教育においても中心的課題となった。ここで言う「生きる」とは、災害を生き延びる力に限定されるものではなく、防災教育を通してより良い人生を生きる力を獲得するという意味である。"survive"（生き延びる）ではなく"live a better life"（より良い人生を生きる）と解釈したい。

　文部科学省は阪神・淡路大震災以降、安全教育参考資料を次のように改定してきた。

阪神・淡路大震災（1995年）
1998年：「生きる力」をはぐくむ防災教育の展開
2001年：「生きる力」をはぐくむ学校での安全教育
2010年：「生きる力」をはぐくむ学校での安全教育の改訂

「『生きる力』をはぐくむ学校での安全教育」（2010年）では安全教育の目標は右のように記され、それは「『生きる力』をはぐくむ防災教育の展開」（2013年）に継承されている。なお、安全教育は「生活安全・交通安全・災害安全」の3分野をカバーする考え方である。

安全教育の目標
　日常生活全般における安全確保のために必要な事項を実践的に理解し、自他の生命尊重を基盤として、生涯を通じて安全な生活を送る基礎を培うとともに、進んで安全で安心な社会づくりに参加し貢献できるような資質や能力を養う。

　具体的には、下のア、イ、ウの3つの力を教科や総合的な学習の時間、特別活動を通して子どもたちに獲得させることを目的としている。

ア　知識、思考・判断
　日常生活における事件・事故災害や犯罪被害等の現状、原因及び防止方法について理解を深め、現在及び将来に直面する安全の課題に対して、的確な思考・判断に基づく適切な意志決定や行動選択ができるようにする。
イ　危険予測・主体的な行動
　日常生活の中に潜む様々な危険を予測し、自他の安全に配慮して安全な行動をとるとともに、自ら危険な環境を改善することができるようにする。
ウ　社会貢献、支援者の基盤
　自他の生命を尊重し、安全で安心な社会づくりの重要性を認識して、学校、家庭及び地域社会の安全活動に進んで参加・協力し、貢献できるようにする。

日本の安全教育・防災教育は、自らの命を守るための技術を子どもたちに獲得させる防災教育を核としながら、未来への備え、社会への参加と貢献へと広がっていく、つまり「現在から未来へ」「私から社会へ」とつながっていく安全教育・防災教育であると言える。

（2）防災教育と学習指導要領
　「平成29・30年改訂学習指導要領」は、子どもたちが「主体的・対話的で深い学び」を通して「知識・技能」と「思考力・判断力・表現力」、「学びに向かう力・人間性等」を獲得していくことを期待している。この考え方はそのまま防災教育の展開にも活かせるものである。
　これら3つの柱に防災教育を当てはめると次のように整理できるだろう。

「知識・技能」
　子どもたちは、災害と防災に関する正しい知識と技能を習得する。
「思考力・判断力・表現力」
　子どもたちは、災害と防災について自ら情報を集めて考え（主体的な学び）、友だちや教職員、保護者、家族、地域住民、防災関係者と相談して結論を出し（対話的な学び）、自分たちの到達した結論を行動に移す。
「学びに向かう力、人間性等」
　子どもたちは、自然や災害について学び、社会の一員として防災にとりくむ姿勢、命の大切さや助け合い・思いやりの素晴らしさに関心を持ち、自らの生き方・在り方を考えようとする（深い学び、生きる力）。

　新しい学習指導要領では「安全」、「自然災害」などの表記が増やされ、解説書の巻末には「防災を含む安全に関する教育（現代的な諸課題に関する教科等横断的な教育内容）」として指導内容がまとめられている。
　防災教育に関わる記述は、教科と特別活動、総合的な学習（探究）の時間にわたってあるが、特に防災教育と親和性の高い理科や社会科に多い。すべての学年で何らかの安全・防災関連の教育が行われることになっている。教科横断的な学習方法は新しい学習指導要領で提唱されており、防災教育でも教科や領

域を横断した学習が可能である（図3）。

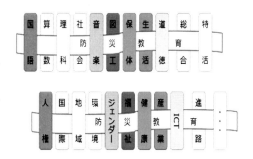

図3　教科・領域を横断する防災教育
（筆者作成）

　ただ、学習指導要領に記載されている単元をすべて実施したとしても、実施学年、時期などがばらばらでパッチワーク的な防災教育になってしまう恐れがあり、学習者が災害と防災を体系的に理解できるかどうかは不安が残る。防災教育の効果的な実施には学校レベルでのカリキュラム・マネジメントでの調整が必要であるが、防災だけではなく他の様々な領域の教育にもとりくまなければならない教職員にとって、その負担は大きい。

　学習指導要領に災害や安全の表記がある単元では、教科書もそれに準拠して作られるために、子どもたちは災害や安全を学ぶことになる。ただ、それは最低限必要な学びであるととらえ、防災教育と親和性の高い単元にも工夫して防災教育を取り入れることは可能である。さらに、授業者の発想次第では、一見防災と無関係な単元でも防災教育が可能になる。

　防災教育チャレンジプランや1.17防災未来賞ぼうさい甲子園、あるいは国、都道府県、市町村レベルの防災研修会では様々な実践事例が発表されているが、それらを教科に落とし込んでみた（図4）。多様な実践のごく一部ではあるが、学習指導要領の記述にとらわれずにどんな教科でも防災教育が可能であることが理解できるであろう。

　より具体的な展開例を示してその面白さを解説したい。

◇　非常持ち出し袋と算数

・　持ち出し品のカードを準備する。カードには持ち出し品のイラストが描かれ、値段が書かれている。

・　子どもたちをグループに分け、一定額（例えば、1万円）以内で必要なものを必要な数だけ購入するように指示する。

・　子どもたちはそのアイテムがなぜ必要かを議論する。これは防災の学び

教　科	内　　　容
国　語	・被災者の体験談を読む（話を聞く）　・感想文・詩を書く ・架空の被災物語を書く　・未来の被災後の復興物語を書く
社　会	・地図を使ってDIGをする　・ライフラインの被害を調べる　・防災関係の機関・組織を調べる ・地域の過去の災害を調べる　・調べたものを壁新聞にして発表・掲示する
算　数	・非常持ち出し袋に入れる物品の数を数える　・個数と値段を計算する ・被災状況の表をグラフ化する
理　科	・気象を学ぶ　・雨水の流れと地面の変化を学ぶ ・地震・火山のメカニズムを学ぶ
保健体育	・エコノミー症候群と避難所生活を知り、有効な体操・ストレッチを学ぶ ・災害時のこころの変化とストレスマネジメントを学ぶ
図画工作	・防災ポスターを描く ・耐震の建物の模型を作る
家　庭	・部屋の整理・整頓と家具の固定などの備えを関連付けて学ぶ ・非常食の在り方（高齢者、乳幼児、アレルギー）を考える　・防災頭巾（3 way）を作る

*DIG とは、Disaster（災害）、Imagination（想像力）、Game（ゲーム）の頭文字である。
身近な文房具を使い、地図や見取り図に参加者自身が書き込みをすることで、自分の地域や住まい・職場に潜む災害の危険性を「見える化」し、こうならないためにはどうすればよいかをみんなで考える、頭の防災訓練である。（内閣府防災情報のページより）

図4　教科での防災教育の事例（筆者作成）

である。1つ買えば足し算、5つまとめて買えば掛け算、いったん購入しようと思ったが話し合いの結果不要になったものは引き算というように計算もする。割引券を渡せば割り算も可能である。

◇　非常持ち出し袋と国語

・　持ち出し品のカードを子どもたちに一人1枚ずつ渡す。子どもたち一人ひとりが持ち出しアイテムになるのである。

・　子どもたちは、自分がなぜ非常持ち出し袋に入りたいかを考えて発表する。拍手が多ければ非常持ち出し品に認定される。これは国語の表現活動と言える。

◇　被災体験と国語

・　子どもたちは被災者の体験談を読む、あるいは話を聞く。

・　体験を聞いた感想を書く。あるいは、講話を題材にグループでテーマを決めて話し合う。

　体験者の話を聞いた後の子どもたちの作文にはほぼ共通する記述がある。それは「もし私なら…」という表現である。

　阪神・淡路大震災を経験した看護師の以下のような話を聞いた高校生たちの例を紹介しよう。

　病院はけが人で混乱していた。病院には飲み水がなく、ある看護師は瓦礫が散乱する街にペットボトルの水を求めて出ていった。でも、誰も水を分けてくれない。当然だろう。誰もが生きるのに精いっぱいだった。ところが、乳飲み子を抱えたお母さんがペットボトルを一本差し出して、こう言った。「この子のミルクにと思っていたけど、けが人に飲ませてあげてください。」

　この話を聞いた高校生の作文は2種類に分かれた。「もし私がお母さんなら、渡せない」と「もし私が看護師なら、もらえない」である。

　防災では災害を「我が事」として捉えることが大切だとよく指摘される。被災者の体験を聞き、「もし私なら…」と考える子どもたちは、過去の災害と現在の自分をつなぎ、そこにいる自分を想定することで、災害を我が事として捉えているのではないだろうか。そこで考えたことは必ず未来の災害時に活かされるはずである。

◇　被災体験と絵画
・　被災者の体験談を子どもたちに聞かせる。この場合、直接の体験者ではなく、誰かの体験を聞いたり読んだりした人が話し手となって語っても良い。
・　子どもたちに絵を描かせる。

　神戸で長く防災教育にとりくむある絵画教室の先生に聞いた話がある。子どもたちの絵はデフォルメされるのである。

　地震で倒壊した家の下敷きになって幼い女の子二人が亡くなった。お父さんとお母さんがその二人に覆いかぶさっていたという。

　ある子どもが描いた絵は、お父さんとお母さんを倒壊した家の屋根よりも大きく描いていたという。幼子を守ろうとした父母の強さとやさしさをデフォルメで表そうとしたのだろうか。芸術的な表現活動は、子どもたちが自分の心と向き合い、主観的に表現する気持ちを育むのであろう。

（3）防災教育支援事業

> ▼ 地震・津波、台風・集中豪雨等による災害が多発
> ▼ 登下校中の児童生徒等が巻き込まれる交通事故が発生
> ▼ 学校内外において不審者による児童生徒等の安全を脅かす事件が発生
> ◎ 児童生徒等自身に安全を守るための能力を身に付けさせる安全教育の充実
> ◎ 児童生徒等の生活の場である学校の安全管理体制の充実

文部科学省
◇ 優良な取組を行う 学校・地域の実践事例の収集
◇ 成果発表会の開催等による普及
◇ ポータルサイトを活用した全国での情報共有

都道府県教育委員会
◇ 教育手法の開発
◇ 被災地支援を通した体験型防災教育の推進
◇ 学校の安全管理体制の充実

成果
○優良な実践事例、危機管理マニュアルの作成方法を学校及び学校の設置者に共有
○学校及び地方公共団体等による取組の増加
○全国的な防災教育を中心とした安全教育の質の向上

図3　防災教育を中心とした実践的安全教育総合支援事業（筆者作成）

　防災教育の支援は、国、都道府県レベルで進められている。文部科学省は、地震・津波、台風・集中豪雨等による災害の多発、登下校中の児童生徒等が巻き込まれる交通事故の発生、学校内外における不審者による児童生徒等の安全を脅かす事件の発生などから児童・生徒を守るために、安全教育の充実と学校の安全管理体制の充実を目指して、「防災教育を中心とした実践的安全教育総合支援事業」[10]（図3）を実施してきた。これを受けて都道府県教育委員会は教職員研修の実施、子どもたちの被災地訪問や交流の場の設置など、独自のとりくみを進めている。国、都道府県レベルで優れた実践を共有・発信・蓄積し、安全教育と安全管理のさらなる発展を目指している。

　国レベルの教職員研修事業では「防災教育推進セミナー」（独立行政法人教職員支援機構）があり、都道府県教育委員会の指導主事を中心に、防災教育や安全教育に関わる教職員を対象とした研修を実施している。また、初任者研修やミドルリーダー研修、管理職研修などで防災教育をテーマとした講義・演習を取り上げている都道府県・市町村教育委員会が増えてきている。

　一方、学校がとりくむテーマは人権、国際、地域、ジェンダー、食育など多岐にわたり、すべての学校が防災教育を最優先課題に据えることは不可能である。各学校は、自校の固有の研究課題を追求しながら、日本に住む以上最低限必要な防災の知識や技能、考え方を身につけさせなければならない。教職員対

象の研修の質的、量的な拡大が望まれる。

（4）防災教育にとりくむ動機と実践事例

　筆者は 1.17 防災未来賞ぼうさい甲子園の実践事例を細かく読み込み、優秀校の実践を聞き取り調査する機会を得た。その内容はぼうさい甲子園の特設サイトで報告している。各地の面白い実践を、きっかけ、災害の種別、学習・活動の場、支援・連携、視点・テーマ、継続の原動力の観点から紹介したい。

◇　きっかけ

　東日本大震災や毎年のように発生している洪水、土砂災害などの被災地にある学校は、防災教育にとりくむ強い動機を持っている。内容は心のケアと被災体験の継承を中心とし、地域固有の災害のメカニズムと備え、災害時の対応へと広がっている。

　未災地の学校は他地域の災害を目撃したことが防災教育を始めるきっかけとなっているようである。例えば、東日本大震災の津波災害を目撃し、自分たちの学校の立地をチェックした時に危険を認識して防災教育を始める、などである。

　自他の被災体験をもとに自らの危機感を高めて防災教育を始める内的な動機付けだけではなく、教育委員会の研究指定といった外から与えられた要因も防災教育を始めるきっかけである。始まりは強制的ではあるが、手厚い支援によって防災教育を進める中でその面白さを発見し、研究指定が終わっても継続している例もある。

◇　災害の種類

　ほとんどの学校は、日本に多い地震、地震・津波、洪水や土砂災害などを対象としている。義務教育段階では地域の災害と向き合っている事例が多い。高校生になると火山災害の被害者の関係者の話を聞くなど、地域では発生しない災害とも向き合おうとする事例もある。

◇　学習・活動の場

　火災避難訓練は特別活動に位置づけられている。そのため、より活動を広げた総合防災訓練や避難所開設訓練を行っている学校も特別活動を活用している。

総合的な学習（探究）の時間の活用も多い。年間を通してとりくんでいる事例もあるが、一定期間を防災教育と位置付けて集中的に行っている事例もある。地元の災害の記念日に向けて防災教育を実施していく事例が多い。

　教科の時間で防災教育を進める事例も増えてきている。理科と社会の教員が相談して同じ時期に地震災害について教えるなど、ミニ・カリキュラム・マネジメントが行われているケースもある。

　先進的な学校は、教科と総合的な学習（探究）、特別活動をうまくミックスして年間を通して実践を継続している。防災教育のカリキュラム・マネジメントの成功事例である。

　小学校は「縦割り」の時間を有効に使っている。6 年生が成果発表を行い、5 年生以下、時には全学年がそれを聞く。下級生には将来防災を学ぶための方向付けと目標になる。素晴らしい発表へのあこがれも芽生えるだろう。6 年生は学んだ内容をアウトプットすることで定着を図ることもできる。発表会に地域住民を招く事例もある。地域の防災意識を高める一助となり、地域住民から評価された子どもたちには自信が芽生える。

　中学生や高校生、大学生が幼稚園、小学校に出かけて防災を教える出前授業も活発に行われている。文部科学省は校種を越えた連携を打ち出しているが、その 1 つの具体事例である。

　授業ではなく、クラブ活動で防災活動をしている事例もある。高校、中学校だけではなく小学校、特別支援学校でもクラブ活動方法で防災活動を進めている学校がある。

　生徒会や委員会などの既存の組織でも防災をテーマにとりくんでいる事例がある。放送委員会が昼休みの放送時間に防災番組を流す小学校はその 1 つの例である。

◇　支援・連携

　防災教育の実践には外部支援が有効である。防災を研究する大学研究室や行政の危機管理部門、消防、気象庁や国土交通省のような専門機関が出前授業の講師派遣、教材提供などを行っている。ホームページ上に教材を掲載する e-learning も整備されてきた。

　地域住民との連携は効果が大きい。地域安全マップづくりでは子どもたちと

同行して安全を確保するだけではなく、地域の歴史や特徴を教える講師も務めている。マップ完成時の発表会にも参加し、子どもたちの発表を肯定的に受け止めて講評する。地域住民に評価されたこどもたちは、防災への学習意欲をさらに高めていくだろう。

　近年、防災関係の NPO ／ NGO や企業、防災士が学校と連携している例が多くなってきている。

　このような支援・連携は文部科学省の「防災教育支援のための懇談会」が打ち出した防災教育の「つなぎ手」の具体化と言える。

　ただ、学校側が外部資源に「丸投げ」し、外部の支援者がそれを「丸受け」することでの弊害も指摘されている。学校に防災教育の文化が育たない、防災は専門家しかできないという誤った考え方を植え付ける、外部支援者は時として教育技術に不案内で、教え方が上手くなく子どもたちにとって学びが深まらないなどは、連携を成功させるために学校と外部支援者で解決しなければならない課題である。

◇　視点・テーマ

　防災教育のテーマは多岐にわたる。

防災訓練	地震や津波を想定した避難訓練、短時間でのシェイクアウト*
家庭との連携	備蓄物のチェック、親子防災散歩、防災宿題、参観日で防災授業
校内探検	危険個所チェックと改善提案、学校による改善の実施
地域との連携	住民の防災教育への参加・連携
福祉	高齢者や障害者など要援護者の課題
食	高齢者、乳幼児、ビーガン、ハラールなど、様々なニーズを持つ人々を対象とした非常食の提案
ものづくり	防災うちわの配布、地場産業の包丁の贈呈と津波で被災し錆びた包丁の研磨、缶詰パン
被災地訪問	同世代との交流、被災者との交流
被災体験の語り継ぎ	体験を絵本化して読み聞かせ、語らいの場づくり

＊シェイクアウトは、地震が発生した時に、「Drop（低い姿勢をトル）、Cover（頭を守る）、Hold On（動かない）」を身につける訓練のこと。

（5）被災体験の語り継ぎ

　防災教育を展開するとき、必ず被災体験の語り継ぎが課題となる。

　「語り継ぎ」に関わる１つ目の課題は教職員一人ひとりの被災体験の差、受け止め方の差、そして教職員間の温度差である。

　教職員が吐露する課題は、被災地と未災地では違う。人事異動で被災地と未災地の教職員が入れ替わる。未災地に転勤した被災地の教職員は、自分の体験を語ってもわかってもらえないのではないだろうかという不安を持つときがある。未災地から被災地に異動した教職員は、体験のない自分に災害を語る資格があるのだろうかと自問する。被災体験を持つ教職員の中には、語りたくない、語ろうと思っても語れない人もいる。教育活動の中で被災体験を語るように促され、それが子どもたちにとって必要な語りであることはわかっていても、どうしても語りたくないと固辞する人もいる。

　２つ目は、未災者が災害体験を語れるのか、語って良いのかという課題である。

　被災地の学校では年月の経過とともに被災体験を持たない子どもたちが入学してくるようになる。阪神・淡路大震災のように発生から 26 年以上が経過すると、震災を体験していない教職員もいる。もっと年月が経てばその経験した教職員はいずれいなくなる。未災の教職員が災害を知らない子どもたちに防災を教えなければならない。

　このような「語り継ぎ」に関わる課題を防災教育はどう解決できるだろうか。

　答えは「場づくり」である。筆者が熊本地震の被災地のある小学校で実践した方法を紹介したい。

- 教職員が５人程度のグループに分かれた。できるだけいろいろな年齢の教職員が入るように気をつけた。男女も混合とした。
- 模造紙を縦に配置し、上に「災害情報、月日、曜日、発生時間、天気」を書いた。具体的には震度７の地震災害を想定し、平日の給食時間、晴れとした。
- 参加者は、地震からその日の夜までにどのような「出来事」が起こるかをできるだけたくさん付箋に書き出した。１枚の付箋に１つの出来事を書き、お互いに相談しないことをルールとした。

- 書き終えると模造紙の上に「直後、1 時間後、2 時間後…夜」のように時系列の矢印を書き、考えた「出来事」を貼りだしていった。
- 貼り終えると内容が似通った「出来事」を集め、その内容を具体的な短文で記述した。例えば、「備品の破損や転倒」「保護者との連絡」「怖がる子どもの対応」などである。
- まとめた出来事に対してどんな解決策があるかを各自で考え、付箋に書き出した。解決策は備えと対応の 2 つとした。例えば、「備品の破損や転倒」という出来事に対しては事前の固定とその場から離れる対応が考えられる。
- 最後に、各自の考えた解決策を紹介しあいながら、学校としての解決策を考えた。

　このワークショップは参加者が災害時の出来事を想像し、それに対する備えと対応を話しあい、現在実際に不足している備えや対応策に気づき、不備を減らし課題を改善して次にやってくる災害に備えることを目的としている。だが、これを被災地の教職員で実施すると、予期せぬ副産物があった。ある教師がこう言ったのである。「初めてみんなの前で自分の体験を語れた。」

　災害体験を、教室のような聞き手が身構えている場で語るのは勇気がいる。だが、このようなワークショップの場で自然と語り合う方法であれば語りの敷居は低くなる。このような自然に語れる場の創造が、教職員が持つ心の壁を越え、温度差を埋めるひとつの方法である。

　次に、未災者が語ってよいのか、未災の教職員がどうやって被災体験を伝えるのかという課題について考えたい。

　答えは明確である。語り継げばよいのである。「語り継ぎ」は「語り」を「継ぐ」と読める。誰かの被災体験の「語り」を聞き、それを誰かに「継」いでいけばよいのである。

　被災体験を持つ教職員も未災者の教職員も、ともに子どもたちに被災体験を伝えることができる。それは、平和教育にとりくむ教職員が戦争の事実を伝える姿に重なってくる。

　では、防災教育ではどのような内容の話が語り継がれるのであろうか。

　語り部の被災体験談は「社会的な意味を持つ語り」と「個人的な意味を持つ

語り」に大別できると筆者は考えている。災害時の成功や失敗の事例、備えの大切さや適切な対応の必要性が語られ、それを聞いた人が受け止めて実践すればその人の防災力は確実に向上する。多くの人に伝われば社会の防災力の向上につながる。そういった語りが「社会的な意味を持つ語り」である。

　ところが、被災者の語りには聞き手に戸惑いを与える内容もある。阪神・淡路大震災で小学生の娘を亡くした母は、それから小学校で語り部を続けてきた。娘が好きだったこと、将来の夢を語り、それが地震で一瞬にしてできなくなってしまった娘がかわいそうだと言い続けてきた。ところが10年ほどして考えが変わったという。本当に伝えたかったのは「震災で亡くなった娘がかわいそうだ」ではなく「震災で娘を亡くした自分がかわいそうだ」ということだと気づいたという。この語りが社会の防災力を直接向上させることはないだろう。だが、聞き手の心に残る。そういった語りが「個人的な意味を持った語り」である。そして、このような語りは防災と向き合おうという原動力になるのではないだろうか。つまり、「学びに向かう力」を育てるのである。

（6）防災教育の広がりと深まり

　阪神・淡路大震災以降、様々な災害を経ながら防災教育は発展してきたが、筆者はその分類をいくつか試みた。図4は、2種類の防災教育の分類をひとつにまとめたものである。

　左欄では、災害時の人々の行動から防災教育を考察している。災害が発生すると人はまず自分の命を守る行動をとる。そのために必要な知識や技能を身につけさせる教育が「Survivor となるための防災教育」である。ここでは災害を引き起こす自然現象（ハザード）の科学的理解と、正しい備え、災害発生時の適切な対応の学習が必要である。この3要素は防災教育のミニマム・エッセンシャルズと呼んでよい。防災教育にとりくむ時間的余裕がない学校でも、最低限この範囲は子どもたちに学ばせておきたい。

　被災地では助かった被災者が周囲の被災者を支援し始める。災害ボランティアの始まりである。ボランティアとは本来「自発的」という意味であり、被災地で被災程度の小さい人が被災程度の大きい人を支援するのがボランティアの第一歩である。「Supporter となるための防災教育」ではまず、被災地で役

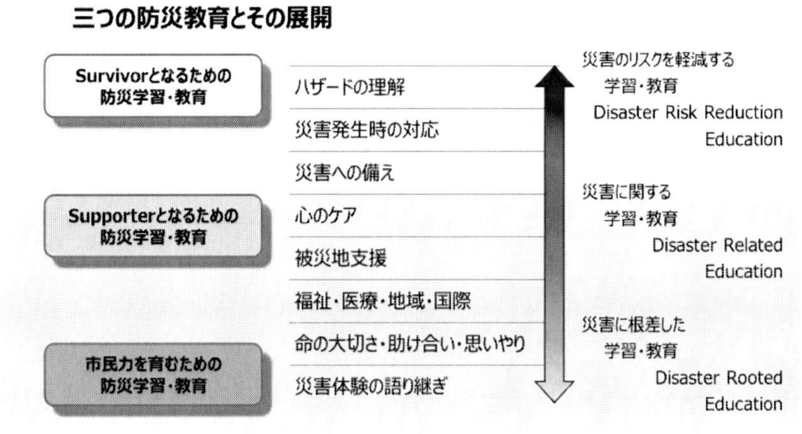

三つの防災教育とその展開

図 4　防災教育の分類（筆者作成）

に立つ支援の方法を学ぶ。

　「Survivor となるための防災教育」にとりくむためには、自分は災害に遭うかもしれないという意識が必要である。一方、多くの人々は「自分は災害には遭わない」という根拠のない安心感を持っている。災害と無縁と考えているのだから防災教育の必要性は理解しているとしても、実際に防災教育にとりくもうとする人は少ない。そこで、毎年のように各地で発生する災害に目を向け、その被災地への支援の視点を防災教育に取り入れるのである。

　被災地では、時間の経過とともに遠くの地域の人々もやってきて支援活動を始める。被災地に駆けつけることができない人も募金や物資の送付などの支援を始める。ただ、被災地に届けられる「善意」の多くが古着や不用品の場合が多い。被災地への善意の押しつけは常に被災地に混乱を引き起こしている事実も、将来の支援者には学ばせておきたい[11]。こういった、支援のために必要な知識や技能を子どもたちに身につけさせる教育が「Supporter となるための防災教育」である。

　災害時には、人々は自分が日常的に持っている力を活用しながら、協力して困難な状況を打開していこうとする。その力は、防災教育で獲得したものだけ

ではない。日常生活で育んでいった自分の力を転用するのである。例えば、災害発生時に学校が避難所となれば多くの教職員が避難所運営に関わる。教職員が日常的に行っている業務は、災害時にも転用しやすい。教職員は学校の施設・設備に精通している。ルールを作ってそれをわかりやすく壁新聞にまとめて貼りだし、もめ事を仲裁し、平等に物資を配布し、悩みを聞く。汚物の処理も率先して行う。それらの行動は結局、避難所の社会性を維持するために必要であり、教職員はその能力を日常の教育活動で培っているのである。

　このような日常の力の転用が災害後の回復の中心にある。災害時に難局を乗り越える力は、防災教育だけで育まれるものではなく、日常をゆたかに生きることで身につき、災害時にも転用されるのである。これを「市民力を育むための防災教育」と名付けたい。

　次に右を見ていく。防災教育を英語で表現したものである。「防災」に対する英語は、近年では"disaster risk reduction"が使われている。頭文字を使ってDRR と表記する場合も多い。これは、災害のリスクを減らして、災害時の被害を軽減させようという、防災の核となる考え方である。

　一方、現在の日本各地で行われている防災教育はこの枠に収まり切れない内容の広がりを持っている。例えば、阪神・淡路大震災で亡くなった5歳の女の子が育てていた朝顔の種を学校が譲り受け、震災から26年経った今も子どもたちが育てている。子どもたちは毎日、朝顔に水をやりながら女の子の命を考える。東日本大震災の後、海に近づくのが怖くなった子どもたちは、わかめやホタテ貝といった地域の資源の育て方を漁師と一緒に学ぶ。海の恩恵を学び、津波をもたらした恐ろしい海に近づいていくのである。東日本大震災の被災地を支援する未災地の高校生は、自分たちのものづくりの技術を生かして震災から10年経った今も被災地を訪れて交流を続けている。

　そういった広がりは"disaster risk reduction education"では言い表せない。"disaster related education"「災害に関連した教育」であり、より広く表せば"disaster rooted education"「災害に根差した教育」になるだろう。

　中央の縦列は防災教育で扱う具体的な分野を表している。「Survivor となるための防災教育」と"disaster risk reduction education"では、防災教育のミニマム・エッセンシャルズと呼べる内容、すなわち、ハザードの理解と災害への

備え、発生時の対応が内容である。

　"Supporter となるための防災教育"では、様々な援助の知識と技能、実際の災害時の支援の実例が教材となる。また、ボランティア活動の制度や参加者の留意点、手続きなども子どもたちに学ばせておきたい。人を支援するにはAED の操作心肺蘇生、けがの手当てなど、災害時に活きる技能も必要である。

　そして学習内容はさらに広がっていく。「市民力を育むための防災教育」と"disaster rooted education"は広がりを持つ防災教育が市民教育、人間教育そのものであることを示している。

3．教職課程における安全教育・防災教育

（1）大学での防災教育の現状

　学校教育には防災と安全だけではなく、ジェンダー、LGBTQ、食育、環境、人権、国際、ICT など様々な学習課題がある。教職をめざす学生がこれらすべての課題を大学在学中に深く学んでおくことは物理的に不可能である。教職課程ではこれらの課題の基本と研究・実践方法を学び、教職に就いた後は研修や実践研究を通して各課題に関する知識を深めより良い教育方法を開発していくこととなるだろう。つまり、教員自身に探究的な学びの姿勢が求められているのである。

　新しい学習指導要領に準拠した教育は始まったばかりであることから、小学校や中学校、高等学校、特別支援学校のカリキュラムに防災教育に関する教科・科目の創設を期待しても、今後 10 年くはその実現は無理だろう。もし、学校で学ぶ科目に防災があれば大学の教職課程でも防災に関する科目の創設が必要になると思われるが、現段階では期待できない。現実的には、既存の教育原理や教育心理、教科教育などの分野の科目の中に数時間の防災教育を取り入れる方法しかないと考えられる。その際には、防災を取り入れる科目のシラバスを精査しておかなければ、学習内容の重複や漏れが生じてしまう。大学での安全教育に関するカリキュラム・マネジメントが大切である。

（2）教職課程で学生が学ぶべき内容

　新しい学習指導要領に防災や安全に関わる記述が増え、子どもたちが防災を

学ぶ機会が増加したとはいえ、防災教育がまだまだ避難訓練と同義である学校が多い現状では、大学生になるまでに防災を十分に学んできたとは言い難い。そのため教職をめざす大学生には防災の基礎を入門的に学べる科目が必要である。

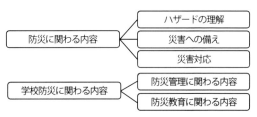

図5　防災の2分野（筆者作成）

　教職をめざす大学生が学ぶべき防災管理と防災教育に関連する内容は「防災に関わる内容」と「学校防災に関わる内容」に大別できる（図5）。

　「防災に関わる内容」は、基本的には「ハザードの理解」と「災害への備え」、「災害発生時の対応」が柱となる。「ハザードの理解」では日本に発生する災害を引き起こす自然現象(誘因)のメカニズムを科学的に理解する必要がある。「災害への備え」では地震や津波、風水害、土砂災害などの災害別、あるいはすべての災害に共通する備えの方法、「災害発生時の対応」では災害別に自分と周りの人々の命や財産などを守る方法が学習項目となる。

　「学校防災に関わる内容」は「防災管理」と「防災教育」の2分野に分かれる。文部科学省は組織活動を通して防災管理と防災教育を進めることとしている[12]。

　防災管理では、文部科学省は「学校の危機管理マニュアル」[13]や「学校防災マニュアル（地震・津波災害）」[14]を整備し、組織としての防災力を高めていくことを求めている。避難訓練や防災訓練の実施、食料や水、毛布、非常用トイレ、ラジオなどの必需品の備蓄、施設・設備の点検と安全化などが防災管理の範囲である。防災管理は、学校が災害への備えを行い、発生時にも適切な対応で子どもたちの安全と安心を保障することである。ただ、子どもたちはいつも学校にいて教職員に守られているわけではない。学校以外の場所にいる時間の方が圧倒的に多い。子どもたちが学校の管理下にいないときに災害が発生した場合でも何が起こっても教職員は関係ないというわけにはいかない。子どもたちは一人でいる場合でも、正しい判断と行動で自分の命を守らなければならない。そのような子どもを育てるのが防災教育の目的である。

防災教育に関する研究は東日本大震災以降、進んできている。研究論文や実践論文が防災や教育関係の学会で発表されるようになった。その中から100本近くを無作為に選び、

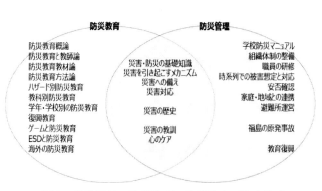

防災教育
防災教育概論
防災教育と教師論
防災教育教材論
防災教育方法論
ハザード別防災教育
教科別防災教育
学年・学校別の防災教育
復興教育
ゲームと防災教育
ESDと防災教育
海外の防災教育

災害・防災の基礎知識
災害を引き起こすメカニズム
災害への備え
災害対応

災害の歴史

災害の教訓
心のケア

防災管理
学校防災マニュアル
組織体制の整備
職員の研修
時系列での被害想定と対応
安否確認
家庭・地域との連携
避難所運営

福島の原発事故

教育復興

図6　教職課程の防災管理・防災教育（筆者作成）

扱っているテーマを分類して防災管理と防災教育に落とし込んだのが図6である。これはあくまでも私案だが、教職課程ではこれらの内容を防災管理と防災教育という大枠の中で学ばせたい。

（3）大学間連携による防災教育の充実

　新型コロナ感染症の爆発的流行による突然の長期休校をきっかけに、学校にも遠隔会議システムが導入され、授業でも活用されるようになった。さらにGIGAスクール構想が前倒しされ、児童・生徒に一人1台の端末が用意されるようになると、端末を家庭に持ち帰っての遠隔授業も行われるようになった。教育のICT化はコロナ禍によって一気に加速された感があるが、学校や家庭ではWi-Fi環境の整備、端末の故障など設備面での課題や端末をツールとして用いた「主体的、対話的で深い学び」の創造などの教育方法の課題など、まだまだ積み残されている課題は多い。

　大学では、緊急事態宣言の発出や流行の規模などを受け独自に遠隔講義と対面講義の規準を決めている。概ね、ゼミや実験、実習などを対面とし、一般の講義を遠隔とする大学が多いようだが、感染拡大地域ではほぼ全面的に遠隔講義となっている大学もある。コロナ禍は児童、生徒、学生に多大な我慢を強いたが、一方で、遠隔授業システムの充実をもたらした。今後、大学でも遠隔と対面を組み合わせたハイブリッド型講義が定着していくと思われる。

　教職課程での防災教育の講義に、この遠隔システムと大学間の連携が使えな

いだろうか。例えば、単位互換制度である。文部科学省によると、国内大学との単位互換制度を実施している大学は全体の83.0%（平成27年度）に達している[15]。その形態も、単独の大学間での連携、放送大学を活用した連携、複数の大学間のコンソーシアムなど多様である。

　この枠組みに、防災教育を組み込めないだろうか。防災や安全、災害に関する学部・学科を持つ大学が防災に関する講座を開設し、教職をめざす学生が履修する。また、教職課程を持つ大学も分担して防災教育に関する講座を開設する。開講が困難な大学の学生は他の大学の講義を履修すればよいのである。

　防災教育の普及が喫緊の課題である今だからこそ、ICTを活用した大学間の連携で教職を希望する学生に防災管理と防災教育についてしっかりと学ぶことができる場を保障していかなければならない。

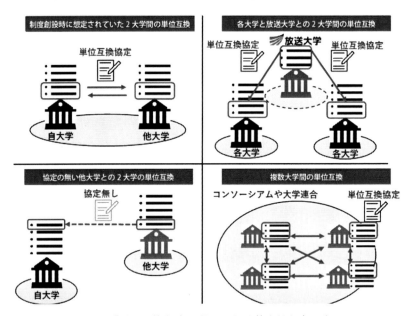

図7　「単位互換制度の運用に係る基本的な考え方」
（令和元年8月13日付け元文科高第328号別添4）

【注】

1) 兵庫県教育委員会　防災教育検討委員会　平成 7 年 10 月

2) 神戸市教育委員会　教育懇話会中間報告　平成 7 年 10 月

3) 兵庫県教育委員会　小学校低学年用、小学校高学年用、中学生用、高校生用があり、震災・学校支援チーム EARTH のホームページからダウンロードできる。
   https://www.hyogo-c.ed.jp/~kikaku-bo/EARTHHP/privacy.html

4) 神戸市教育委員会　「しあわせ　はこぼう」小学校 1・2・3 年生用、小学校 4・5・6 年生用、「幸せ　運ぼう」（中学生用）の 3 種類がある。小学 1 年生、4 年生、中学 1 年生に全員配布。

5) 「未災地」は筆者の造語。東洋医学の「未病」は病気の一歩手前の状態を示すが、被災地以外の地域は被災しない地域ではなく被災の一歩手前であるという意識を喚起しようと「未災」という表現を考えた。

6) 防災教育支援に関する懇談会　文部科学省 2007 年
   https://www.mext.go.jp/b_menu/shingi/chousa/kaihatu/006/index.htm

7) 防災教育チャレンジプラン　http://www.bosai-study.net/

8) 1.17 防災未来賞ぼうさい甲子園
   「令和 3 年度ぼうさい甲子園募集のお知らせ」http://npo-sakura.net/bousai-koushien/
   「ぼうさい甲子園特設サイト」http://bousai-koushien.net/

9) 東日本大震災を受けた防災教育・防災管理に関わる有識者会議　文部科学省 2012 年 7 月
   https://www.mext.go.jp/b_menu/shingi/chousa/sports/012/toushin/__icsFiles/afieldfile/2012/07/31/1324017_01.pdf

10) 防災教育を中心とした実践的安全教育総合支援事業　文部科学省

11) 「中越発　救援物資はもういらない！？〜新しい善意（マゴコロ）の届け方」　震災がつなぐ全国ネットワーク、2008 年

12) 「学校防災のための参考資料 「生きる力」を育む防災教育の展開」平成 10 年 3 月初版発行 平成 25 年 3 月改訂版発行
   https://anzenkyouiku.mext.go.jp/mextshiryou/data/saigai03.pdf

13) 「学校の危機管理マニュアル作成の手引き」文部科学省、平成 30 年 2 月
   https://www.mext.go.jp/a_menu/kenko/anzen/__icsFiles/afieldfile/2019/05/07/14

01870_01.pdf

14) 「学校防災マニュアル（地震・津波災害）作成の手引き」文部科学省、平成 24 年 3 月

https://warp.ndl.go.jp/info:ndljp/pid/11402417/www.mext.go.jp/a_menu/kenko/a nzen/__icsFiles/afieldfile/2018/12/04/1323513_01.pdf

15) 「単位互換の在り方について」　文部科学省

https://www.mext.go.jp/b_menu/shingi/chukyo/chukyo4/043/siryo/__icsFiles/afie ldfile/2018/07/19/1407304_1.pdf

第9章　復興教育の授業実践

徳水　博志

1．はじめに

　先行き不透明な近未来は、パンデミック、気候変動、自然災害の多発等、リスク社会化が進行すると想定される。特に首都直下地震の 30 年以内の発生確率は、70％程度（2020 年 1 月 24 日時点）と予測されている。また南海トラフ地震は、30 年以内の発生確率が 70〜80％（前述と同様）とされており、近未来の大地震と大津波の発生の可能性が高まっている。

　以上のようなリスク社会化に対応して、学校教育は何ができるだろうか。どのような教育課程を編成すれば、被災後の地域復興に貢献できるのか。どのような授業実践を行えば、被災した子どもたちをケアし、前を向く力を育てることができるのか。

　これから述べる論考は、2011 年の東日本大震災を体験した筆者が、宮城県石巻市立雄勝小学校において、「人間の復興論」に立ちながら新たな教育課程を編成して学校全体で取り組んだ、「震災復興教育」（以後《復興教育》と略記）の実践報告である。

　本稿は主に、《復興教育》[1] を編み出した経緯、その理論と方法、そして実践事例の一部を紹介するものである。ところで、《復興教育》について論じるためには、国と宮城県がトップダウンで下ろしてきた「創造的復興」に触れざるを得ない。筆者は下記の①〜④の経験を基にして、「創造的復興」を批判的に論じるものである。そして近未来に想定される南海トラフ大地震等による大災害後の復興において、筆者が実践した《復興教育》が何らかのヒントを提供できるのならば、嬉しい限りである。

①3.11 後の学校に《復興教育》を提案して、地域と学校をつなぐ教育活動を展開した経験。

②教員の身分のまま「震災復興まちづくり協議会」の一員として、石巻市雄勝町の復興に携わってきた経験。

③「創造的復興」の名の下に、宮城県が計画した石巻市の雄勝湾の9.7m防潮堤の見直しを求める住民運動の経験。

④教員退職後に地域復興を担う会社「一般社団法人 雄勝花物語」を立ち上げた経験。

　以上の復興活動の経験を基にして、第1に国と宮城県が「創造的復興」という名の下に推し進めた、「ショック・ドクトリン（惨事便乗型資本主義）」の復興策を批判的に分析する。さらに宮城県教委が、トップダウンで下してきた学力向上策の本質を批判的に読み解いて報告する。なぜならば、想定される南海トラフ大地震などによる大災害時においても、また同じく「ショック・ドクトリン」の教育政策が繰り返されると想定されるからである。

２．震災後の教育行政の施策とその本質

　東日本大震災で最大の被害を受けた宮城県では、3.11以後、『ショック・ドクトリン』の教育版ともいうべき教育施策が2つ実施された。1つは、震災半年後に早々と提示された被災校の「学校統廃合」である。宮城県では震災後4年間で廃校78校、統合などによる新設22校、差し引き56校が消滅した。

　財界の文脈で見ると、児童数が激減して学力競争が見込めなくなった被災校は無駄な財政支出と映るのだろう。資本の人材育成機能を担えなくなった被災地の小規模校は、もはや用済みとなったのである。これが被災地の「学校統廃合」の本質である。

　2つ目は、震災後さらなる「学力向上策」の強化である。震災1年目こそ被災児の心のケアが大切と言われたが、2年目からは、復興には学力向上が必要だという論理の下で、「学校正常化」は「学力向上策」へとすり替わっていった。心のケアが必要な被災児さえも一刻も早く学力競争の世界に連れ戻して、被災校においてもグローバル人材育成教育体制を復興させること、これが「学力向上策」の本質であったと言える。

３．雄勝小学校の全国初の《復興教育》

　このような流れに抗って、対峙した教育実践こそが、雄勝小学校の全国初の《復興教育》だったのである。

　東日本大震災は、教育界に対して教育の大転換を突き付けていると認識した筆者は、教育行政が下した「学力向上策」と被災児が求める学びとの間に大きなズレが生じたと考えて、震災1年目の2011年6月に新しい教育課程を勤務校の全教職員に提案した。それが全国初の《復興教育》であった。

　その教育方針とは、国家に奉仕する人材育成やグローバル企業の利益のための人材育成は被災地には不要であること。被災地には被災地の課題を担うための独自の教育観が必要であることを提案したのであった。

　具体的には、①《子どもは地域の宝》という子ども観への転換、②《故郷を愛し、故郷を復興する社会参加の学力》という学力観への転換、③《地域の復興なくして学校の再生なし》という地域復興と一体化した学校経営観への転換、という3つの転換を提案した。一言で言えば、地域復興に貢献する学校づくりである。

　その後、福島県双葉郡の「教育復興ビジョン」、岩手県の「復興教育」、文科省の「創造的復興教育」が提案されたが、それらは教育行政が提案した上からの復興教育であった。それに対して雄勝小学校の《復興教育》は、故郷を失った住民の視点から提案した、いわば下からの《復興教育》だったのである。

4．復興教育を生み出した背景

（1）宮城県教委の「学力向上策」への疑問

　この《復興教育》を生み出した背景には、大きく四点が考えられる。その1つに宮城県教育委員会（以下、宮城県教委と略記）による「学力向上策」への疑問がある。勤務校の石巻市立雄勝小学校は、石巻市雄勝町の中心部に建っていた。17mを超える大津波によって校舎は全壊し、児童の98%は自宅を流された。そのために10km離れた隣町の河北中学校の空き教室を間借りして、1か月後に学校を再開した。親が仙台市など安全な地区に転居したために、児童数は108名から40名に激変していた。

　学校再開後、正直言って筆者たち教職員は、学校の復興に向けて何から手をつければいいのか皆目見当がつかなかった。自前の校舎が無い、教材教具もない、地域が壊滅して地域教材もない、特別活動の行事も何一つできないというまともな教育環境が整わない中では、震災前と同じ教育課程を実施することは

誰の目から見ても困難だと分かっていたからである。

　子どもたちの生活実態といえば、教室を間借りした河北中学校周辺の公民館や体育館での避難所暮らしであった。避難所から通う子どもたちは急性ストレス障害を発症し、教科学習への集中力は20分と続かなかった。学級内ではトラブルが続発し、正直授業どころではなかった。被災校はどの学級でも学級崩壊状態であった。

　被災校のそのような状況下、宮城県教委は被災校に対して、震災以前に編成した教育課程の実施と「授業時間の確保」を最優先にして、土日の授業も可能にするという指示を下してきた。

　その宮城県教委の指示に呼応するように、学校長たちが動き始めた。被災校の多くは地域の避難所となっていたが、教育の機能と避難所の機能との共存を図りながら、「子どもの日常を取り戻す」という動きが、学校長を中心に起こり始めたのである。これが「学校正常化」である。この動きは、子どもを安心・安全な環境に戻したいという教育的配慮から行われた対応だったと言われている。

　ところが、宮城県教委は2学期から被災校においても指導主事訪問を全面実施するという方針を打ち出した。2011年6月頃から筆者の勤務校の学校長も「指導主事訪問を復活させることが学校復興だ」と言い始めた。こうして震災直後の「学校正常化」は、復興のためには学力向上が必要だという論理の下で、被災児の心のケアもそこそこに、「学力向上」へと変転していった。

　筆者たち担任教師にとって教育復興とは、被災児とその家族が一日も早く生活再建を果たし、震災の傷から立ち直り、希望をもって学び始めることである。それを支える教育課程をつくり直すこと、これこそが筆者たちが考える教育復興である。阪神・淡路大震災のときには、震災の数年後に不登校などの問題行動が増えたという前例がある。そのような問題行動がすでに芽生えていると認識する必要がある。だからこそ、被災児と保護者に寄り添った学校経営を実施していく必要があったのだ。

　しかし、宮城県教委の考え方は違うらしい。宮城県教委にとっては教育復興とは、機能不全に陥った教育行政を指導主事訪問で復活させ、一刻も早く学力競争の世界に子どもたちを連れ戻し、学力向上を図ることであるらしい。しか

しながら学校の与える「学力向上策」が、果たして被災児が求めている学びとなるのだろうか。筆者の疑問は膨らむばかりだった。

　この宮城県教委の動きをどのように読み解くかが重要である。なぜならば、近未来に想定される南海トラフ地震等による大災害時においても、教育行政は同様な動きを見せると想定されるからである。

　宮城県教委の発想の特徴を一言でいえば、被災した目の前の子どもたちの現実からは出発しないということである。千年に一度の大災害に見舞われているにもかかわらず、宮城県教委側の発想は、震災以前と全く変わらないのである。被災しようがしまいが関係なく、学習指導要領の下にある学校体制の中に、子どもたちを無理やり押し込めて、学力競争の世界に連れ戻すという発想が働いている。

　初めに法令ありきである。その法令とは、現在の改訂教育基本法であり、学習指導要領に代表される法令である。その法令には、支配層が理想としている国家・社会像とそれを担う人材教育観や学校像が書かれている。この法令が目指す学校像や人材育成の枠組みに、被災地の子どもを押しこめて、適応させようという発想が「学力向上策」である。つまり、「学力向上策」とは、被災した子どもたちのためではなくて、支配層の要請でつくられた学校の支配装置としての機能と人材育成機能を復活させ、支配層の利得を守るための政治・経済体制を維持するための復興策だったと読み解くことができるのである。これが、震災後に行われた宮城県教委の施策の本質だったのである。

　ナオミ・クラインは、その著書『ショック・ドクトリン』（岩波書店、2011年）で述べているが、統治者が一番恐れることは、災害時の民衆の暴動と社会変革の動きである。災害を契機に民衆の暴動や社会運動が発生して、経済的既得権益と政治的支配体制を奪われることを恐れる。したがって震災時において宮城県教委が「学力向上」を目指した背景には、支配装置の一面を持つ学校を一日も早く震災前のシステムに戻して、秩序を回復するとともに、支配体制をさらに強固なものにしたいという支配層の要求が反映したものであったと筆者は捉えている。

　この教育行政の動きに筆者が疑問を抱いたところから、雄勝小学校の《復興教育》は生まれたのである。

（2）地域消滅の危機感

《復興教育》を生みだした背景の２つ目は、被災者に寄り添わない理不尽な教育行政への義憤と地域消滅への危機感であった。

2011年9月から石巻市教育委員会は、被災校の統廃合に関する住民説明会を開始した。市内で被災した15校のうち9校が統廃合の対象となり、筆者の勤務校もその対象となった。住民説明会に先立つ5月、学校長から次のような指示が出た。「児童数激減により、来年度は複式学級ができて、教員定数が3名減となる。今から転出希望者を募る」。

勤務年数が長い筆者ら3名の教員が学校長に呼ばれて、年度末の転出を促された。これから全職員で学校を復興させようという時期に、この指示はないだろうという憤りを覚えたが、その場では学校長の説明を黙って聞いていた。ところが6月、学校長から新たに次のような指示が出た。

「学区外の避難所から通ってくる児童は法令違反である。避難所がある学区の小学校に転校することが必要だ。担任は、避難所がある学区の小学校に転校する手続きをとるように保護者に伝えること。これが教育行政の法令だ」。

雄勝小学校に在籍している児童40名のうち38名は、学区外の避難所から親の送迎によって通っていた。仮に38名が転校するとなれば、雄勝小学校はいずれ閉校になってしまう。そうなると、地域住民の学校再建の願いも露と消えてしまう。そして学校がなくなれば、いずれ地域も消滅することになる。したがって学校長の指示は、地域にとって大変な事態を招く恐れがあった。いや、それ以上に学校長の指示は、被災児の声や保護者の願いを無視するものであったと言える。「被災したみんなと一緒にいたい」というのが子どもの声だった。親も「せめて子どもだけには、これ以上辛い思いをさせたくない。転校だけはさせたくない」と考えてきた。自宅も仕事場も流され、生きる希望をなくした寄る辺のない親にとって、子どもの笑顔こそが救いであり希望である。それを保障するのが、学校と教師であるはずだ。親にとって学校とは、子どもを守ってくれる「最後の砦」であり、それこそが地域に根ざした「おらほの学校」と言われてきた所以であった。

　しかし、学校長の指示は被災児と保護者の願いにまったく寄り添うことなく、平常時の法令を被災校に平然と適用して、問題を事務的に処理しよう（解決ではない）とする発想に見えてしまうのである。初めに法令ありきである。目の前にいる被災した子どもたちの現実からは出発しないのである。

　筆者の目には、この指示は撤回させるしかないと映った。他の担任教師からも疑問の声が上がった。放課後に行われた打ち合せの時間に、筆者は学校長と厳しく対峙し、全教職員の前で指示を撤回させ、何とか学校閉校という大変な事態を回避することができたのであった。

　さてここで問題になってくることは、学校長の指示をどのように意味づけるかである。学校長は悪意であのような指示を出したのではない。学校教育法施行規則等の法令に従って、ただ職務を忠実に遂行しているに過ぎない。学校長の指示や言動を注意深く検討すれば、地域に根ざした「おらほの学校」とは対極にある、別な学校観が見えてくる気がする。

　学校長の立場に立って、今回の震災で非日常化した学校を「正常化」したいと発想するならば、その拠り所となる規準は、学校教育法施行規則等の法令である。目の前の現実に法令を忠実に当てはめるならば、教員定数が過員状態の雄勝小学校は、当然教員数を減らさないといけない。また法令に従えば、「学区外通学者は転校すべき」という結論に至ってしまう。目の前の現実よりも先に法令ありきである。その法令を通してしか学校の現実を見ることができないところに、問題の本質があるのである。その法令とは改訂教育基本法であり、学習指導要領に代表される法令である。この法令が目指す国家像や学校像に、子どもを押し込めて適応させようとする発想が「学校正常化」であった。

　では改訂教育基本法や学習指導要領などの法令の本質とは何であろうか。それらの法令には、日本の支配層が求める国家・社会像とその国家を担う人材を育成する学校教育について、その教育課程編成論が書かれている。ほとんどの学校長はその法令に忠実に従って、教育課程を編成してきた。校内研究の主題設定の理由に、「社会的要請から」という項目があるが、それがその例である。つまり「地域に根ざした学校」ではなくて、支配層の要請にこたえる国家目的の学校をつくるために教育課程を編成してきたと言える。もちろんこの自覚を彼らは持ってはいない。

したがってこの立場を極端に推し進めるならば、大震災によって地域が壊滅したという非常時においても、被災した住民と子どもたちの喪失感や絶望感に心を寄せることはないであろう。そして、被災して学区外に避難した 38 名の子どもたちに対して、法令を忠実に適用するならば、全員が学区外通学者となる。したがって「転校すべきである。これが教育行政だ！」という極端な権力行使にも疑問を持たなくなるであろう。結果として雄勝小学校が閉校になったとしても、自分は法令に忠実に従って学校を経営した、正しいことをやったと言うであろう。大震災という極限状態だからこそ、一人の学校長の指示を通して、平時には隠されていた支配層が持っている支配装置としての学校観や教育観が顕わになったと意味づけることができるのである。

　この時期（2011 年 5 月〜6 月）を境にして、筆者の意識の中で学校と地域の関係が逆転し、《学校のための地域》から、《地域のための学校》へと、学校観の大転換が起き始めたのだった。そして、現在の学校経営が続けば雄勝小学校は廃校になり、いずれ町も消滅するという危機感を抱いた。この危機感から筆者の意識の上に、《復興教育》が生じてきたのである。

　こうしてグローバル資本の人材育成に貢献する教育ではなくて、それとは対極にある地域復興に貢献する学校づくりという《復興教育》が生まれたのである。地域消滅の危機感という意味では、「福島県双葉郡の教育復興ビジョン」と似たところがあると言えよう。

（3）住民自治の成功体験

　この《復興教育》を生み出した背景の 3 つ目は、筆者が雄勝地域の復興活動に参画して獲得した、住民自治の成功体験がある。

　中心部が壊滅した石巻市雄勝町では、震災前 4300 人の人口が 1000 人までに激減した。このままでは町が消滅すると危機感を持った筆者たち住民は、石巻市内では最速で「震災復興まちづくり協議会」を立ち上げ、復興活動を開始した。筆者も教員の身分のまま「震災復興まちづくり協議会」の委員となり、町の復興に必須となる学校再建案を真っ先に練り始めることとなった。筆者は学校再建部の事務局を担当した。そして二度にわたる「要望書」を石巻市長に提出したのだった。

　その結果、2012年1月に「雄勝小中併設校」（2017年4月開校）の新設が決定したのであった。石巻市で新校舎が建設される被災校は、僻地の雄勝小中併設校を入れて2校のみである。こうして「震災復興まちづくり協議会」の俊敏な動きによって、町内に小・中学校1校を残すことに成功したのである。

　この学校再建の成功体験は、筆者の意識を大きく変える出来事となった。「連帯すれば地域のことは地域住民が決めることができるのだ！」という《自主管理》の意識と強烈な「住民主権者意識」（岡田知弘）が生まれたのである。そして、筆者の意識の中で、学校と地域の関係が逆転し始めたのである。

　誤解を恐れずに言えば、これまで学校は自らの教育目的の達成のために地域を〝利用〟してきたと言える。学校は地域素材の教材化や地域の人材活用を行ってきたが、それは学校の教育課題の達成を目的とするためのものであり、地域のためではない。

　しかし、学校再建の成功体験をくぐったことで、筆者の意識の中では学校と地域の関係が逆転し、《学校のための地域》から、《地域のための学校》へと、学校観の大転換が確実なものになっていった。こうしてグローバル企業の人材教育に代わる、地域復興に貢献する学校づくりという《復興教育》を生みだしたのである。

　この《復興教育》は、グローバル人材育成教育に代わる新しい教育観であり、「地域のことは地域住民が決める」という「住民主権主義」（岡田知弘）を下敷きにした、地域の未来の「主権者」を育てるという地域復興に貢献する教育観である。未来社会を先取りした《上部構造》としての教育観が、地域の復興活動に参加する中で筆者の意識に反映したと言える。いわば1947年教育基本法（旧法）が目指す、「主権者」を育てる民主教育の地域版だと意味付けることができる。

（4）子どもたちの震災ストレス

　《復興教育》を生み出した背景の4つ目には、何事にもまして目の前の子どもたちの実態があった。子どもの心身の状態は、やはり震災の影響が出ていた。夜にうなされる、暗闇が怖いなどの異常行動が全校児童40名のうち6，7名に現れていた。津波の記憶がよみがえって故郷の雄勝に行けなくなった子、地

震で揺れた橋を思い出して通学路の橋を渡れない子など、心的外傷後ストレス障害（以下、PTSDと記載）の「回避」の疑いの子が数名存在した。

全体の傾向としては、低中学年は食欲がなくて、活動意欲が極端に低下していた。声が小さくて、新しいことへの挑戦意欲が乏しく、中には教師に甘えて、「赤ちゃん返り」を見せる子もいた。

それに対して高学年は異常なテンションの高さが目立った。とにかくよくしゃべった。授業中、給食中、清掃中、着替え中など際限なくしゃべるのであった。しゃべることで、心に抱える不安や恐怖心を紛らわそうとしているように筆者には見えた。授業は当然のごとく成立しない。低中学年は静かな学級崩壊、高学年は動的な学級崩壊状態であった。

このような異常行動を見せる子どもたちに、震災前と同じ教科書教材を与えても、受け入れるはずもなく、子どもたちは全く学ぶ意味を失っていた。「漢字を覚えて、それが何になるの？」と疑問をぶつける子。「勉強しても俺なんか高校にも行けないし！」と投げやりな言動を見せた子は、親が仕事場を流された子であった。ある学年では、死ね、殺すぞ！などの暴言が教室中に飛びかっていた。本校の子どもたちにも震災の影響と見られる新しい荒れがすでに始まっていたのである。

石巻市教育委員会が実施したPTSDチェックリスト「IES-R」では、全学年に高い数値が現れた。巨大津波に遭遇し、心に恐怖心や喪失感を抱えた子どもたちのケアをどのように行っていけばいいのか、筆者たち教職員は、年度当初は暗中模索の日々を過ごすこととなった。

筆者は千年に一度の災害を体験した子どもたちにとっては、学習指導要領を基に震災前に編成した教育課程は全く無力であることを痛感させられたが、年度当初は自分の生活再建（義母の遺体探しとその後の葬儀、新しい住居探し）で心身の余裕がなくて、まだ対案を持ち合わせてはいなかった。それどころが義母を助けられなかった自責の念や地域を失った喪失感で生きる気力が失せて、もう教師は続けられないと感じていたのであった。

余談ではあるが、近未来に想定される首都直下地震や南海トラフ地震津波による大災害では、子どもだけでなくて教師自身も被災者になりうる可能性がある。東日本大震災時の子どもと教師の被災のパターンは、次の3通りである。

　A　子どもが被災者　─　教師は学校と地域（自宅）で被災せず
　B　子どもが被災者　─　教師は学校で被災、地域（自宅）では被災せず
　C　子どもが被災者　─　教師は学校と地域（自宅流出）の両方で被災
　Aのケースは、子どもの被災体験から生じる異常行動を理解することが困難となり、子ども理解に苦労することが多い。
　Bのケースは、子どもと教師が学校被災を共通に体験しているゆえに、子ども理解がたやすく、教師は余裕をもって子どもの心のケアを行うことが可能になる。鳴瀬未来中の制野俊弘著『命と向きあう教室』（ポプラ社　2016年）がそのよい事例である。
　Cのケースは、教師も被災者であるために、同じ立場にいる被災児に深く共感できて子ども理解が深くなるが、教師自身がトラウマやグリーフを抱えていると、被災児の心のケアを行う余裕はなくなり、心身ともに疲弊する。まずは自分自身の心のケアを優先しないことなしには、被災児の心のケアに長期的に取り組むことは難しい。筆者の場合はCのケースに該当した。結果的には、筆者がCのケースの被災者だったからこそ、《復興教育》を生み出すことができたのであるが、そのプロセスは次節で述べたい。

（5）人とのつながり─《関係性の回復》
《復興教育》を生み出した背景の5つ目は、筆者自身の被災体験からの回復体験が基になっている。震災直後に筆者を襲った意識は、生きる気力の喪失であった。これまで生きてきた証である過去の教育実践のパソコンデータの一切を流され、自宅も流された。壊滅した町の残骸を目の前にして打ちのめされ、もう教員を続ける気力が湧いて来なくなったのである。
　しかし、そんな筆者に生きる気力を回復させてくれたのは、全国の仲間から贈られてきた励ましの手紙と支援物資等であった。こんなつまらん男を心配してくれた人がこんなにたくさんいたのだ！と驚くほど、筆者に注がれた愛が、生きる力を回復させてくれたのであった。いつまでも支援を受ける立場ではいけないと思い立ち、個人的に届いた支援物資を持って、妻と一緒に雄勝の避難所に通い始めたのだった。
　すると雄勝に通うたびにだんだん元気になっていく自分を発見したのであ

る。さらに、5月に「震災復興まちづくり協議会」の委員になってくれという地域の要請を受けて、委員として主体的に地域復興計画の立案に参画し始めた時に、自分の喪失感が少しずつ癒されるという回復体験を得たのである。

　「雄勝に行くたびに、元気になるよね」と妻が言うほどに、元気になっていく自分を自覚するようになった。そこで、この自分の身に起こっている回復体験を対象化し、自己分析して、その意味するものを徹底的に明らかにする作業（自己対象化と意味づけ）に取りかかった。

　その結果、雄勝町という地域は（筆者が生まれた町ではない）妻の故郷であるが、地域教材の授業づくりを通して、筆者を一人前の教師として育ててくれた、かけがえのない存在であったと気付いたのである。地域は筆者の「人格の一部」であったのである。

　地域という人格の一部を失うことは、教師としての過去のキャリアの一切を失うような感覚に陥った。さらには地域が消えてなくなったために、これから先の地域教材を扱って実施する未来の授業実践も不可能になったのである。つまり、筆者が地域と築いてきたつながり、《関係性》をもう築けなくなったのである。そこから喪失感は生じているのだと見えてきたのである。

　ここから人間とは、《関係性の存在》だと気づかされたのであった。そして、筆者の喪失感の本質とは、家や財産などの物質を失った喪失感ではなくて、生活空間であった地域を丸ごと流されて、地域とのつながりが切れたという《関係性》の喪失だと認識するようになった。したがって、雄勝町に通って復興活動に参画することで喪失感が癒された理由は、未来に向かって新しい町をゼロから創り始めて、失った地域との《関係性》を再構築し始めたからではないかと自己省察するに至ったのである。

　具体的に言えば、復興計画を立案する「震災復興まちづくり協議会」の会議に参加する中で、雄勝ブランドの伝統的工芸品「雄勝硯」と雄勝湾の養殖ホタテという地域資源を活用することによって、「地産地消型」の新しい「地域内経済循環」（岡田知弘）を構築できそうだという地域の未来像が見えてきたのである。そして、その地域の未来像が生きる《希望》となり、展望となったのである。こうして絶望のどん底にいた筆者は、地域住民とつながることで《希望》を生み出したのである。この筆者の自己再生のプロセスを《人とつながり

希望を紡ぐ》復興思想と名付けることにした。

（6）《人とつながり希望を紡ぐ》復興思想

　《人とつながり希望を紡ぐ》とは、義母と地域を失って失意のどん底にいた筆者が、地域住民とつながり、地域復興に参画する中で、身体に刻み付けられた筆者自身の人間復興思想である。希望とは、受け身で待っていては生れてこない。連帯と共同の行動が必要である。希望とは、連帯を横糸に、共同行動を縦糸にして、足元から自ら紡ぎ出すものである。つまり、被災者が孤立から一歩踏み出し、一方的に支援される側から転換して、主体的に人とつながり、主体的に復興活動を起こせば、自ら希望を生み出すことができるということである。これが、《人とつながり希望を紡ぐ》という人間復興思想の意味である。

　この《人とつながり希望を紡ぐ》という人間復興思想を教育に応用したものが、実は筆者が提案した《復興教育》であった。筆者の自己再生のプロセスには普遍性があり、子どものケアにも適用できると考えたわけである。子どもが地域復興を学び、復興に参加して地域との《関係性》を再構築すれば、受け身でなくて主体的に地域を変えていく行動を起こすならば、子ども自身が自らを癒す力を獲得するのではないかと、「仮説」を立てたわけである。

　この仮説に基づいて構築した教育が、筆者の《復興教育》だったのである。地域復興への参画を土台にして、住民である一教師が下からつくり上げた教育が、まさしく雄勝小学校の《復興教育》だったのである。

5．「震災復興教育を中心とした学校経営案」の提案

　2011年6月23日、全教職員に提案した『震災復興教育を中心とした学校経営案』の概略について説明する。

　筆者は、学習指導要領の目指す学力は、被災地が求める学力とは大きなズレを生じていると認識していた。つまり学習指導要領の学力観は、もはや被災地には通用しないということだ。経済競争のための「学力向上策」は「村を捨てる学力」を育ててしまう。子どもが被災地から都会に出ていくという大きな矛盾を生み出すことになる。被災地には、被災地の教育課題を乗り越えるための、独自の教育観が必要とされる。3.11は、我々に子ども観、学力観、学校経営観

などの大転換を突き付けていると認識しなくてはならない。

（1）子ども観の転換
　第1に必要なことは、「子どもは10年後の地域復興の主体となるべき地域の宝」という子ども観への転換である。被災地の住民は、子どもが地域に残って、地域復興を担ってほしいという願いをもっている。そして、子どもたちも地域復興に参加したいと願っているのだ。地域の子どもたちは、愛すべき故郷の復興を担う未来の主権者である。決して、国家の人材でも多国籍企業の人材でもない。そのような人材観は、もはや被災地には不要である。
　もう1つの意味がある。被災者にとって、子どもはその存在自体が希望である。子どもの笑顔や無心に遊ぶ姿それ自体が、無条件に被災者に生きる力を与えてくれる。「生きていてよかった。ありがとう！」という、命への慈しみの感覚を呼び覚ましてくれるのだ。
　7月の雄勝復興市で、子どもたちが被災者のために一生懸命に南中ソーランを演じる姿を見ると、なぜか涙が流れてきた。被災した地域の方々もみんな涙を流していた。自分を支えていたすべてを奪われて、丸裸にされた被災者は、自分たちのために健気に踊る子どもたちの姿に涙し、真心から拍手を贈る。そして悲惨な現実を乗り越えて前を向こうという力が、なぜか湧いてくるのである。そういう意味で、被災した地域住民にとって子どもは、《地域の宝》である。

（2）学力観の転換
　第2は、学力観の転換である。被災地が求める学力とは、大資本が求めるところの経済的価値を追求するために競争力を養うという「生きる力」ではない。ましてや「村を捨てる学力」でもない。被災地が求めている学力とは、「故郷を愛し、故郷を復興する社会参加の学力」なのだ。この学力観に立ってこそ、子どもたちは学ぶ目的を明確にもつことができる。言うまでもなく、学力形成と地域復興が結び付き、学習意欲の向上にも役立つ。

（3）学校経営観の転換
　第3に、「地域の復興なくして学校の再生なし」である。今こそ、地域復興に

貢献するための学校経営に転換するときである。地域には復興に立ち上がった住民がたくさんいる。そんな身近な大人こそが子どもたちの自己形成のモデルとなり、子どもたちに希望を与えてくれるのだ。一方、学校は住民の復興活動を教材化し、子どもたちがそれを学び、自主的に復興活動に参加するように促していく。その結果、子どもたちは地域復興を担う未来の主権者に生まれ変わっていくのである。

　以上のように、《復興教育》の教育課程について説明した結果、二学期初めに学校長が改訂した学校経営案には、［たくましさと郷土愛を育てる復興教育］という項目が追加されていた。こうして石巻市教育長の決済を得た正規の《復興教育》の教育課程が編成されたのであった。

6．復興教育を担う総合学習

　震災前に編成した教育課程が全く使えない状況に陥った以上、新しく編成した《復興教育》は、目の前の被災児の学びの要求から教育内容と教材を立ち上げる必要があった。

　子どもに与える教材とは、ふつうは子どもを取り巻く自然、社会、人間から素材を選択して文化的価値と発達段階を踏まえて、それをたとえば教科書として与える。子ども自身から見れば、自分を取り巻く外の世界が学びの対象となる。しかし被災後の子どもたちは、外の世界には関心はなく、まず自分が内面に抱える欲求の実現や苦悩の解決を求めていると筆者は直感した。ここから被災児自身が内面に抱える欲求や苦悩を学びの対象にして、教材化するという発想の転換を行ったのである。それが教材観の転換と子ども観の転換である。被災児自身から見れば、自分自身の内面それ自体を学びの対象にするという《学びの転換》である。

　では被災児たちはどのような学びの要求をもっていたのだろうか。１つは、壊れてしまった自分の故郷を壊れたままにはしておけない、何かをしたい、復興に参加したいという欲求とその実現である。民間団体の「セーブ・ザ・チルドレンジャパン」が2011年に調査した結果によると、被災地の70％以上の子どもたちは地域復興に参加して、地域に貢献したいと答えている。そのアンケートには雄勝小学校も協力したが、雄勝小学校の子どもたちは実に90％が

復興に関わりたいと答えていた。

　その学びの要求を救い上げて、総合学習の単元構成の1つの柱として、《地域復興を学び、地域復興に参加する学び》を導入した。そして2011年9月から、正規の教育課程として開始することになった。

　そのねらいとは、復興に立ち上がった大人に出会わせて、前向きな力に触れさせ、子どもたちに自己形成のモデルにしてもらうことであった。さらに地域復興を学ばせ、将来的に地域を復興するための《社会参加の学力》を獲得させることをねらいとした。この学力観に立ってこそ子どもたちは、学力形成と地域復興を結び付けて、学ぶ意味を見出すことができると考えたのである。以下に実践の概略を紹介する。

（1）2011年度　6年生の実践
　2011年度の6年生は「雄勝硯の復興とまちづくりについて考えよう」というテーマの下、雄勝硯制作を再開した硯職人の遠藤弘行さんに出会わせた。瓦礫の中から回収した木材で掘立小屋を建てて、電気も水もない悪環境下で硯を彫る遠藤さんの姿に子どもたちは驚くとともに、雄勝硯の復活の夢を熱く語る遠藤さんに感動して、多くの励ましと勇気をもらった。こうして遠藤さんは震災後を生きる子どもたちの自己形成のモデルになったのである。

　続いて、「震災復興まちづくり協議会」の副会長の高橋頼雄さんに復興の現状について講話をしてもらった。そして子どもたちの手で、雄勝の復興プランを作って「震災復興まちづくり協議会」で発表したのである。子どもの権利条約の意見表明権を「震災復興まちづくり協議会」が認めてくれたのだった。その結果、復興プランの一部が雄勝総合支所の復興計画案に採用されるという快挙を生み出した。子どもたちは自己有用感を高めて大きな自信を得た。この実践から筆者は、地域復興へ社会参加することで子どもたちが《当事者性》を獲得し、《社会参加の学力》を身に付けて、未来の主権者に育つという確信を得たのだった。この授業実践後の子どもの感想文を紹介しよう。

　　私たちは、卒業制作とし、「未来の雄勝の町」を紙粘土で立体模型にすることにしました。発砲スチロールの上に紙粘土を重ねて、山などを作り、

アクリル絵の具で色をぬりました。道を作り、海を作り、本当の雄勝ができていくようでした。その作業はけっこう楽しかったです。私たちは、もし、震災がなかったら、このような貴重な体験ができなかったと思います。だからと言って震災があってよかったというわけではありません。でも、この経験は、とても貴重なものだと思います。

　それに、今回の活動で、故郷である雄勝がどれだけ大切かが身に染みてわかった気がします。これからも雄勝を大切にしたいと思います。私の一番心に残った「未来の雄勝作り」。とっても楽しかったです。（N子）

　以上のように、被災児の学びの要求の1つ目は、地域復興に参加することであった。では2つ目の学びの欲求とは何だろうか。

　それは自分が抱えている辛さや喪失感を取り除いて、解決して欲しいという欲求である。つまり心のケアである。教師側から言えば、被災児が内面に抱える苦悩や喪失感を教材化するということである。しかしこのような教育実践は教育史上、どこにも実践例がなかったのである。筆者は道なき森に迷い込んだような精神状態に陥った。一方では、目の前の被災児の荒れはひどくなるばかりだった。ところが、ここでも筆者の喪失感からの回復体験（自己対象化と意味づけ）が実践の大きな手掛かりを与えてくれたのであった。

　筆者自身の自己再生の経験から、こう考えた。被災児が震災から受けた悲しみ・辛さ・喪失感情などを語り合い、言語や絵画表現などで《対象化》し、《意味づける力》を獲得すること。そして人生の新たな「物語」を描き直して、失ったものとのつながりを《再構築》することが必要ではないのか。そこで、次のような学びを設定した。

①被災児が抱える苦悩や喪失感情を整理して、表現する学び（対象化）、
②震災を人生の一部として引き受けて、自分の震災体験の意味を問う学び（意味付け）、
③震災をただの不幸なマイナス体験にせず、人生の「物語」を新しく描き直し、プラスに転化するような学び（関係性の再構築）を与えるというものであった。この新たな教育実践を、《震災体験の対象化と意味づける学び》と名付けた。

こうして震災2年目は、《復興教育》の単元構成の2つ目の柱として、《震災と向き合い、意味づける学び》を追加した。以下に、授業実践の概略を紹介する。

（2）2012年度の5年生の実践
　2012年度の5年生は、『震災体験を記録しよう』というテーマで、心のケアに取り組んだ。被災してトラウマや喪失感を抱えた子どもたちが学級集団の中で、自発的に震災を語り、思いを作文や絵画で表現し、震災と折り合いをつけて前を向く力を育てることをねらいとした。
　俳句を導入として、震災作文、朗読劇、震災後2年間の歩みの絵本制作、木版画「私の大切なもの」、心理社会的ケアプログラムによるジオラマ制作など言語と絵画・立体表現によって震災体験の《対象化》と《意味づけ》を行った。この教育実践は、トラウマの記憶を自分の人生の一部として引き受けて意味付ける「物語化」であり、「ナラティブ・セラピー」の要素を持つ実践である。心療内科医の桑山紀彦氏の助言をいただきながら実践した。本実践のまとめは共同制作『希望の船』に結実した。制作後の感想文を紹介したい。

　　　　この『希望の船』は、最初はいやだったけど、雄勝のことを思い出してやってみたら、うまくやれました。時にはふざけたりあきたりしたけど、でも三月一九日に彫りができてよかったです。また機会があったら、やりたくないけどやりたいです。これからもこの『希望の船』が太陽に向かって進むように、前へ、前へ、ちょっとずつでもいいから進んでいけたらいいなあと思います。雄勝にいたころの思い出や友達、雄勝の伝統、ふるさと、津波にのみこまれた人、雄勝小学校、家族、宝物がすべて流されたけど、これからも死んだ人の代わりに、生き続けたいです。（R男）

　この感想文からはR男の苦悩や葛藤がよく伝わってくる。版画制作を通して自分を《対象化》し、自分の立ち位置を確認できたのだろう。「やりたくないけどやりたいです」の意味とは、まだ前を向ける状態ではないが、それでも向きたいという健気な意思を読み取ることができる。「前へ、前へ、ちょっとずつでもいいから」は、辛くても一歩ずつ歩みたいという健気な思いが伝

共同木版画「希望の船」　90㎝×180cm

わってくる。「雄勝にいたころの思い出や友達、雄勝の伝統、ふるさと、津波
にのみこまれた人、雄勝小学校、家族、宝物がすべて流されたけど」では、
失くした大切なものを列挙し、「けど」（接続助詞）という表現で、現実と折
り合いをつけているように読める。最後の文「死んだ人の代わりに生き続け
たい」とは、亡くなった命を無駄にせずに亡くなった人の分まで生きるぞ！
という《意味づけ》である。こうしてR男は震災を自分の人生の一部として
引き受けて、自分の新たな「物語」を描いている。

　絵画表現を通して、辛い記憶と向き合い、《対象化》して心を整理し、《意
味づけ》て未来へ続く「物語」を描くことで、前を向く力を獲得していく。
自分と自分を取り巻く世界を目に見えるイメージで再構成し、表現し、過去
から未来につながる物語を描くという「ナラティブ・セラピー」のような役
割を絵画表現が果たしている。この絵画表現も筆者が語ってきた震災体験の
《対象化》と《意味づけ》の実践例である。

　なお2012年度の5年生の実践は、DVD『ぼくたちわたしたちが考える復興
〜夢を乗せて〜』というタイトル名で、「日本児童教育振興財団」から発行さ
れている。

7．おわりに

　筆者の《復興教育》の実践とは、「創造的復興」に対峙した「人間の復興」に拠って立つ教育であった。1つ目に地域復興に参加したいという子どもの欲求を叶えるための学びであった。雄勝地域の復興に立ち上がった大人に出会わせて、その前向きな力に触れさせ、子どもたちに自己形成のモデルにしてもらうことを目指した。さらに地域復興の方法論を学ばせ、将来的に地域を復興するための《社会参加の学力》を獲得させることをねらいとした。この学力観に立ってこそ子どもたちは、学力形成と地域復興を結び付けて、学ぶ意味を見出すことができると考えたのだった。

　2つ目に子どもが内面に抱える負の感情（震災による悲しみ、苦しみ、不安、恐怖、怒り、苛立ち等）を解決するために、自分自身の内面を学びの対象にして、感情を言葉や絵画で表現して対象化し、意味づける学びであった。

　この 3.11 後の教育実践の経験知をぜひ継承していただき、想定される首都直下地震や南海トラフ地震津波等の大災害後の日本社会の復興と子どもの幸せのために生かしてほしいと願うものである。本実践について詳細は、『震災と向き合う子どもたち』新日本出版社（2018 年）を参照していただきたい。

【注】
1)「復興教育」という文言は筆者の造語である。

【参考文献】

徳水博志(2018 年)『震災と向き合う子どもたち』新日本出版社

宮城県教職員組合(2012 年)『東日本大震災　教職員が語る子ども・いのち・未来』明石書店

大森直樹他編(2013 年)『資料編　東日本大震災と教育界』明石書店

船寄俊雄・近現代日本教員史研究会(2020 年)編『近現代日本教育史研究』風間書房
　　＊第 10 章第三節（P592〜627）を執筆した福井雅英は、筆者の復興教育の全体構造を考察し、新自由主義教育に対抗する教育実践としての意義を解明している。

岡田知弘（2005 年)『地域づくりの経済学入門』自治体研究社

第１０章　防災教育フィールドワーク
──宮城県（体験型学習のデザイン）

柄本　健太郎

1．はじめに
（1）グローバルな視点での防災教育の重要性

　第3回国連防災世界会議が国際連合により2015年に開催される（国際連合広報センター、2021）など、防災はグローバル・地球規模での課題となっており、防災教育について学ぶことはグローバルに活躍できる人材につながる一面を持っている。Centre for Research on the Epidemiology of Disasters（2016）によれば、1996年から2015年の20年間で7056の災害が発生し、被災者のうち亡くなった方だけでも世界中で約135万を超え、そのうち半数以上が（津波や火山噴火を含む）地震による被害が主となっていた。また、気象に関連する災害は1976年～1995年の20年間に比べ、1996年～2015年までの20年間で倍増している（防災に関する国際戦略枠組みの概要は桜井〔2021〕を参照）。

　また、防災教育、特に東北の地にて実践されるものは「予測困難で変化の激しい状況の中で新しい社会を創っていく次世代の子ども」に関する国際的な教育枠組みともつながりを持っている。2011年の東日本大震災をきっかけに、OECD（経済協力開発機構）、文部科学省、福島大学による復興教育プロジェクト「OECD東北スクール」が生まれた（福島大学、2013）。その後、「OECD東北スクール」の後継として2015年に「教育に関する日本・OECD共同イニシアティブ・プロジェクト」（OECD日本政府代表部、2019）や「OECD Future of Education and Skills 2030」事業が開始され、後者の事業からは2030年の社会に求められる生徒像とコンピテンシー（資質・能力）の枠組み「OECDラーニング・コンパス（学びの羅針盤）2030」が提案された（OECD、2019）。東北から国際的な枠組みへの流れの中で、日本は事業の「議論や研究の成果を学習指導要領改訂の議論において参照」（OECD、2018）してきた。

（２）ローカルな視点での防災教育の重要性

ローカルな視点でみたとき、地理的には、たとえば地震調査研究推進本部（2021）によれば、南海トラフでの M8〜9 クラスの地震が今後 30 年以内に発生する確率は 70〜80%とされる。

また、首都直下地震とも称される相模トラフ沿いの地震のうち「プレートの沈み込みに伴う M7 程度の地震」の 30 年以内の発生確率は 70%程度とされている。図表 1 は首都直下地震緊急対策区域であり、予想される首都直下型地震において「震度 6 弱以上の地域」等を示すものである。

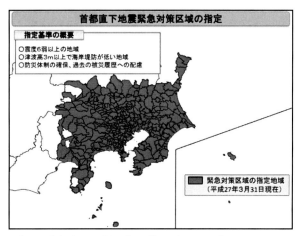

図表 1　首都直下地震緊急対策区域（内閣府、2021：p.1）

日本では実践的な防災教育が求められており、文部科学省では、「気象災害、地震災害、火山災害など様々な自然災害が発生しており、今後も、気象災害の激甚化や南海トラフ巨大地震等の大規模な災害が懸念」され、「児童生徒等の命を守り抜くためには、これまで以上の学校防災体制の構築及び実践的な防災教育の推進が必要」と述べている（文部科学省、2019）。

日本の学校教育で実践的な防災教育の推進が求められているのと並行して、教員養成においても防災教育に関連した学びが求められている。

2017 年に改正された教育職員免許法施行規則では、教職課程の中で履修すべき事項の中に「学校安全への対応」が含まれている。また、全国すべての大

学の教職課程で共通に修得すべき資質・能力を示す「教職課程コアカリキュラム」においても、「教育の基礎的理解に関する科目」の「教育に関する社会的・制度的又は経営的事項（学校と地域の連携及び学校安全への対応を含む。）」にて、「（３）学校安全への対応」に災害教育に関連する記述がみられる（教職課程コアカリキュラムの在り方に関する検討会、2017）。

　また、2021 年 3 月には、文部科学大臣から中央教育審議会に対して「第 3次学校安全の推進に関する計画の策定について」の諮問が行われた（中央教育審議会、2021a）。2021 年 12 月に公開された答申素案では、第 3 次計画期間に取り組むべき基本的な方向性の 1 つとして「地域の災害リスクを踏まえた実践的な防災教育を実施する」が挙げられた（中央教育審議会、2021b）。

（３）教員養成での展開

　これまでの防災教育に関する教員養成での取り組みは散見する限り多くなく、東北や関西での取り組みがみられる。たとえば、宮城教育大学での防災教育研修機構、福島大学での「うつくしまふくしま未来支援センター」（2011 年～）、山形大学の学部・教職大学院での必修科目の設置（村山、2019）、岩手大学での教育実践・学校安全学研究開発センター（2020 年～）、神戸大学大学院では工学研究科での「減災戦略コース」の設置（神戸大学大学院工学研究科・工学部、2021）が挙げられる。

２．目的

　グローバル・ローカルな視点からの重要性、国内の教員養成における取り組み状況を踏まえ、教員養成において防災教育の学修プログラム開発に取り組む価値・需要があると考えられる。そこで、本稿は東日本大震災の被災地であり、長く防災教育に取り組んできた宮城教育大学の所在地である宮城県に訪問調査を行い、学修プログラム開発を探索的に行うことを目的とする。

３．方法

（１）事前聴き取り

　訪問調査に先立ち、2020 年 2 月に約 1 時間、宮城教育大学防災教育研修機

構 副機構長の小田隆史准教授にウェブ上で聴き取りを行った。

　聴き取り内容は「東日本大震災以降、宮城教育大学が震災関連から防災教育の拠点に移行してきたこと」、「フィールドワークを想定した場合の震災遺構などの訪問地、日程の相談」等であった。

（2）訪問調査

　2021 年 3 月 17 日、18 日、19 日の 3 日間にて、宮城県内の防災教育に関連した施設を武蔵大学教職課程専任教員 3 名が訪問し、調査を行った。

4．訪問調査の結果と考察

（1）全体の流れ

　3 日間の流れを図表 2、訪問地を図表 3 に示す。

図表 2　3 日間の流れ

日程	詳細
1 日目 12:00 12:30 13:40〜16:10 17:30	・仙台駅 (1)到着 ・せんだい 3.11 メモリアル交流館 (2) ・震災遺構 仙台市立荒浜小学校 (3) ・KIBOTCHA (4)到着 （宿泊所）
2 日目 08:00 09:30〜12:30 14:00〜17:00 18:00	・KIBOTCHA (4)出発 ・雄勝ローズファクトリーガーデン (5) ・宮城教育大学 防災教育研修機構 (6) ・KIBOTCHA (4)到着
3 日目 08:00 09:00〜10:00 12:00	・KIBOTCHA (4)出発 ・石巻市震災遺構大川小学校 (7) ・仙台駅 (1) 帰路へ

※括弧内の番号は図表 3 と対応

図表3　訪問地を示す Google マップ（Google LLC）

※番号は図表2と対応

（2）詳細

・せんだい 3.11 メモリアル交流館

　仙台駅到着後、レンタカーで 15 分ほど移動し、せんだい 3.11 メモリアル交流館に向かった。「せんだい 3.11 メモリアル交流館」は地下鉄東西線荒井駅の駅舎内に 2016 年に開かれた施設である。交流館ではガイドの方の説明を受けながら、震災前と後を比較した映像を視聴した。

　館内に設置された巨大な「震災と復興の記憶」と題された立体図（図表 4）からは、津波の被害範囲、震災後指定された「災害危険区域」（仙台市、2021a）や、震災後に形成された「東部復興道路」（仙台市、2021b）など地域の全体図が把握できた。

図表4　「震災と復興の記憶」

図表 5. 児童制作の「未来のまちづくり」展示

　訪問時、交流館には荒井駅近隣に位置する仙台市立七郷小学校の 6 年生が制作した「未来のまちづくり」も展示されていた。展示の一部を図表 5 に示す。交流館では、これから向かう荒浜地区を含む広域の位置関係を把握できるだけでなく、震災の起きる前、震災時、そしてその後の 3 つを感じ取れる展示となっていた。

・震災遺構　仙台市立荒浜小学校

図表 6. 震災遺構　仙台市立荒浜小学校の正面外観

　交流館を訪問した後、車で 30 分ほど移動し、「震災遺構 荒浜小学校」（仙台市、2021c）に到着した。校舎の正面外観を図表 6 に示す。校舎周辺は訪問当日、帽子が飛ばされるほどの強風が海から吹いており、防寒着が必要であった。

　荒浜小学校は震災によって津波の大きな被害を受け、後に閉校し、2017 年 4 月 30 日からは震災遺構として開かれている。震災時は児童、教職員、住民ら 320 名が校舎に避難し、2 階まで津波が到達した。避難者に対しては屋上から自衛隊のヘリによる長時間の救出活動が行われた。

　あらかじめ連絡した上で、当日はガイド（元・市役所職員）の方の説明を聴きながら、校内と一部校外を 1 時間 30 分ほどかけてまわった。

　校舎正面の 2 階部分には津波浸水高を示す看板が設置されており、津波の高さの具体的なイメージを喚起させられた（図表 7）。震災時、若林区荒浜には 9.4m の津波が到達したとされる（東北学院大学、2021）。正面から横に回ると、校舎の側面には、海からの津波が校舎にぶつかり、瓦礫や水圧によってひしゃげ壊されたバルコニーが残されていた（図表 8）。バルコニー下が校舎への入り口である。

　校舎内は、1 階に低学年の教室跡・保健室跡、2 階に津波の浸水跡、4 階に交流活動室、映像「3.11 荒浜小学校の 27 時間」の視聴室、震災の記憶・荒浜の歴史と文化・荒浜小学校の歴史など示した展示室があり、震災時ヘリで救出活動が行われた屋上も開放されている。なお、3 階は立ち入り禁止とされていた。校舎には剥き出しになった天井、瓦礫によって変形したドア、被災時刻で止まった時計など様々なものが残っていた。

　訪問によって、震災前までの学校の様子、震災時の避難や自衛隊による救助の様子、震災後の校長・副校長・町内会長（当時）らの思いを知ることができた。また、校舎の実際の様子とガイドの方の説明とが重なることで、東京にいるだけでは具体的に思い浮かべにくい震災とその被害について、調査 1 日目から少し感じ取れたように思えた。

　校舎内をまわったあと、ガイドの方の案内で、車で約 1 分移動し、震災遺構仙台市荒浜地区住宅基礎に向かった。ここでは津波が高所から落ちてくることで 2m ほどえぐられた地面や、津波によって上部しか枝葉が残っていない松の木、津波の高さを示す像を見ることができた。

ガイドの方の案内がここで終了したため、一行は約1時間かけて、宿泊地となる **KIBOTCHA** へ車で移動した。途中、日本三景の松島として有名な宮城県宮城郡松島町を通過し、車窓から湾沿岸を眺めた。

図表7　校舎2階の津波浸水高を示す　　　図表8　校舎側面2階の
　　　看板（白色の丸は筆者が追加）　　　　　ひしゃげたバルコニー

・KIBOTCHA（キボッチャ）

図表9　宿泊地の KIBOTCHA 外観
（旧・東松島市立野蒜（のびる）小学校）

図表10　館内の様子（貴凛庁株式会社、2021）

　KIBOTCHA は、震災の被害を受けた東松島市立野蒜小学校が閉校したのち、貴凛庁株式会社が東松島市による公募・審査を経て、防災体験型学習・宿泊施設としたものである。パンフレットによれば運営には自衛隊、警察、消防の経験者が関わっているとのことである。外観を図表9、内部を図表10に示す。

　野蒜小学校の体育館は東日本大震災時に避難所に指定されており、児童 70名を含む 300 名以上が避難した。体育館の 1 階部分が押し寄せた津波に襲わ

れ、十数名の地域住民が命を失ったとされる（宮城県震災遺構有識者会議、2015）。体育館はその後、解体された。

　同施設は校舎を改修した施設であるため、学校建築によくみられる長い廊下、廊下両脇に2か所ある階段、利用者共用の男女別トイレ(宿泊部屋内にはない)という特徴をもっている。施設内に体験学習スペース、シアタールームを持ち、防災教育のプログラムを提供している。屋外にはBBQスペースがある。

・雄勝ローズファクトリーガーデン

図表 11　雄勝ローズファクトリーガーデンの外観

図表 12　雄勝小学校の児童（当時）が制作した版画を持つ徳水さん（左）

　２日目は朝７時の朝食の後、８時に KIBOTCHA を出発し、途中「道の駅 上品の郷（じょうぼんのさと）」に休憩を兼ねて寄りつつ、約１時間の車移動で、雄勝（おがつ）ローズファクトリーガーデンへ向かった（図表 11）。

　当施設は、雄勝花物語という「2011 年３月 11 日の巨大津波で壊滅した石巻市雄勝町を復興するために、"花と緑の力で"を合言葉に」被災住民が立ち上げた復興プロジェクトの活動拠点である（徳水、2021）。プロジェクト・ガーデン運営の中心は、徳水博志さん（宮城県石巻市雄勝小学校元教諭）、徳水利枝さんご夫妻である（MORIUMIUS PLUS、2021）。

　９時 30 分からは、ガーデン隣接の建物内にて徳水博志さんから、２階建て校舎の屋上を越える津波の被害を受けた雄勝小学校での経験と、震災後の調査・教育実践を基にした「防災教育」・「復興教育」の説明を受けた。

　徳水さんは防災教育において、教職員が津波の最新かつ正確な知識を持つこと（例. 津波の予測された高さと実際の高さとの違いについて知ること、津波に含まれるものについて具体的なイメージを持つこと）、地域の災害リスクを知ること、安全な避難方法を考えることを重視しており、教師が持つべき力についても言及されていた。

　また、復興教育においては、雄勝小学校での実践を基に、児童生徒にとって学校内で最も身近な存在であろう教師が授業を通じて、震災を経験した児童生徒が震災に向き合うことを助け、児童の心を癒していく様子が紹介された。復興教育の実践の１つとして、雄勝小学校の児童（当時）が制作した版画を閲覧した（図表 12）。

　途中、徳水氏を長期取材中の NHK 取材班も偶然訪れた中、質疑応答のやりとりを含め、本学教員との間で３時間近く対話が行われた。

・宮城教育大学 防災教育研修機構
　雄勝ローズファクトリーガーデンを後にし、車で１時間 30 分ほど移動し、宮城教育大学防災教育研修機構へ向かった。機構では小田准教授と面会し、防災教育と現地フィールドワークに関する情報提供・情報交換が行われた。
　防災教育研修機構は、前身の教育復興支援センターが 2011 年６月に設置さ

れ、その後 2016 年 4 月に防災教育未来づくり総合研究センター、2019 年 4 月に機構へ再度改組された経緯を持つ。学校防災の教育研修拠点を目指し、タイ教育省、ハワイ大学等の国内外組織との連携・協定を進めている。

　小田准教授の説明資料からは、機構が目指す 6 点として「災害経験や教訓の取集・分析・伝承・継承」、「防災教育と学校安全の徹底に関する研究活動」、「成果を学生へ教授することによる防災リテラシーの向上」、「現職教員への防災研修による教員の防災力の向上」、「国内外の学校現場における防災に関する教育及び学校安全の向上」が挙げられていた（文言は筆者が短縮のため調整）。

　また、宮城教育大学で学校防災カリキュラムが学部生（1 年次の全員必修 1 科目、選択必修 2 科目、仙台市との協定に基づく 2 年次キャリア形成研修としての被災地〔震災遺構等〕訪問）、教職大学院生（選択必修科目）のそれぞれに設定されている。現職教員に対しては、たとえば 3 泊 4 日の被災地視察研修が実施されてきた。

　その他、教職大学院授業受講者との連携の成果としての震災遺構の教育における活用方法を紹介したパンフレット（宮城教育大学、2019；小田ら、2020）、国土交通省との共同研究の成果としての教員のためのブックレット（宮城教育大学・国土交通省東北地方整備局、2020）等の説明を受けた。

　機構でのやりとりののち、車で 1 時間ほどかけて KIBOTCHA へ戻り、2 日目が終了した。

・石巻市震災遺構大川小学校
　3 日目は朝 8 時に出発し、石巻市震災遺構大川小学校（訪問時は震災遺構としての一般公開前）へ向かった。大川小は震災時、校庭での数十分の待機の後に避難を開始し、74 名の児童と 10 名の教職員を津波の犠牲として失った。その後、2016 年 3 月に石巻市は震災遺構として保存することを表明し（西坂、2019）、2018 年に閉校となり、訪問後の 2021 年 7 月 18 日に震災遺構として一般公開された（石巻市、2021）。外観を図表 13、14 に示す。現地では、ご遺族の一人である、元中学校教員の佐藤敏郎さんにお話をうかがった。

図表13　大川小学校の外観（道路挟み左に校舎）

図表14　校舎跡と説明パネル

　訪問時、震災遺構としての工事が進められていたため、校舎内や体育館（津波で消失）裏の山への立ち入りはできなかった。

　震災の被害を受ける以前、大川小学校は周囲を住宅・商店と裏山に囲まれており、石巻市大川地区とそこに住む人々、人々の日々の生活が確かに存在した。しかし、訪問時点では、その過去の姿を想像することが残念ながら難しくなってしまっていた。

　佐藤さんのお話では、震災後に大川小学校と関係者が経験させられた困難、被災された次女が中学入学を控え、袖を通していない真新しい制服と共に入学を心待ちにしていたこと、今でも校舎に通う子どもたちの姿が見えてくるよう

に感じられること、子どもを守れなかったことでどんなに無念な気持であっただろうかという教師たちへの思い、この地を訪問した人々に考えてほしいこと（震災のときになにがあったのか、震災前に人々とこの場所はどのような姿だったのか、震災後に何が起き、「未来を拓くために」これからどうしていくべきか）などが語られた。お話をうかがったあと、当時の学校と地域との結びつきの強さなど、いくつか質問とやりとりが行われた。

その後、1時間20分ほどかけて車で仙台駅へ向かい、東京への帰路についた。

5．学修プログラムの開発
（1）訪問調査によって得られた知見
今回の訪問調査では、人とのつながり、防災教育の具体例・地域の位置関係・具体的な距離感覚といった情報が得られたことはもちろんのこと、その他にも貴重な知見が得られた。

第1に、防災教育に関する情報に加えて、災害（特に津波）の具体的なイメージが得られた。災害は一人の個人にとっては毎日起こるものではなくイメージが湧きにくい場合も多い。そのため書物・映像から知識を得ることと、人と場所の両方が存在する中で知識を得ることとでは、得られる学びに大きな差があると考えられる。

第2に、様々な方から直接話をうかがうことを通じて、直接話をうかがうこと、特に身近な文脈を持った方々（筆者の場合は教育関係者）から喚起される共感、感情、文脈を伴った学びが存在することが感じられた。学部生・院生がフィールドワークで訪れる場合は、訪問先の児童生徒・（教員養成課程に関わる）大学生も身近な文脈を持った人として該当するであろう。身近な文脈を持った他者と関わることで、現地で得た実感や感情を共有したり、対話によって振り返りを行ったり、意見を交換することができる。経験をそのままで終わらせるのではなく、他者との対話を通じて振り返りを行うことで、次の見通しや、さらなる行動・学びへつながりやすくなると考えられる（例.OECD（2019）におけるAARサイクル）。

（２）学修プログラム案

　訪問に付随する上記２点の知見から、学修プログラムの開発を行った。人と場所の両方があることの意義を念頭に学修プログラムにはフィールドワークを含めるため、授業の形式としては集中授業（４日間）を想定した。

　学修プログラムの到達目標は「事前学修、現地フィールドワーク、事後学修を通じて、教師のあり方を深く考え、教師として必要な知識・技術・態度、発想を身につけ、今後の学修へのきっかけを得る。災害という予測が難しい状況での多様な課題への対応力を身につける」と仮に設定した。１回の集中授業で防災教育に関する学びを終わりにするのではなく、体験が学修・卒業後の学びにつながっていくきっかけとなることを意図している。

　図表 15 は、災害を経験した地を実際に訪れ、人と交流することを念頭においた計画となっている。なお，現地での人や施設への負担を考慮し、履修人数は 20 名以下と設定する。

　現地でのフィールドワークに備え、学びを厚みのあるものにするために、事前学修に加え、１日目に大学でも学修を実施する。２日目からは現地でのフィールドワークを開始する。

　フィールドワークの中では、積極的に人との交流の機会を設け、単に「行った」「見た」という受け身の姿勢で終わることのないよう、学生が自らの意見を発信する機会も設ける。

　学生への学修課題としては、（１）事前レポート、（２）事後レポートに加え、（３）訪問記事（学生で分担して写真と文章でまとめる）、（４）前記３つの課題を組み合わせた最終報告書の作成を行う。

　最終報告書の作成は振り返りを深めるだけでなく、現地フィールドワークで出会った関係者に謹呈することで感謝の意を伝えるという意図も持つ。「自らの学びを関係者にフィードバックし、意見・振り返りを伝えることで貢献する」という目的をフィールドワーク中に意識することで、現地での学びに対する学生の動機づけを高める効果も期待できる。

図表15　学修プログラム案

日程	詳細
1日目 午前・午後	大学での学修（105分×4〜5時限） （計画の確認、防災教育、復興教育、翌日に向けたまとめ）
2日目 午前 午後	現地でのフィールドワーク1 ・仙台駅到着（現地集合。車内昼食） ・訪問 　（例. 震災遺構（予定）石巻市立大川小学校、雄勝ローズ 　　ファクトリーガーデン）
3日目 午前 午後	現地でのフィールドワーク2 ・訪問 　（例. せんだい3.11メモリアル交流館、震災遺構 仙台市 　　立荒浜小学校、多賀城蹟） ・訪問 　（例. 宮城県多賀城高等学校、生徒との交流等）
4日目 午前 午後	現地でのフィールドワーク3 ・訪問 　（例. 宮城教育大学・防災教育研修機構、学生との交流等） ・仙台駅出発（現地解散）

※現地へ向かう移動手段は学生が選択する（例. 新幹線、高速・夜行バス）。
※現地での移動手段は小型もしくは中型のバスを想定している。

　現地の方々とのつながりを強め、成果を報告書の形で残すことで、学修プログラムの魅力が他の学生や大学内にも伝わり、学修プログラムの継続的な実施につながることが期待される。また継続的に実施していくことにより、学修プログラム改善の機会も得られると考えられる。学修課題を単なる成績評価のための課題で終わらせることなく、現地・人への貢献や、プログラム改善につなげることがさらなる学びの広がりにつながっていくであろう。

謝辞

　事前の聴き取り、訪問調査においてご協力いただきました方々へ厚く御礼申し上げます。また、学修課題の案は、丸橋珠樹教授（武蔵大学）のフィールドワーク実践事例を参考にさせていただきました。コメント・ご意見をいただきましたこと感謝申し上げます。

付記

　本稿の内容は、柄本（2021）に加筆・修正を行ったものである。引用文献のうち、ウェブサイトは 2021 年 3 月 29 日時点で閲覧・取得可能な情報である。また、作成年不明の場合はすべて閲覧年（2021 年）と表記した。

【引用文献】

Centre for Research on the Epidemiology of Disasters（2016）Poverty & Death: Disaster Mortality, 1996-2015.

福島大学（2013）東日本大震災からの教育復興プロジェクト OECD 東北スクール.
　　http://oecdtohokuschool.sub.jp/index.html

石巻市（2021）石巻市震災遺構大川小学校
　　https://www.city.ishinomaki.lg.jp/okawa/index.html

地震調査研究推進本部（2021）令和 3 年 1 月 13 日現在 今までに公表した活断層及び海溝型地震の長期評価結果一覧
　　https://www.jishin.go.jp/main/choukihyoka/ichiran.pdf

KIBOTCHA（2021）館内施設. http://kibotcha.com/stay-1/

貴凛庁株式会社（2021）KIBOTCHA. http://kibotcha.com/

神戸大学大学院工学研究科・工学部（2021）減災戦略コース.
　　http://www.eng.kobe-u.ac.jp/program/stragetic_mitigation.html

国際連合広報センター（2021）国連防災世界会議.
　　https://www.unic.or.jp/activities/economic_social_development/disaster_reduction/

教職課程コアカリキュラムの在り方に関する検討会（2017）教職課程コアカリキュラム.

宮城県震災遺構有識者会議（2015 年）宮城県震災遺構有識者会議報告書.

https://www.pref.miyagi.jp/uploaded/attachment/288105.pdf

宮城教育大学（2019）教員のための震災遺構を通じた「いのち」と「くらし」の学びの手引き.

宮城教育大学・国土交通省東北地方整備局（2020）教員のための防災教育ブックレット.

文部科学省（2019）自然災害に対する学校防災体制の強化及び実践的な防災教育の推進について（依頼）.

MORIUMIUS PLUS（2021）-雄勝花物語 徳水利枝さん- 震災をくぐり抜け、故郷・雄勝とこどもたちの未来のためにできること.

https://www.moriumius.plus/2018/09/10/tokumizu01/

村山 良之（2019）山形大学の教員養成における学校防災教育―教職大学院と学部―. 東北地域災害科学研究, 55, 215-220.

内閣府（2021）首都直下地震緊急対策区域 地図.

http://www.bousai.go.jp/jishin/syuto/pdf/syuto_chizu.pdf

西坂 涼（2019）震災遺構の処置決定に向けた会議等における検討事項の変遷―石巻市震災伝承検討委員会資料の分析を通して―. 都市計画報告集, 17. 日本都市計画学会.

小田 隆史・梨本 雄太郎・高見 秀太朗・大林 要介・澁木 智之（2020）震災遺構を活用した探究型防災学習の実践支援―仙台市若林区荒浜地区の「いのち」と「くらし」の学びに焦点を当てて―. 宮城教育大学紀要, 54, 449-458.

OECD（2018）The future of education and skills Education 2030 Position Paper.
https://www.oecd.org/education/2030-project/about/documents/E2030%20Position%20Paper%20(05.04.2018).pdf
OECD. 文部科学省初等中等教育局教育課程課教育課程企画室（仮訳）（2018）教育とスキルの未来：Education 2030【仮訳（案）】ポジションペーパー.
https://www.oecd.org/education/2030-project/about/documents/OECD-Education-2030-Position-Paper_Japanese.pdf

OECD（2019）OECD Future of Education and Skills 2030 Conceptual learning framework LEARNING COMPASS 2030
https://www.oecd.org/education/2030-project/teaching-and-learning/learning/learning-compass-

2030/OECD_Learning_Compass_2030_concept_note.pdf

秋田 喜代美ら（2020）OECD Learning Compass 2030 仮訳.
https://www.oecd.org/education/2030-project/teaching-and-
learning/learning/learning-compass-
2030/OECD_LEARNING_COMPASS_2030_Concept_note_Japanese.pdf

OECD 日本政府代表部（2019）OECD の概要：教育政策委員会・EDPC: Education Policy Committee.
https://www.oecd.emb-japan.go.jp/itpr_ja/00_000180.html

桜井 愛子（2021）地球規模課題としての災害と国際的戦略に学ぶ―学校の被害軽減と早期再開を目指して―.（小田隆史 編著（2021）教師のための防災学習帳. 朝倉書店 pp.47-54.）

仙台市（2021a）仙台市災害危険区域について.
http://www.city.sendai.jp/kenchikushido-
kanri/jigyosha/taisaku/kenchiku/gyose/shiryo/kikenkuiki.html

仙台市（2021b）仙台市東部復興道路整備事業に係る環境影響評価の実施状況
https://www.city.sendai.jp/kankyochose/kurashi/machi/kankyohozen/kurashi/kankyo/ekyo/jore/dorosebi/index.html

仙台市（2021c）震災遺構　仙台市立荒浜小学校.
https://www.city.sendai.jp/kankyo/shisetsu/ruin_arahama_elementaryschool.html

柄本 健太郎（2021）防災教育－宮城県への訪問調査からの検討－　武蔵大学教職課程研究年報, 35, 111-120.

東北学院大学（2021）東日本大震災・東北の被害状況 東北各地の津波の高さ（東日本大震災 東北学院１年の記録）.
https://www.tohoku-gakuin.ac.jp/about/sinsai/record/chap_7/chap07_07.html

徳水 博志（2021）雄勝ローズファクトリーガーデンとは.
http://ogatsu-flowerstory.com/about

中央教育審議会（2021a）第３次学校安全の推進に関する計画の策定について（諮問）.

中央教育審議会（2021b）第３次学校安全の推進に関する計画の策定について（答申素案）.

あとがき

（1）

　社会変動の激震は、既存の教育や学校の在り方をゆるがし、深く問い直す契機となる。さらに、教育や学校の問い直しは、教員養成の目標や方針の見直しに直結する。行政レベルでいえば、変化への対応として「令和の日本型学校教育」構築の提言（中教審答申 2021 年 1 月 26 日）が公表された。するとすぐ、「令和の日本型学校教育を担う新たな教師の学びの姿」の提唱（中教審答申 2021 年 11 月 15 日）がそれにつづく。別の面では、教職課程のコアカリキュラム設定（2017 年 11 月）、質保証のための自己点検・評価の義務化（2022 年度）が制度化された。規制緩和が叫ばれてきたなかで、なぜか教員養成だけは規制強化が進められている。かくして、行政から指示のラッパは鳴り響き、大学を含めた学校現場は対応に追われることとなる。

　確かに、グローバル化・高度情報化（ICT や AI の飛躍的進化と適用）・少子高齢化の波にさらされ、コロナ禍に呻吟する今日の社会は、変動社会の渦中にあるといえる。教育・学校・教員養成の在り方も、不透明な未来を模索しつつ、教えと学びの羅針盤をかかげて、歩を進めるよりない時代に直面している。VUCA（Volatility；変動性、Uncertainty；不確実性、Complexity；複雑性、Ambiguity；曖昧性）とよばれる不確実な社会、それにむけてどのような教員像をめざし教職課程をデザインしていけばよいのか。また、18 歳人口減少期にさしかかる大学淘汰の時代、経営サイドからコスト・パフォーマンス（以下、「コスパ」と略記）の徹底がせまられかねない状況のなかで、大学における教職課程の意義と存在価値をどのように再定義してゆけばよいのか。ひと言でいえば、社会変動のなかの教職課程の在り方が強く問われるようになっている。こうした問いに対する、編者たちなりの 1 つの対応のかたちが本書の姿であるといえる。

（2）

　「変動社会の教職課程」という一般的なタイトルをつけているが、本書の企

画や骨格は、編者3名が在籍する武蔵大学(以下、「本学」と略記)教職課程での取組に端を発している。

　本学は、文系を中心とする中規模私学であり、3学部(経済・人文・社会)8学科・2大学院(経済学研究科・人文科学研究科)をもち、そのすべてて教員養成にとり組んでいる[2022年3月末現在]。1957年発足の本学教職課程は、創設以来約4500名の免許状取得者を出し、約900名の教師を教育界に送り、本学教育部門の「重要な柱」(『武蔵大学50年史』)となってきた。発足以来、外部的には教育政策の変容に対応して教員養成教育のシステムを構築してきた。内部的には、学部学科の拡大にともない、教職課程の指導体制を拡充し、カリキュラム編成や授業の運営、教職課程行事や学生間のコラボレーションの進化をはかってきた。高校からの評価も上々であり、研究年報も継続的に刊行してきた。そこそこがんばってきた教職課程であったと思う。

　ところが、法人による次期中期計画の検討において、教職課程の改廃問題がやや唐突に提起された。少子化時代の教員需要減、大学経営におけるコスパの悪さ等が主たる理由であった。そこで、学長委嘱の「武蔵大学教職課程のあり方に関する検討プロジェクト委員会」(以下「あり方プロ」と略記)を組織し、教職課程の将来構想の模索がはじまった。一方で、有識者を招いて学内で公開の連続講演会・研究会を開催し、他方で、先進的実践に取り組む大学等への訪問調査、聞き取り調査に取り組んだ。同時に、学長・学部長等で構成される教職課程会議、学部・学科からの委員で構成される教職課程委員会等で協議を繰り返した。調査の成果や協議での議論や合意の内容をもとに審議結果をまとめ、学長経由で法人に提出した。法人での検討の結果、教職課程は当面継続することになったが、教職科目カリキュラムの改訂や一部科目の全学への提供、コスパの改善等に取り組むこととなった。以上、個別大学の事例ではあるが、今後、中規模私学の多くで、同様の問題が浮上する可能性があるように思う。

　なお、あり方プロの審議まとめは、本学教職課程で編集発行する『教職課程研究年報』35号(2021年3月発行)に特集として掲載した。本書は、年報特集をもとにあらたに関係する機関や研究者・実践者に原稿を依頼し、編集したものである。

（3）

　序章後半で描出したように、本書は2部構成になっている。第1部で大学に

おける教職課程の特色と意義について明らかにし、第2部で変動社会に対応する教職課程カリキュラム改革の課題と展望に触れている。ただ、変動社会の教職課程というテーマのひろがりからすれば、本書であつかい切れていない多くの領域や課題が存在することも事実である。

世界水準の教師教育では、大学院レベルでの教員養成が基本と思われるが、大学院における養成・研修の課題に触れられていない。専修免許を担保する教育学的知見や実践的指導力を、5年次課程や大学院での学修のなかにどのように位置づけるか。現職教員を対象にした1年次課程の設計など、検討課題は多々残されている。また、学内の指導体制の構築の面でも、学部・学科と教職課程の連携のあり方が、意思決定組織・日常運営組織・検証組織等、多面的に問われてくるであろう。さらに、カリキュラムの全体的構成、カリキュラムにおける理論学習と実践学習の往還的デザイン、学生のタテ・ヨコ・ナナメの関係構築、学生 FD の企画と運営など、検討・開発すべき課題は数え切れない。

その面では、本書の達成は、全体の礎石の1つをすえたに過ぎないともいえる。共通の課題と関心をかかえた他の教職課程との交流や全国的地域的な教職課程協議会での議論をふまえて、さらに充実を図りたいと祈念している。

（4）

本書を上梓できたのは、多くのみなさまのご支援のたまものである。教職課程の改廃という大きすぎる課題に直面したとき、問題の深刻さをまっ先にご理解くださり、講演および執筆をお受け下さった佐藤学先生（東京大学名誉教授）・藤田英典先生（都留文化大学学長）に深甚の謝意を表したい。その説得力あるお話しは、学内の世論形成に大きく貢献したものと感じている。

訪問調査に応じてくださり、原稿もご執筆いただいた玉井康之先生（北海道教育大学副学長）・川前あゆみ先生（北海道教育大学教授）、徳水博志先生（元雄勝小学校教諭、雄勝花物語代表）に感謝申しあげたい。玉井・川前両先生には、コロナ禍の突然の訪問にもかかわらず、多大のご教示をいただいた。川前先生および徳水先生には、教職課程学生向けに講演もお願いした。

あり方プロの調査とは別に、このテーマであればこの先生にと、ご無理をお願いした森茂岳雄先生（中央大学教授）、諏訪清二先生（防災教育学会会長）、中村怜詞先生（島根大学准教授）に、お礼を申しあげたい。諏訪先生は、全国で最初に設置された兵庫県立舞子高校環境防災科を立ちあげたキーパースンであ

り、武蔵大学の教職講演会で、学生にもお話しいただいている。

　本書の執筆者ではないが、あり方プロの調査や本学教職課程での講演・ヒアリング・アドバイス等のかたちで、岩本悠先生（地域・教育魅力化プラットフォーム代表理事、島根県教育魅力化特命官）、梅野正信先生（学習院大学教授）、草川剛人先生（元帝京大学教授）、小田隆史先生（宮城教育大学准教授、防災教育研修機構副機構長）、佐藤敏郎先生（「小さな命の意味を考える会」代表）、原周右先生（島根大学特任助教）に、ご支援いただいた。その他、多くの方々のご助力によって、あり方プロの研究やそれを基盤にした本書をまとめることが可能となった。記して深謝するものである。

　末筆ながら、本書刊行の意義をご理解下さり、編集および刊行の実務を担って下さった三恵社の木全俊輔社長および担当の井澤将隆氏にお礼を申しあげる。なお本書は、武蔵大学研究成果普及促進事業の支援を受けて刊行される。

2022 年 1 月 31 日

和井田　清司

　本書初版は、武蔵大学研究成果普及促進事業の支援を受けての刊行であり、少部数かつ高価な出版物となった。おりしも、教職課程自己点検・評価の実施が義務化され（2022 年度〜）、教職課程の運営・教育課程等に対する関心の高まりもあってか、初版はすぐに完売となった。教職課程自己点検・評価では、各大学がそれぞれの方法で教職課程の点検と評価を行い、その結果を受け、改革ないし改善に取り組み質の向上に励むとともに質保証を行うことが求められている。この点をふまえ、より広く多くの方に入手して頂けるよう、価格を可能な限り安価におさえ、若干の調整を加えて新版を刊行することとなった。新版とはいえ、初版からの大幅な改訂ではなく、誤字脱字誤植等の軽微な誤りの修正、教員養成に関わる政策の変更等に伴う本文の最低限度の修正に限定している。

　変動社会における教職課程の教育実践をより実りあるものとするため、より多くの方々にご活用いただけると幸いである。

2022 年 7 月 10 日

金井　香里

索引

事項索引

人名索引

執筆者紹介

【執筆者】（掲載順）

佐藤　学（さとう　まなぶ）〔第 1 章〕
東京大学名誉教授。
東京大学大学院教育学研究科博士課程修了。三重大学助教授、東京大学助教授、東京大学大学院教授、学習院大学教授・特任教授を経て現在。教育学博士。
主な著作として、『学校改革の哲学』（東京大学出版会　2012 年）、『専門家として教師を育てる』（岩波書店、2015 年）、『第 4 次産業革命と教育の未来』（岩波書店　2021 年）など。
研究テーマは、学校改革、教師研究、授業研究。

藤田　英典（ふじた　ひでのり）〔第 2 章〕
都留文科大学学長。
スタンフォード大学教育系大学院博士課程修了。名古屋大学教育学部助手・助教授、東京大学教育学部助教授・教授、東京大学教育学研究科／教育学部教授・研究科長／学部長、国際基督教大学教授、共栄大学教育学部教授・学部長・副学長などを経て現職。PhD。
主な著作として、『子ども・学校・社会：「豊かさ」のアイロニーのなかで』（東京大学出版会、1991 年）、『教育改革：共生時代の学校づくり』（岩波書店、1997 年）、『家族とジェンダー：教育と社会の構成原理』（世織書房、2003 年）、『義務教育を問いなおす』（筑摩書房、2005 年）、『安倍「教育改革」はなぜ問題か』（岩波書店、2014 年）など。
研究テーマは、階層・社会移動・文化的再生産、学歴社会・格差社会、教育政策、家族・ジェンダー、青少年期の社会学、教職の専門性と教師文化、信頼・正統性とソーシャル・キャピタル、教育社会学の理論と方法、学力と学力形成の社会学、大学教育論など。

玉井　康之（たまい　やすゆき）〔第 3 章〕
北海道教育大学副学長。
北海道教育大学釧路校助教授・教授、同釧路校キャンパス長を経て現職。博士（教育学）。
主な著作として、玉井康之・川前あゆみ・楜澤実著『学級経営の基盤を創る 5 つの観点と 15 の方策』（学事出版、2020 年）、玉井康之・夏秋英房編『地域コミュニティと教育 -地域づくりと学校づくり』（放送大学教育振興会、2018 年）、玉井康之編『子どもの"総合的な能力"の育成と生きる力』（北樹出版、2017 年）など。

研究テーマは、地域学校経営・教師教育。

川前　あゆみ（かわまえ　あゆみ）〔第 3 章〕
北海道教育大学釧路校教授。

北海道大学大学院教育学研究科博士後期課程修了。博士（教育学）。香川短期大学助手、同専任講師、北海道教育大学釧路校講師、准教授を経て現職。現在は北海道教育大学へき地・小規模校教育研究センター副センター長兼任。

主な著作として、『アラスカと北海道のへき地教育』（共編著、北樹出版、2016 年）、川前あゆみ・玉井康之・二宮信一編『豊かな心を育むへき地・小規模校教育—少子化時代の学校の可能性—』（編著、学事出版、2019 年）、「タイにおける小規模校の管理の工夫と日本への応用の視座—小規模校化する教育環境改善の一環とした遠隔教育の充実に向けて—」（共著、『へき地教育研究』第 75 号北海道教育大学へき地・小規模校教育研究センター、2021 年）など。

研究テーマは、へき地・小規模校教育、教員養成における教師教育のあり方。

中村　怜詞（なかむら　さとし）〔第 5 章〕
島根大学教育学部教育学研究科准教授。

島根大学人文社会科学研究科修士課程修了。島根県立隠岐島前高等学校などを経て現職。

主な著作として、地域・教育魅力化プラットフォーム編『地域との協働による高校魅力化ガイド』（共著）岩波書店（2018）、皆川 雅樹、梨子田 喬、前川 修一『歴史教育「再」入門』（共著）清水書院（2019）、中村怜詞、松尾奈美「地域の現代的課題の探究との接続による歴史授業の改善」全国社会科教育学会『社会科研究』2020 年 11 月、93 号など。

研究テーマは、社会科教育、総合的な探究の時間、学校組織開発など。

森茂　岳雄（もりも　たけお）〔第 6 章〕
中央大学名誉教授。

筑波大学大学院教育学研究科博士課程単位取得満期退学。東京学芸大学教育学部助教授、教授、中央大学教授を経て現在。教育学修士。

主な著作として、『社会科における多文化教育—多様性・社会正義・公正を学ぶ—』（共編著、明石書店、2019 年）、『「人種」「民族」をどう教えるか—創られた概念の解体をめざして』（共編著、明石書店、2020 年）、『国際理解教育を問い直す—現代的課題への 15 のアプローチ—』（共編著、明石書店、2021 年）、『人の移動とエスニシティ—越境する

他者と共生する社会に向けて－』共著、明石書店、2021 年）ほか。

研究テーマは、多文化教育、国際理解教育のカリキュラム研究。

諏訪　清二（すわ　せいじ）〔第 8 章〕

兵庫県立大学特任教授、神戸学院大学非常勤講師など。

岡山大学教育学部中学校教員養成課程英語科卒業。兵庫県内の県立高校で 35 年間勤務。2002 年から 12 年間は兵庫県立舞子高校環境防災科で科長を務める。2017 年度からフリーとなり、大学非常勤講師をしながら防災教育の普及に努めている。

主な著作として、『高校生、災害と向き合う』（岩波書店、2011 年）、『防災教育の不思議な力』（岩波書店、2015 年）、『防災教育のテッパン』（明石スクールユニフォームカンパニー、2020 年）。監修として『図解でわかる 14 歳からの自然災害と防災』（太田出版、2022 年）など。

研究テーマは、防災教育、災害ボランティア、開発途上国での防災教育支援など。

徳水　博志（とくみず　ひろし）〔第 9 章〕

石巻市教育委員会社会教育委員。

元宮城県石巻市立雄勝小学校教員、元宮城教育大学／元東北工業大学非常勤講師。文芸教育研究協議会会員、新しい絵の会全国委員、日本生活教育連盟全国委員、みやぎ教育文化研究センター会員、他。

主な著作として、『森・川・海と人をつなぐ環境教育』（明治図書出版、2004 年）、共著『生存の東北史』（大月書店、2013 年）、『美術の教育 100 号記念特別号』（新しい絵の会、2016 年）、『震災と向き合う子どもたち〜心のケアと地域づくりの記録〜』（新日本出版社、2018 年）など。

研究テーマは、国語の文芸教育、森と海のつながりや土の働きを探る環境教育、共同制作の版画や水彩画による美術教育、地域復興や防災教育を扱う総合学習など。

【編著者】

金井　香里（かない　かおり）〔序章、第 7 章〕

武蔵大学教授。

東京大学大学院教育学研究科博士課程修了。東京大学大学院教育学研究科研究員、武蔵大学准教授を経て現職。博士（教育学）。

主な著作として、『ニューカマーの子どものいる教室　教師の認知と思考』（勁草書房、

2012 年)、「グローバル時代に求められる教師像」（日本学校教育学会『学校教育研究』33、2018 年）、金井香里・佐藤英二・岩田一正・高井良健一『教師と子どものためのカリキュラム論』（成文堂、2019 年）など。
研究テーマは、外国人児童生徒教育、多文化共生のための教師教育。

和井田　清司（わいだ　せいじ）〔序章、第 4 章〕
武蔵大学名誉教授。
筑波大学大学院修了。千葉県立高校教諭、上越教育大学助教授・教授、国士舘大学教授、武蔵大学教授を経て現在。修士（教育学）。
主な著作として、『戦後日本の教育実践』（学文社、2010 年）、『高校総合学習の研究』（三恵社、2012 年）、『中等社会科の研究』（三恵社、2018 年）など。
研究テーマは、教育実践研究、中等社会科、高校総合学習。

柄本　健太郎（つかもと　けんたろう）〔第 10 章〕
武蔵大学特別招聘講師。
東京学芸大学大学院連合学校教育学研究科学校教育学専攻博士課程単位取得満期退学。教育学修士。東京学芸大学総合的道徳教育プログラム専門研究員、東京学芸大学次世代教育研究推進機構講師を経て現職。
主な著作として、『2030 年の学校教育—新しい資質・能力を育成する授業モデル—』（共編著、明治図書、2021 年）、「中高生へのオンライン調査を通じたコロナ禍における学習の実態調査」（共著、STEM 教育研究、2021 年）、「児童・生徒の資質・能力育成に関する教員研修の実態—オンライン研修に着目して—」（共著、日本教育大学協会研究年報、2021 年）など。
研究テーマは、資質・能力、エージェンシー、道徳教育。

新版 変動社会の教職課程

2022年8月25日　　初版発行

編　　金井香里・和井田清司・柄本健太郎

発行所　　株式会社　三恵社
〒462-0056 愛知県名古屋市北区中丸町2-24-1
TEL 052 (915) 5211
FAX 052 (915) 5019
URL http://www.sankeisha.com

乱丁・落丁の場合はお取替えいたします。

ISBN978-4-86693-675-8 C3037 ¥3000E